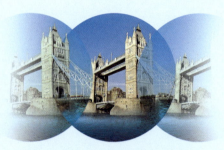

海外NPO丛书
## NPOs in the UK

本书由英国大使馆文化教育处资助出版

海外NPO丛书

# NPOs in the UK

# 英国非营利组织

王名 李勇 黄浩明 编著

社会科学文献出版社

SOCIAL SCIENCES ACADEMIC PRESS (CHINA)

# 海外 NPO 丛书序

　　为了更好地借鉴海外非营利组织发展和管理方面的经验，近年来我们在出访考察和实践研究的基础上陆续编写了有关国家和地区非营利组织方面的著作，得到了各方面的好评。为使这项工作能够持续开展下去并取得更好的推广效果，社会科学文献出版社从 2009 年起推出这套丛书，一方面集中出版我们今后陆续编写的这方面的著作，另一方面也在可能的范围内将已有的几个出版物汇集起来，努力形成一个集中介绍海外非营利组织发展和管理实践的图书系列，以利于国内的相关研究和实践。

　　非营利组织是遍及全球的社会现象。尤其在 20 世纪 80 年代以来，一个被称为"全球社团革命"的非营利组织发展浪潮在世界各地广泛兴起。相对而言，处在转型期的中国的非营利组织不仅起步晚，且受已有体制和社会转型的影响，在发展和管理上有很多局限。发展中国的非营利组织，不仅需要深入研究我们的体制特点、法律环境、社会需求、文化背景、组织运作等诸多方面，也要更多地了解海外非营利组织的历史和经验。近十年来，国内对非营利组织的研究逐渐升温，越来越多的人有越来越多的机会出国考察和调研，不仅搜集到相关国家非营利组织方面的大量资料，也从国人的视角提出了许多有益的见解。在此基础上，我们选择七个国家和三大区域，拟用 3~5 年的时间，陆续出版 11 本关于这些国家和地区非营利组织方面的介绍性读物，即美国、英国、德国、日本、韩国、俄罗斯、澳洲、非洲、北欧和拉美的非营利组织，其中《德国非营利组织》一书和《日本非营利组织》一书，分别于 2006 年 1 月和 2007 年 12 月由清华大学出版社和北京大学出版社出版发行。2009 年将由社会科学文献出版社先后出版《英国非营利组织》和《美国非营利组织》两书，今后我们将继续与社会科学文献出版社合作，陆续出版后续的著作。从主编的角度看，这些书主要有如下特点：一是入门性，都是关于相关国家非营利组织发展和管理的入门性质的介绍读物；二是客观性，都包括了相关国家非营利组织发展和管理方面大量客观并具有实用性的资料和信息；三是政策性，都突出了相关国家非营利组织发展和管理方面的法律法规、监管体制、优惠政策等方面的政策性介绍，以利于国内更好地学习和借鉴；四是鉴赏性，都是基于访问和考察，从国人视角进行观察、分析和研究所形成的具有比较意义和鉴别意义的体系架构，以益于较为直观地把握和认识，提升国人关注非营利组织的国际视界。

感谢社会科学文献出版社对出版本丛书所提供的诸多便利。我们将不懈努力，使这套丛书越办越好，和中国的非营利组织及其研究事业一起成长壮大。

王 名 李 勇 黄浩明
2009 年 3 月 21 日 北京

# 序　一

　　构建社会主义和谐社会是我国重大的战略任务。当前，我国正处于经济和社会发展的关键阶段。在这个阶段，经济体制深刻变革，社会结构深刻变化，利益格局深刻调整，思想观念深刻变化，经济社会发展充满机遇和挑战。能不能抓住机遇，战胜挑战，取得发展的新成果，成功度过这个关键时期，关系我国现代化建设的成败。为此，我国政府在注重经济发展的基础上，更加注重社会建设和管理，扩大公共服务，努力促进社会公平正义。

　　理论界普遍认为，社会是由政府、企业和社会组织构成的，只有这三者都和谐了，社会才能稳定，才能发展。近年来，中国政府对社会组织发展和管理非常重视，把社会组织放到全面推进社会主义经济建设、政治建设、文化建设、社会建设"四位一体"的高度进行了全面而系统的论述，明确提出各级政府要加强对社会组织的培育、规范和管理，把社会自我调节和管理的职能交给社会组织，实施社会管理、提供公共服务。要积极与社会组织进行合作，鼓励、引导社会组织有序参与。

　　改革开放以来，适应经济社会发展的需要，我国社会组织发展迅速。截至 2008 年底，依法登记的社会组织已经超过 41.4 万个，其中社会团体 23 万个，民办非企业单位 18.2 万个，基金会 1597 个。目前，每年还在以 10%～15% 的速度发展。当前，我国社会组织已经遍布全国城乡，涉及社会生活各个领域。社会组织的健康发展，对激发社会活力、促进社会公平、倡导互助友爱、反映公众诉求、推进慈善事业、整合社会力量、化解社会矛盾、解决社会纠纷等都起到了不可替代的作用，已经成为我国经济社会发展中的一支重要力量。在汶川特大地震的抗震救灾和灾后重建中，以及在北京奥运会期间，各类社会组织各显所长，发挥了重要的作用，引起了社会各界的极大关注和充分肯定。

他山之石，可以攻玉。为了做好社会组织管理工作，我们非常注重和汲取海外的经验，多次组团到海外考察交流，开展了一系列国际合作项目，对一些问题进行了深入的研究。英国社会组织历史悠久，管理体制和法律制度比较完善，社会作用比较突出，国际影响比较大，有许多值得我们学习和借鉴的地方。为此，国内社会组织管理部门和专家学者重视英国经验，英国大使馆文化教育处在其中发挥了积极的推动作用，参与本书写作的多数成员都参加过其组织的赴英考察、学习和交流。

王名教授是国内从事社会组织研究的知名专家，之前曾组织编写了《德国非营利组织》和《日本非营利组织》，这本《英国非营利组织》是其组织编写的又一部国别研究力作。本书系统、全面地介绍了英国非营利的情况，填补了国内这方面资料的空白。当然，一个国家的经验不能被完全移植到另一个国家，但是，如果我们立足于国情，同时又以开放的态度对待国际经验，通过比较、鉴别和有选择的吸收，必将对相关理论研究和实践探索有所帮助。

孙伟林

国家民间组织管理局局长

2009 年 3 月

# 序　二

英国的第三部门是世界上最多元化、最积极和最热忱的第三部门之一。包括慈善组织、社会企业、志愿/社区团体等在内的非营利组织数量超过了 86.5 万家，它们都肩负着社会与环境目标上的责任。

据估计，这些第三部门组织每年向英国国民生产总值的贡献约占5%。更重要的是，它们在应对社会挑战、改进公共服务、加强社会包容和促进社区发展方面一直发挥着关键的作用。尤其在目前，当英国遭受经济衰退冲击的时候，它们在全国任何需要建议、支持和志愿行动的地方更加努力地工作着。

英国政府对于这些第三部门组织的成就表示充分认可，并且做出了长期承诺，提供一系列广泛的政策支持与资金机会，以确保这些部门可持续性的发展。英国政府坚信，一个蓬勃发展的第三部门能够催化积极的社会变革，从而造福于广大人民与社区。

英国文化协会在中国内地作为英国大使馆和总领事馆的文化教育处开展工作，三十年来我们一直和中国地区的合作伙伴们一起致力于推动中英之间的跨文化交流和相互了解。

在过去的几年中，我们见证了中国第三部门令人兴奋的迅速成长，特别是广大非政府组织在四川抗震救灾中的优秀表现，以及北京奥运会期间规模庞大却令人赞叹的高效率的志愿服务。更为鼓舞人心的是，在中国共产党十七大报告中，明确指出了社会发展的重要性，并将其与人民福祉紧密联系起来，这为第三部门的进一步发展奠定了坚实的基础。

我们相信分享与学习能够促进共同进步。本书首次在中国系统地介绍了英国非营利组织的历史与发展现状，以及它们的法律与组织框架、它们的运作、英国政府对于第三部门的管理与支持、英国的社会企业等内容。这本书将使中国读者综合地了解英国第三部门的情况，同时，对于那些致力于在中国建立一个充满活力、蓬勃发展的第三部门的人们而言，这本书也将极具参考价值。

最后，我想借此机会感谢清华大学王名教授带领的写作团队、中国民政部、中国社会科学文献出版社，以及伦敦政治经济学院公民社会中心，是他们的辛勤工作使本书能够得以出版。

白琼娜

英国大使馆文化教育处文化参赞

2009 年 3 月

# 目　　录

# 第1章　英国概况

## 1.1　基本情况

国名：大不列颠及北爱尔兰联合王国。

国旗：呈横长方形，长与宽之比为2：1。为"米"字旗，由深蓝底色和红、白色"米"字组成。旗中带白边的红色正十字代表英格兰守护神圣乔治，白色交叉十字代表苏格兰守护神圣安德鲁，红色交叉十字代表爱尔兰守护神圣帕特里克。此旗产生于1801年，是由原英格兰的白地红色正十字旗、苏格兰的蓝地白色交叉十字旗和爱尔兰的白地红色交叉十字旗重叠而成。

国徽：即英王徽。中心图案为一枚盾徽，盾面上左上角和右下角为红地上三只金狮，象征英格兰；右上角为金地上半站立的红狮，象征苏格兰；左下角为蓝地上金黄色竖琴，象征爱尔兰。盾徽两侧各由一只头戴王冠、代表英格兰的狮子和一只代表苏格兰的独角兽支扶着。盾徽周围用法文写着一句格言，意为"恶有恶报"；下端悬挂着嘉德勋章，饰带上写着"天有上帝，我有权利"。盾徽上端为镶有珠宝的金银色头盔、帝国王冠和头戴王冠的狮子。

国歌：《上帝保佑女王》。

国花：玫瑰花。

国鸟：红胸鸽。

国石：钻石。

国庆日：伊丽莎白女王生日。

首都：伦敦（London），位于英格兰东南部的平原上，跨泰晤士河，距离泰晤士河入海口88公里，人口约756万（2007年）。

## 1.2　人文与地理

### 1.2.1　地理位置

英国是位于欧洲西部的岛国。由大不列颠岛（包括英格兰、苏格兰、威尔士）、爱尔兰岛东北部和一些小岛组成。隔北海、多佛尔海峡、英吉利海峡与欧洲大陆相望。面积24.41万平方公里（包括内陆水域）。英格兰地区13.04万平方公里，苏格兰7.88万平方公里，威尔士2.08万平方公里，北爱尔兰1.41万平方公里。海岸线总长11450公里。

### 1.2.2　地形特点

英国全境分为四部分：英格兰东南部平原、中西部山区、苏格兰山区、北爱尔兰高原和山区。主要河流有塞文河（354公里）和泰晤士河（346公里）。北爱尔兰的讷湖（396平方公里）面积居全国之首。

### 1.2.3　气候情况

属海洋性温带阔叶林气候。通常最高气温不超过32℃，最低气温不低于−10℃。北部和西部的年降水量超过1100毫米，其中山区超过2000毫米，中部低地为700～850毫米，东部、东南部只有550毫米。每年二月至三月最为干燥，十月至来年一月最为湿润。

### 1.2.4　人口、语言与宗教

英国人口约6100万，其中英格兰约5110万人，威尔士约300万人，苏格兰约 510 万人，北爱尔兰约 180 万人（2007 年）。英国是一个民族多样化的国家，而且它欢迎世界各地的移民。少数民族团体的人口约占英国总人口的 7.9%。

官方语言为英语，威尔士北部还使用威尔士语，苏格兰西北高地及北爱尔兰部分地区仍使用盖尔语。

居民多信奉基督教新教，主要分英格兰教会（亦称英国国教圣公会，其成员约占英成人的 60%）和苏格兰教会（亦称长老会，有成年教徒 59 万）。另有天主教会及伊斯兰教、印度教、锡克教、犹太教和佛教等较大的宗教社团。

## 1.3 历史

公元前，地中海伊比利亚人、比克人、凯尔特人，先后来到不列颠。公元 1~5 世纪大不列颠岛东南部为罗马帝国统治。罗马人撤走后，欧洲北部的盎格鲁人、撒克逊人、朱特人相继入侵并定居。7 世纪开始形成封建制度，许多小国并成七个王国，争雄达 200 年之久，史称"盎格鲁 - 撒克逊时代"。

公元 829 年威塞克斯国王爱格伯特统一了英格兰。8 世纪末遭丹麦人侵袭，1016~1042 年为丹麦海盗帝国的一部分。其后经英王短期统治，1066 年诺曼底公爵渡海征服英格兰。1215 年约翰王被迫签署大宪章，王权遭抑制。1338~1453 年英法"百年战争"期间，英国先胜后败。1588 年击败西班牙"无敌舰队"，建立海上霸权。

1640 年英国在全球第一个爆发资产阶级革命，成为资产阶级革命的先驱。1649 年 5 月 19 日宣布成立共和国。1660 年王朝复辟，1668 年发动"光荣革命"，确定了君主立宪制。1707 年英格兰与苏格兰合并，1801 年又与爱尔兰合并。18 世纪后半叶至 19 世纪上半叶，成为世界上第一个完成工业革命的国家。19 世纪是大英帝国的全盛时期，1914 年占有的殖民地比本土大 111 倍，是第一殖民大国，自称"日不落帝国"。

第一次世界大战后开始衰败。英国于 1920 年设立北爱兰郡，并于 1921～1922 年允许爱尔兰南部脱离其统治，成立独立国家。1931年颁布威斯敏斯特法案，被迫承认其自治领在内政、外交上独立自主，大英帝国殖民体系从此动摇。第二次世界大战中经济实力大为削弱，政治地位下降。随着 1947 年印度和巴基斯坦的相继独立，到 60年代，英帝国殖民体系瓦解。1973 年 1 月加入欧共体。

## 1.4　政治与行政

### 1.4.1　政治体制

英国有着悠久的议会民主传统，实行君主立宪制，君主为国家元首，目前是伊丽莎白二世。同时，君主还是最高司法长官、武装部队总司令和英国圣公会的"最高领袖"，形式上有权任免首相、各部大臣、高级法官、军官、各属地的总督、外交官、主教及英国圣公会的高级神职人员等，并有召集、停止和解散议会，批准法律，宣战媾和等权力，但实权在内阁。

国会在英国政治中扮演着重要角色，由君主、上院（贵族院）和下院（平民院）组成。它的主要责任是：

——检查政府工作并提出要求。

——讨论并通过法律。

——批准政府提高税率。

上院包括王室后裔、世袭贵族、终身贵族、上诉法院法官和教会大主教及主教。1999 年 11 月，上院改革法案获得通过，除 92 人留任外，600 多名世袭贵族失去上院议员资格，非政治任命的上院议员将由专门的皇家委员会推荐。2003 年 2 月，英政府提出七项上院改革案，但均遭议会否决，改革上院的计划暂时搁浅。2006 年 7 月首次经过选举产生了上院议长海曼女男爵（Baroness Hayman）。

下院议员由普选产生，采取简单多数选举制度，通常任期 5 年，但政府可提议提前大选。选举期间，英国划分为 646 个选区，每个选区选举出一名下议院议员进入下议院。下议院议员选举实行"简单多票当选制",即获得最多选票的候选人当选为该选区内的议员。本届下院于 2005 年 5 月选出。目前在 646 个议席中,工党 353 席、保守党 196 席、自民党 63 席、其他小党和无党派人士 30 席,下院议长麦克尔·马丁(Michael Martin)和三位副议长(通常不投票)占 4 席。

政府实行内阁制,由国王或女王任命在议会中占多数席位的政党领袖出任首相并组阁,向议会负责。现政府为工党政府,于 1997 年 5 月大选获胜执政,2001 年 6 月、2005 年 5 月大选后先后蝉联执政。英国现任首相为工党的戈登·布朗(Gordon Brown),于 2007 年 6 月当选。

### 1.4.2　政府机构设置及职能

目前英国中央政府共有 18 个行政部门,分别是内政部,财政部,运输部,司法部,国防部,卫生部,苏格兰事务部,威尔士事务部,北爱尔兰事务部,外交及联邦事务部,工作与养老金部,环境、食品和农村事务部,国际发展部,儿童、学校与家庭部,商业、企业与规划改革部,创新、大学与技能部,社区及地方事务部,以及文化、传媒与体育部。

20 世纪 90 年代起,英国开始推行政策制定与执行相分离的政府模式,在政府部门内部设立了大量的执行机构,专门承担执行政策和提供服务的职能。内阁部门主要负责政策制定,设有各种决策咨询委员会,同时将部门内设机构成建制地转为执行机构,负责政策执行,并授予执行机构负责人充分的人事权、管理权和财政资源支配权。

1988 年成立的车辆检查局是英国政府的第一个执行机构,经过近 20 年的发展,英国中央政府大约设立了 150 个执行机构,拥有 90000 余名工作人员,占公务员总数的 78%。通过设立执行机构,英国将政策制定与执行职能相分离,推进了行政组织内部的机构分化和合理分权。

### 1.4.3　权力下放

1999 年 5 月上旬，苏格兰和威尔士选举成立地方议会，分别设 129 和 60 个议席。7 月 1 日，两地议会正式运作，与其行政机构行使前属内阁苏格兰和威尔士事务大臣的大部分职能。苏格兰议会在地方政务、司法、卫生、教育、经济发展等方面享有一定的立法权和行政权，并享有部分征税权，可将所得税的基本税率浮动 3% 。威尔士议会主要在就业、卫生、教育和环境等问题上拥有决策权，但没有调整税率的权力。此举被视为工党政府实施权力下放的标志性成就。2007 年 5 月 16 日，苏格兰民族党在绿党支持下组建少数派政府，领袖亚历克斯·萨蒙德当选苏地方政府首席部长。

1998 年 4 月 10 日，英爱政府及北爱尔兰冲突各方签署和平协议，后选举产生北爱地方议会。1999 年 11 月，北爱议会推举成立由北爱多党分享权力的北爱自治政府，这是自 1972 年英对北爱实行直接统治以来，北爱首次拥有自治政府。但是，北爱各派在缴械等问题上的争执使和平进程屡遭挫折，2002 年 10 月 14 日，英政府被迫第四次中止北爱政府的运作。2007 年 5 月 8 日，北爱各方经过艰苦谈判，就权力分配达成妥协，北爱地方联合政府宣告重启。

### 1.4.4　主要政党

政党体制从 18 世纪起即成为英宪政中的重要内容。英国现主要政党有：

（1）工党（Labour Party）：执政党。1900 年成立，原名劳工代表委员会，1906 年改用现名。领袖戈登·布朗，2007 年 6 月当选。工党曾于 1945～1951 年、1964～1970 年、1974～1979 年执政。1997 年大选获胜，并于 2001 年 5 月和 2005 年 5 月两次蝉联执政。

（2）保守党（Conservative Party）：主要反对党。领袖大卫·卡梅伦（David Cameron），2005 年 12 月当选。保守党前身为 1679 年成立的托利党，1833 年改称现名。1979～1997 年间曾四次连续执政 18 年。

（3）自由民主党（The Liberal Democrat Party）：1988 年 3 月由原

自由党和社会民主党内多数派组成。领袖明·坎贝尔（Ming Campbell），2006 年 3 月当选。

英国其他政党还有：苏格兰民族党（Scottish National Party）、威尔士民族党（Plaid Cymru）、绿党（The Green Party）、英国独立党（UK Independence Party）、英国国家党（British National Party），以及北爱尔兰一些政党如北爱尔兰统一党（Ulster Unionist Party）、民主统一党（Democratic Unionist Party）、社会民主工党（Social Democratic and Labour Party）、新芬党（Sinn Fein）等。

### 1.4.5　司法体系

英国宪法与绝大多数国家宪法不同，不是一个独立的文件，它由成文法、习惯法、惯例组成。主要有大宪章（1215 年）、人身保护法（1679 年）、权利法案（1689 年）、议会法（1911 年、1949 年）以及历次修改的选举法、市自治法、郡议会法等。

英国有三种不同的法律体系：英格兰和威尔士实行普通法系，苏格兰实行民法法系，北爱尔兰实行与英格兰相似的法律制度。司法机构分民事法庭和刑事法庭两个系统。在英格兰和威尔士，民事审理机构按级分为郡法院、高等法院、上诉法院民事庭、上院。刑事审理机构按级分为地方法院、刑事法院、上诉法院刑事庭、上院。上院为英最高司法机关，是民、刑案件的最终上诉机关。

1986 年成立皇家检察院，负责受理所有由英格兰和威尔士警察机关提交的刑事诉讼案。总检察长和副总检察长是英政府的主要法律顾问。现任总检察长苏格兰阿瑟尔女男爵（The Baroness Scotland of Asthal QC）。

2003 年 6 月，内阁改组后，撤销了大法官事务办公室，成立宪政事务部。2007 年 5 月，宪政事务部并入新成立的司法部。2007 年 5 月，英内政部改组，分为内政部、司法部两个独立部门。内政部专责安全、反恐、移民，打击犯罪、毒品、反社会行为及建立身份证制度等事务；新成立的司法部取代宪政事务部，并接管原内政部监狱、缓刑及审判等事务。

### 1.4.6 行政区划

英国分为英格兰、苏格兰、威尔士和北爱尔兰四部分。英格兰划分为 43 个郡。苏格兰下设 32 个区，包括 3 个特别管辖区。威尔士下设 22 个区。北爱尔兰下设 26 个区。苏格兰、威尔士议会及其行政机构全面负责地方事务，中央政府仍控制外交、国防、总体经济和货币政策、就业政策以及社会保障等。北爱尔兰议会及地方政府暂时中止运作，北爱事务暂由中央政府直接管理。

伦敦也称"大伦敦"（Greater London），下设独立的 32 个城区（London boroughs）和 1 个"金融城"（City of London）。各区议会负责各区主要事务，但与大伦敦市长及议会协同处理涉及整个伦敦的事务。

## 1.5 国防与外交

### 1.5.1 国防

女王伊丽莎白二世为英军名义上的最高统帅。最高军事决策机构是国防与海外政策委员会，首相任主席，成员有国防大臣、外交大臣、内政大臣和财政大臣等；必要时，国防参谋长和三军参谋长列席会议。国防部为国防执行机构，既是政府行政部门，又是军事最高司令部。现任国防大臣为德斯·布朗（2006 年 5 月起任职）。

英国是北约集团的创始国和主要成员国，拥有独立的核力量。截至 2005 年底，英正规军总兵力 20.589 万，其中陆军 11.676 万，海军 4.063 万，空军 4.85 万。2007～2008 年度国防开支预算 320 亿英镑，居世界第二位。

### 1.5.2 外交

英国为联合国安理会常任理事国，是世界五个核大国之一，是欧盟、北约、英联邦、西欧联盟等 120 个国际组织的重要成员国。主张同美国加强关系，重视发展与其他大国的关系，努力改善同中、俄、印、日等大国的关系。努力维系同英联邦国家的传统联系，保持和扩大在发展中国家的影响。积极参与全球事务，保持强大的国防力量，强调自由贸易。加强在环境保护、人权、可持续发展等问题上的国际合作。将人权问题作为其外交政策的核心。

英国的国际战略重点为：

（1）创造远离国际恐怖主义和大规模杀伤性武器的更安全的世界。

（2）减少国际罪案对英国的损害，包括走私毒品、贩卖人口及洗黑钱。

（3）通过强有力的国际系统，防范和解决争端。

（4）在安全环境下建立有效及有全球竞争力的欧盟。

（5）通过开放和不断扩大的全球经济、科技与创新以及保障能源供应支持英国经济和商业的发展。

（6）通过加速向可持续低碳型全球经济过渡来实现气候安全。

（7）通过发展人权、民主、良好治理和环保，促进可持续发展及减少贫困。

（8）管理移民及打击非法移民。

（9）为英国海外公民提供高质量的领事服务，包括日常及危机时期。

（10）保障英国海外领土的安全和良好治理。

## 1.6 经济与社会

### 1.6.1 经济现状

英国是世界上第五大经济体，也是全球第二大外商直接投资（FDI）目标国家。英国是全球领先的贸易国，位居第二大服务出口国和第三大服务进口国，同时也是第七大商品出口国和第四大商品进口国。作为欧盟的重要成员之一，英国始终是最具竞争力的投资/贸易国家。

私有企业是英经济的主体，占国内生产总值的 60% 以上，服务业占国内生产总值的近 3/4，制造业仅占不到 1/5。在过去 10 年中，英国经济连续保持增长，增速超过七国集团（G7）其他经济体；人均国民收入从 G7 末位攀升至第二位；通货膨胀率保持低位；投资势头强劲，增幅位居 G7 之首；失业率连创新低，就业率高于各主要经济体。

2007 年英国经济基本情况如下：

国内生产总值：27270 亿美元

人均国内生产总值：45970 美元

国内生产总值增长率：3.1%

通货膨胀率：约 2.1%（2007 年底）

失业率：约 5.3%（2007 年底）

然而，自 2008 年下半年爆发的全球金融危机对英国经济造成了严重的冲击，英国国内生产总值 16 年来首次出现了负增长，同时失业率和消费价格指数均有所提高。经济问题已经成为布朗政府所面临的最为严峻的考验。

### 1.6.2 资源能源

英国是欧盟中能源资源最丰富的国家，主要有煤、石油、天然气、核能和水力等。能源产业在英经济中占有重要地位。2005 年天然气产量为 1017.8 百万兆瓦时，原油产量 7710 万吨，煤炭产量 2062.4 万吨，总发电量达 360.5 万亿瓦时，2/3 发电量来自煤和天然气。现有核电站 14 座，所提供电力占英国总发电量的 20% 左右。多数已老化，其中半数将在 2010 年退役，13 座将在 2023 年前被关闭。采煤业完全私有化，近年来生产呈下降趋势。英森林覆盖面积 281 万公顷，占本土面积 12% 左右。主要工业原料依赖进口。近年来，政府强调要提高能源利用效率，发展可再生能源，减少对传统矿物燃料的依赖，建设"低碳经济"，并为此进行了一系列立法保障和政策引导，鼓励高效节能技术开发，培养企业和家庭节能意识。政府计划在 2010 年前将可再生能源比重从 2004 年的 3.6% 左右提高到 10%。

### 1.6.3 工业

英国主要工业有：采矿、冶金、化工、机械、电子、电子仪器、汽车、航空、食品、饮料、烟草、轻纺、造纸、印刷、出版、建筑等。生物制药、航空和国防是英国工业研发的重点，也是英国最具创新力和竞争力的行业。同许多发达国家一样，随着服务业的不断发展，英制造业自20世纪80年代开始萎缩，80年代和90年代初两次经济衰退加剧了这一态势。2006年英制造业占国内生产总值的比重仅为17%。2005年，英本国拥有的最大汽车生产企业罗孚公司破产。英制造业中纺织业最不景气，但电子和光学设备、人造纤维和化工产品，特别是制药行业仍保持雄厚实力。

### 1.6.4 农牧渔业

英农牧渔业主要包括畜牧、粮食、园艺、渔业，可满足国内食品需求总量的近2/3。目前，英农业占国内生产总值的比重仅为1%，从业人数约53.3万，占总就业人数的2%，低于欧盟国家5%的平均水平，为欧盟国家中最低。农用土地占国土面积的77%，其中多数为草场和牧场，仅1/4用于耕种。农业人口人均拥有70公顷土地，是欧盟平均水平的4倍。近年来除由于农产品价格下降及英镑坚挺导致英农业收入减少外，疯牛病、口蹄疫和农药引发的食品安全问题也使农业发展受到严重影响。按市场价格计算，2006年英国农业总产值为147亿英镑。

### 1.6.5 交通运输

英国交通基础设施较齐全。公路、铁路、水路、航空运输均较发达。伦敦有十分发达的地铁网。1994年英法海底隧道贯通，将英国与欧洲大陆的铁路系统连接起来。近年来的交通运输情况如下：

铁路：1997年完成私有化。目前，英铁路总长达3.4万公里。2005年，铁路总客运量为423.69亿人公里；2004年总货运量达到9860万吨。

公路：2005年英国公路总长达38.8万公里，其中3520公里为高速公路，承担着 19% 的交通量；9343 公里为干道，承担 14% 的交通量；其余各种公路总和承担的交通量为 62%。

水运：泰晤士河是最繁忙的内陆水运河，其次为福斯河。海运承担了 95% 的对外贸易运输。2005 年英国港口总吞吐量为 5.85 亿吨，出口 2.31 亿吨，进口 3.54 亿吨。英国大小港口众多，其中 100 个为重要商业港口，有 52 个港口年吞吐量在 100 万吨以上。

空运：英国所有的航空公司和大多数机场均为私营企业。2005年，共有 50 家航空公司，在役飞机 952 架，共飞行 13.24 亿公里，运送旅客 9360 万人，货物 92.14 万吨。英国航空公司（British Airways）是世界最大航空公司之一，伦敦希思罗机场是世界最大最繁忙的机场之一。

### 1.6.6　财政金融

每年 4 月 1 日开始新的财政年度。政府财政预算支出包括公共支出（中央政府和地方政府开支）、支付债务利息和财务调整。财政预算收入含直接税、间接税和国民保险税收入三项。

2006 年英国公共财政赤字为 354 亿英镑，占 GDP 的 2.7%；截至 2006 年底累计公共债务 5718 亿英镑，占 2006 年 GDP 的 43.5%。2006 年国际收支账户逆差 801 亿美元，占 GDP 的 3.4%。

### 1.6.7　对外贸易

英国基础设施完善，政府配套服务措施到位，鼓励自由贸易，重视引进新技术、新产品和新的管理方法，以增加出口，提高就业。英与世界 80 多个国家和地区有贸易关系，主要贸易对象是欧盟、美国和日本。

2006 年，英国商品出口 2445.4 亿英镑，进口 3282.3 亿英镑，逆差 836.9 亿英镑，商品进出口总额居世界第五位。服务贸易自 1966 年以来一直顺差，2006 年出口 1255.6 亿英镑，进口 959.5 亿英镑，顺差 296 亿英镑。主要进口产品有：食品、燃料、原材料、服装、鞋业、电子机械设备、汽车等。主要出口产品有：石油及相关产品、化工产品（包括医药制品）、烟草、饮料、机械设备等。欧盟是英国最大的贸易伙伴，2006 年分别占英出口额的 62.8% 和进口额的 58.2%。2006 年英国前五位最大出口市场为：美国（13.1%）、法国（12%）、德国（11.2%）、爱尔兰（7.2%）和荷兰（6.8%）。前五位最大进口市场为：德国（13%）、法国（9.3%）、美国（7.9%）、荷兰（7.2%）、比利时和卢森堡（5.7%）。

## 1.7 社会保障

### 1.7.1 公民社会

英国很早就签署了联合国和欧洲理事会就保护人权和基本自由而制定的各项公约。1991 年，英国政府制定了《公民宪章》，并以此确定了公民所享有的权利。此外，该文件还明确规定政府所提供的公共服务必须达到一定的标准，否则，公众有权利要求政府进行改正。

2000 年 10 月，英国通过了《人权法案》，确定了英国公民的基本权利。该法案共含 14 个条款，它明确了一系列神圣不容侵犯的原则，其中包括生命权、言论自由的权利和接受教育的权利等，并确定了这些价值准则在英国文化和行政管理体系中的核心地位。

英国公民社会的声音是由数千个非政府机构（NGO）共同组成的，这些非政府机构代表了不同文化、种族、宗教、环境、学术的利益以及个体公民的其他利益。

### 1.7.2 人民生活

实行公共保健、社会保险等福利制度。实行五天工作制。截至 2006 年底，英总就业人数为 2903.6 万。2006 年 4 月，全日制雇员平均周工资为 447 英镑，伦敦地区为 572 英镑，为全国最高，东北部地区最低，为 399 英镑。

由于初级健康保健实施良好，英国人均寿命与其他发达国家相当。2005 年，男性平均寿命为 76.6 岁，女性平均为 81 岁；婴儿死亡率为 4.8‰。

### 1.7.3 社会保障体系

英国的社会保障体系建立于 1946～1948 年，其主要依据是经济学家贝弗里奇的社会保障思想。通过多年的发展，基本形成了一套"从摇篮到坟墓的社会保障制度"。英国是福利型社会保障制度的代表国家，其社会保障体系主要包括四个部分。

**1. 国民保险**

即由国民保险计划提供各种保障待遇，包括养老保险、失业保险、疾病保险、工伤保险、生育保险以及家庭收入补助等。国民保险计划由政府有关部门及分布在各地的五百多个办事机构管理和实施，其对象是 16 岁以上公民，前提条件是事先缴纳一定数量的保险费。

英国的养老保险制度由三个支柱组成。第一个支柱是实行现收现付的国家基本养老保险，由两部分组成：一部分是符合领取养老金条件的退休人员都可以得到相等数额的基础年金，这是一种强制性缴费制度，由国家财政、雇主和职工共同负担的；另一部分是于 1978 年正式实施的政府收入关联养老金计划，它根据个人的实际缴费年限和基数区别确定。第二个支柱由职业年金计划和强制性的个人年金账户构成，它是英国养老保险体系中最重要的组成部分。目前，第二支柱养老金实行缴费确定型（DC）和待遇确定型（DB）两种制度，但越来越多的职业年金计划正在从待遇确定型转向了缴费确定型。第三个支柱为个人自愿性的商业养老保险。通过个人购买商业保险，为个人将来退休后仍能维持较高的生活水平提供保障。

**2. 国民医疗服务体系（National Health Service）**

英国是世界上最早实行全民医疗保健的国家，国民医疗服务体系是英国福利体系的标志。1948 年由当时的工党政府创立，并一直延续至今，为全民提供免费医疗服务。2005 年，政府用于公共卫生方面的开支占国内生产总值的 8.3%，仍低于欧盟和经济合作与发展组织 9% 和 12% 的平均水平。

**3. 社会救济**

1948 年英国颁布了国民救济法，建立了社会救济制度，1976 年建立了补充津贴法，完善了社会救济体系。

**4. 社会福利**

包括两个层次：一是政府有关部门和社会志愿者有关组织对有特殊困难者提供的各种福利设施和有关服务；二是指向全体公民提供的各种公共设施和津贴补助。

## 1.8　文化与教育

### 1.8.1　教育体系

英格兰、威尔士和苏格兰实行 5 ~ 16 岁义务教育制度，北爱地区实行 4 ~ 16 岁义务教育制度。义务教育归地方政府主管，高等教育则由中央政府负责。

英国重视教育和科研水平的提高，目前正进行教育改革，允许高校增收学费，同时继续加大教育投资，2006 年教育经费为 730 亿英镑，占 GDP 的 5.6%。英国已成为世界高科技、高附加值产业的重要研发基地之一。

公立学校学生免交学费，约占学生总数的 94%。私立学校师资条件与教学设备都较好，但收费高，学生多为富家子弟，约占学生总数的 6%。著名的高等院校有牛津大学、剑桥大学、帝国理工学院、伦敦政治经济学院、华威大学、曼彻斯特大学、爱丁堡大学和卡迪夫大学等。

中学生毕业后有约 40% 能够接受高等教育。目前英国共有综合性大学 89 所，这一数字包括开放大学（Open University），但不包括各个大学所属的各个学院。此外还有 60 所高等专科学校。

### 1.8.2　文化传统

英国是一个多元文化国家，拥有大约 6100 万来自不同种族、宗教、文化乃至性取向背景的人口。数百年来，不同的社区在英国安定下来并把自己的东西流传下来。根据 2001 年的人口普查，大约有460 万人——约占总人口的 7.9%——来自少数民族群体。其中有一些社会团体在第一个千年的时候就开始在英国定居了。

英国政府出台了众多的法律来保证每个人都能享受到公正和公平的对待。英国反歧视法就是基于以下几方面制定的：种族、性取向、残疾、宗教和信仰、性别、年龄。

成立于 2007 年 10 月的种族平等与人权委员会（EHRC）维护所有人的平等权和人权，而不论他们的年龄、性取向、宗教、种族和性别。

### 1. 文学戏剧

英国有着丰富的文学传统，拥有一大批闻名世界的作家，如乔叟、莎士比亚、华兹华斯、狄更斯、艾略特、奥韦尔、韦尔斯等等。其中文艺复兴时期伟大的戏剧家威廉·莎士比亚（1564～1616）是英国文坛的巨星，在世界文化史上地位崇高，影响巨大。

许多当代作家继承了这种传统，如詹姆士·柯克曼、珍奈特·温特森、萨蒙·鲁西迪和本杰明·泽弗奈亚，他们的作品充满挑战性和创新性。

伦敦是世界戏剧之都，就连纽约亦无法匹敌。在伦敦，很少有东西像戏剧一样有趣，又能带来收益，其戏剧作品的数量和种类以及表演和导演的水准绝对无与伦比。伦敦的舞台上同时活跃着传统戏剧和先锋戏剧；而最重要的是人们能够以合理的票价，进入剧场观看。新建的环球剧院是戏剧界令人兴奋的新队员。在基础教育、继续教育和高等教育中，也开设了戏剧课程。英国皇家戏剧艺术学院（RADA）在英国的戏剧学校当中树立了一个良好的榜样，并且在世界上也享有很高的声誉。

### 2. 音乐舞蹈

英国是世界上第三大音乐销售市场，创造了全球 1/10 的音乐发行收入。英国消费者人均音乐购买量超过世界上其他任何地方的水平。新的音乐渠道不断涌现，以英国彩铃市场为例，其市场价值在

2005 年为 1.33 亿英镑。英国 iTune 下载量已经超过十亿大关。英国的音乐种类繁多，包括了古典音乐、城市音乐、电子音乐、摇滚乐、爵士乐、传统与民间音乐等等。

从经典的艺术表演形式到街头舞蹈团，英国的舞蹈形式也多种多样。举例来说，有英格兰的莫里斯舞、在《大河之舞》中看到的爱尔兰踢踏舞，还有苏格兰土风舞。

现在，所有的舞蹈形式在英国都很受欢迎，其中著名的舞蹈团有：表演经典舞蹈的兰伯特舞蹈团、皇家芭蕾舞团、英国国家芭蕾舞团；表演现代舞的如砍兜口舞蹈团（CandoCo Dance Company，其舞蹈演员除了健全人还有残疾人）等。

### 3. 博物馆与文化遗产

英国为数众多的博物馆和美术馆所珍藏、展示的各种各样的文物，成为人们了解古今中外的艺术、文化和历史知识的一个举世罕见的宝库。英国的博物馆包括各主要的国家级收藏机构以及约 1000 个独立的博物馆，其中近 800 个博物馆由当地政府提供赞助。最著名的博物馆包括大英博物馆、苏格兰国家博物馆、国家美术馆等等。

英国博物馆数据（博物馆、图书馆和档案馆委员会）：

——2500 家博物馆。

——博物馆的访问者中有超过 1/4 的是儿童。

——超过 2000 万英国居民每年至少去一次博物馆；这个数量要高于观看体育赛事或者观看摇滚乐演出的人数。

### 4. 文化遗产

英格兰的历史环境是英国最伟大的国家资源之一。从史前的纪念碑到优美的乡村房屋，从中世纪的教堂到工业革命的城镇，都是独一无二的丰富而珍贵的遗产。但是这种遗产绝不仅仅是砖头和建筑。整个风景都被纳入其中，包括城市和乡村，以及在海岸边上的海洋考古遗迹。它向我们展示了先人们是如何生活的；它承载了所有在这片土地上生活过的群落的历史；它是人人都能参与其中的更广泛的公共领域的一部分。

**5. 传统节日**

英国节日众多，一些主要节日如下：

元旦新年（New Year's Day）——1月1日。

情人节（Valentine's Day）——2月14日。

复活节（Easter Day）——在3月21日~4月25日之间。

耶稣受难日（Good Friday）——复活节前的星期五，教堂举行仪式纪念耶稣受难。在英国这一天是公假，人们吃传统的热十字糕（hot cross buns）。

耶稣升天节（Ascension Day）——复活节第40天之后的星期四，也称为 Holy Thursday。

圣母玛丽亚日（Lady's Day）——3月25日，又称 Annunciation Day（天使报喜节）。

愚人节（April Fools' Day, all Fools' Day）——4月1日。

女王诞辰日（Queen's Birthday）——4月21日，该节是庆祝女王诞辰。

莎士比亚纪念日（Shakespeare's Day）——4月23日，该节是庆祝莎士比亚的生日。也称圣乔治日（St George's Day）。

五月节（May Day）——5月1日，该节是迎接春天的祭奠。

五朔节（Beltane）——5月1日。

英联邦纪念日（Commonwealth Day）——5月1日，该节日出自于庆祝维多利亚女王的生日。

女王法定诞辰日（Queen's Official Birthday）——英国在6月10日或前一个星期六放假，以取代4月21日女王的生日。

薄煎饼日（Pancake Day）——基督教会在基督受难日前40天的"封斋期"开始前的最后一天。

母亲节（Mother's Day）——5月第二个星期日。

仲夏夜（Midsummer's Day）——6月23日。

万圣节（Hallowmas, all Saints' Day）——11月1日。

圣诞节前夜（Christmas Eve）——12月24日。

圣诞节（Christmas Day）——12 月 25 日。

节礼日（Boxing Day）——12 月 26 日。

国庆日（National Day）——国王的正式生日。

**6. 体育**

在英国最受欢迎的是足球、板球和橄榄球。尤其是足球，让许多英国人为之着迷。

2005 年，伦敦击败了同时申办奥运会的法国巴黎和西班牙马德里，成为 2012 年奥运会主办城市。

英国制订了一些计划，要将 2012 年的伦敦奥运会办成一次可持续性的奥运会。所以，2007 年 1 月成立了 2012 年伦敦奥运会可持续发展委员会（The Commission for a Sustainable London 2012），来协助达到这个目标。

## 1.9　媒体与传播

英国新闻出版业发达，目前全国共有约 1300 多种报纸，8500 种周刊和杂志，其中全国性日报 11 份，每周日发行的报纸 11 份。主要报纸、杂志有《泰晤士报》、《金融时报》、《每日电讯报》、《卫报》、《独立报》、《世界新闻》、《观察家报》、《星期日泰晤士报》和《经济学家》等。

通讯社主要有 3 家：a. 路透社：1851 年成立，集体合营，世界重要通讯社之一，总部设在伦敦。b. 新闻联合社：1868 年创办，由 PA 新闻、PA 体育、PA 检索和 PA 数据设计 4 家公司联合经营。c. AFX 新闻有限公司：由法新社与金融时报联合经营，向欧洲的金融及企业界提供信息和服务。

英共有 5 家通过地面发射的覆盖全国的电视台，即英国广播公司（BBC）、第三频道（ITV）、第四频道（Channel 4）、第五频道（FIVE）和专门针对威尔士地区并使用威尔士语的 S4C。此外还有卫星电视和有线电视，如天空电视等。

# 第 2 章  英国非营利组织的
源流与发展历史

本章在对英国非营利组织的相关概念进行梳理和介绍的基础上，按照历史顺序简述英国的慈善源流和非营利组织发展的过程。英国有着悠久的慈善事业发展史，不仅民众的互助和志愿传统根深蒂固，各种慈善捐赠也源远流长，而且在慈善事业相关法制上堪称世界各国之首，有迄今不断完善并仍在使用的世界上最古老的慈善法。英国的相关监管体制和支持体系也由来已久并独具特色。本章分别从相关概念、慈善事业的历史源流、战后慈善事业与非营利组织的发展三个方面对这一历史过程作一素描，努力为读者提供一个认识英国非营利组织的历史框架，并为后续各章的论述提供一个初步的历史铺垫。

## 2.1  相关概念

在英国，非营利组织在不同的历史时期和不同的语境下有不同的表述。使用较多的是"慈善"和"志愿"及相应的两组概念。这里分别作一梳理和介绍。

英国的慈善和慈善组织用的是 Charity 一词。这一词汇同时包含着"慈善"、"慈善事业"和"慈善组织"的含义。

英语中的慈善来源于拉丁词"博爱"（Caritas）。早期基督教将慈善视为基督教义的核心理念。强调的是一种与恩惠及感恩相联系的可贵情怀与高尚行为，包括自我牺牲、利他精神、感恩情怀等，这些往往带着"仁爱"、"基督之爱"、"为上帝而普爱众生"等浓厚的基督教文明色彩。当然，在作为人类行为模式的慈善与作为人们为着慈善目的而集体行动的组织意义的慈善之间是存在很大差异的。大多数情况下，作为集体行动的组织慈善需要一种捐助系统，组织负责人将用好这些捐款，确保它们被用在相关目标上。在这种前提下，即便捐助者和受益者相隔千里，即便他们不能同步进行，慈善行为也可以发生。

早期的慈善并没有组织和法制，更多表现为当事人的直接捐赠。但是随着慈善行为越来越经常化，出现了当事人无法控制的多种形式的捐赠，遗赠即为其中的典型形式。已经去世的捐赠人无法控制其捐赠物的用途。这时候就需要一种机制，来确保捐赠物按照捐赠人的目的来使用。

后来，英国出现了由教堂赞助的专业的慈善组织。它们负责接受捐赠，并确保按照捐赠人的意图使用捐赠物。随着信托法的发展，这些组织变得越来越普遍。根据英国慈善委员会的记载，最早的慈善组织出现在公元 597 年。

1601 年，英国颁布了世界上最早的一部慈善法（《慈善用途法》），这项法案明确了慈善的定义、慈善组织的基本规范和制度框架等。经过 400 多年的多次修订，英国慈善法对慈善的定义已今非昔比。最新的慈善定义按照 2006 年最新修订并于 2008 年 4 月 1 日生效的慈善法（2006），慈善组织须满足如下条件：

拥有慈善目的和公益并属于如下领域：

（1）扶贫与防止贫困发生的事业；

（2）发展教育的事业；

（3）促进宗教的事业；

（4）促进健康和拯救生命的事业；

（5）推进公民意识和社区发展的事业；

（6）促进艺术、文化、历史遗产保护和科学的事业；

（7）发展业余体育运动的事业；

（8）促进人权、解决冲突、提倡和解以及促进不同宗教与种族之间和谐、平等与多样性的事业；

（9）保护与改善环境的事业；

（10）扶持需要帮助的青年人、老年人、病人、残疾人、穷人或者其他弱势群体的事业；

（11）促进动物福利的事业；

（12）有助于提高皇家武装部队效率的事业；

（13）其他符合本法律相关条款规定的事业。

英国的慈善组织大体上分为注册慈善组织和未注册慈善组织。主要依据是在英国慈善委员会是否进行登记注册。据官方统计，到2007年12月31日，英国慈善委员会登记注册的慈善组织数量为169299家。但许多学者估计，英国还有大量慈善组织没有登记注册或者免于注册，但其数量无法确切。一般的说法是，包括苏格兰和北爱尔兰，全英慈善组织总数超过24万家。

与"慈善"及慈善组织的概念相近，在英国也常使用"志愿"和志愿组织的概念。"志愿"一词英文为 voluntary，包括"志愿的"、"自愿的"、"自发的"、"非官方的"等含义，用于志愿组织，则强调致力于各种社会公益活动的民间自发自愿组成的组织。由于定义的标准和尺度不同，对志愿组织还有许多不同的称谓。如Voluntary Sector，可译为"志愿部门"、"志愿域"或"志愿组织"，强调区别于政府、企业的公民自组织；Voluntary Groups，可译为"志愿小组"或"志愿组织"，强调基于自愿的公民结社；Voluntary Organisations，可译为"志愿组织"，强调在政府相关部门登记注册的志愿组织。在本书中，我们一般不作特殊的区分，一般用"志愿组织"一词。

需要注意的是：在英国，无论使用"慈善组织"一词，还是使用"志愿组织"一词，一般都不包括那些规模小、非正式且不适于注册的组织，后者一般被称为"社区组织"（Community Sector）或草根组织（Grassroots Association）；① 也不包括互助组织和各种会员制的互益组织（如行业协会等）。因此，英国非营利组织主要强调非营利组织所具有的如下三种属性：一是非政府性，即民间自主的特征；二是非营利性或公益性，即为实现特定公益目标而开展的各种具有慈善性质的社会公益活动；三是志愿性，即参与群体基于自愿、自发和自下而上的自由意志。

这里举出有代表性的 Gareth G Morgan 给出的如下定义：②

慈善之所以存在，其首要的也是最为重要的因素是，拥有相同事业理想的人聚集到一起，为了达成他们的事业，他们愿意遵守某些共同规则。

我对第三部门的定义很简单，它们是建立在非营利、不分配约束（Non-Profit-Distributing），也不属于国家机构这样一种双重属性基础上的组织。第三部门是一种重要的民间组织，因为没有任何强力迫使人们必须支持它或者参加它们的活动。

第三部门的组织是指以非政府性的组织为组织载体，这些组织是受到自己价值所驱动，通过把组织的盈余再投资，进一步实现社会的、环境的以及文化方面的目标为特征的组织。

## 2.2 英国慈善事业的历史源流

英国的慈善事业和各种志愿组织具有十分悠久的历史。在英国历

---

① Peter Halfpenny and Margaret Reid, "Research on the Voluntary: an Overview", *Policy & Politics*, Vol. 30, No. 4, 2002, pp. 533 – 550.

② Gareth G Morgan, "The Spirit of Charity", Charity Studies Professional Lecture, 3 April 2008.

史的发展过程中，英国民众参加各种志愿活动的热情和悠久传统超过
了任何其他国家。志愿部门也在英国历来的社会活动中发挥着核心作
用，各种形式的服务提供、互相帮助、运动发起和宣传活动在英国都有
一定的发展，可以说是慈善事业无处不在。本节根据历史的演变分四个
阶段讨论英国慈善事业和志愿组织在不同阶段的历史发展过程，并探求
宗教、君主、法律和政府等不同的因素对慈善事业和志愿组织的影响。

### 2.2.1  中世纪和都铎王朝时期的慈善源流

英国民众互助传统源远流长。尽管针对中世纪晚期之前正式志愿
活动的历史记载十分少见，但戈斯登的研究发现，有互助组织宣传它
们的起源可以上溯到公元 55 年。当时，有组织的志愿活动，如互助
会和友谊会，就已经出现。在 12 世纪和 13 世纪，在英格兰地区就至
少有 500 多家志工医院（史密斯，1995）。

中世纪时期（约公元 476 年～1453 年），罗马天主教会机构占据
了正式慈善活动的中心位置，几乎所有形式的捐赠都首先要接受教会
的管理。向穷人提供救济品或护理服务是天主教会教义的很自然的结
果，天主教会自己的济贫法中也有着正式的表述。但当时的慈善都以
精神层面的满足为宗旨，大多数捐赠人都将获得祷告文作为目标。而
当时的宗教协会主要是向死者提供祈祷的宗教集会，但这些宗教集会
同时也拥有社会和福利功能，可以算作友好社会的原型，并向有需要
的成员们提供食物和住宿，或经营学校和酒馆，以及为成员们在葬礼
上面的花销提供帮助。英国慈善事业的宗教目标和社会目标之间的差
别很小或者没有差别。

但到了 15 世纪，对教会等宗教组织的不满开始形成，专门供奉
宗教用途的捐赠开始减少。根据乔丹以及切斯特曼的研究，慈善捐赠
在都铎王朝时期开始发生了本质改变，逐渐由对宗教的捐赠转变为对
贫困的救济或对教育的捐赠。乔丹指出，在 1480～1540 年，专供宗
教用途的捐赠占了遗赠的 53%，但是在 1560～1600 年之间仅占 7%。

从 14 世纪开始，行会与伦敦同业工会开始出现，标志着基于相
互依存和贸易兴起的有组织的世俗的独立部门开始形成。这些组织设

立的目的是保护贸易并保证手艺质量，但也允许较低等级的人捐赠，为其成员提供社会保险的初等形式，并通过维持济贫院和向当地贫民提供救济等方式尽一些社会责任。14 世纪末，总共建立了 473 个行会，但在 16 世纪之前，行会结束了其在提供社会福利方面的作用，除了伦敦行业会所这个例外。直到今天，伦敦行业会所仍然是个主要的慈善机构。

都铎王朝时期，英国慈善事业的基本形式是公益信托——一种以慈善为目标的永恒馈赠或遗赠。乔丹的研究表明，当时大约 2/3 的捐赠来自于遗赠——捐赠人立在遗嘱中的捐赠，剩下的 1/3 为馈赠——捐赠人有生之年所做的捐赠。根据他的统计，在 1480～1660 年间，英格兰地区的 10 个国家对慈善组织的捐赠总计超过了 300 万英镑，并在 1610～1640 年期间达到高峰。尽管有学者针对捐赠总数的增长提出了不同意见，认为由于民众对天主教会的摈弃，考虑进通货膨胀因素之后，17 世纪中叶的捐赠总数事实上是减少了。但同期，对于教育或者健康等非宗教的私人捐赠的快速增长，却是不可否认的。

17 世纪末英国经历了宗教和政治剧变。在内战的压力下，都铎王朝的慈善管理系统开始衰落。17 世纪的慈善活动和新兴的商人阶层紧密关联。乔丹的统计认定了英格兰地区大约有 43% 的捐赠来自于当时为数不多但富有的商人阶层。这些商人在城镇的慈善事业中有着很大的影响力。捐助品包括救济院、医院、管教所、贫民习艺所、初级学校、大学和市政改善等等。但在农村地区，贫困人口主要是依赖贵族或者贵族政府的救济。

### 2.2.2　18 世纪的济贫事业与联合慈善事业

到 18 世纪，由于统治阶级同时受到商业资本与农业资本的有效支配，开始逐步远离压迫穷人的家长式统治。在农村地区，贫困人口尽管还是比较依赖贵族与政府，但在某些地区，慈善布道成了新的资金来源；在城镇里，商人在慈善世界仍然保持很大的影响力，这些商人们似乎在通过慈善事业寻找一种新的永生，因此被欧文称为"富人施恩"。在这一时期，随着土地价值的增加，捐赠品的价值也有了很大的增长，对被统治阶层更加宽容的气氛也开始形成。在 18 世纪后期，国家的济贫法系统进行了大量的人道主义改革，部分废除了居住法，引入院外救助和提高工资等。

根据欧文的研究，在 18 世纪，一个全新的捐赠形式——联合慈善事业得到了发展。这种志愿组织由富有的博爱主义者建立，取代了个人纪念馆。最能证明这种新形式的最明显的例子就是慈善学校活动。慈善学校是由各种志愿捐赠建立的学校，一般是由宗教组织来管理，免费或仅收极少的一部分钱来提供衣物和教育，教穷人的孩子读、写或者其他有用的课程，但这类学校教育一般以宗教教化为主，文化教育为次。慈善学校最早起源于伦敦，后来在英格兰与威尔士的城镇地区得到大量发展。截止到 1729 年英格兰有超过 1400 个慈善学校，收容了超过 22000 名学生。18 世纪晚期的其他发展，还包括施粥所、热病医院、诊疗所、残疾人慈善训练、世界范围的工业和星期日学校运动等。

为什么在这一时期联合慈善事业得到了蓬勃发展？很大程度上，这归功于清教徒的影响。在基督徒的脑海中，慈善性情和宗教是分不开的，慈善这个词就等同于基督的行为，因此往往这些慈善事业被称为虔诚的事业。另外一个很重要的原因就是捐赠人可以通过推荐受益人的方式来实施赞助，这是获得社会声望的一种有效方式。这一直是慈善事业的一个很重要的激励因素。第三个原因是，通过发展慈善事业，国家对社会的控制加强。安德鲁关于 18 世纪慈善事业的研究认为这个世纪的慈善活动有了根本的变化，这些变化迎合了国家的需求。譬如说，她发现 1740～1760 年间的慈善活动，由以前的促进教育和雇佣转到了妇产科医院和儿童福利机构，而这个转变的目的是为了增加伦敦的工作人口，从而为国家的战争需求、海军扩张和殖民地扩张增加人口。志愿行为被国家用作控制社会的手段，在该研究中得到充分阐述。

互助行动也在不断增加。互助会在 18 世纪已经是个比较流行的名称。戈斯登就发现，在一本 18 世纪的小册子里面，有强烈的主张要求通过成立互助会的方式来降低贫穷人口比例，进而减少贫困人口所带来的社会负担。史密斯的研究发现，18 世纪的很多志愿活动都与城镇生活相关，并且中产阶级慈善家对博物馆、图书馆和公园的发展作出了很大的贡献。

### 2.2.3  19 世纪蓬勃发展的志愿组织与慈善事业

19 世纪是英国慈善事业的黄金年代，志愿与慈善活动在此期间发挥了很大作用。在这个世纪，各种志愿和慈善组织纷纷建立并蓬勃发展。当今为人们所熟知的大多数英国志愿组织都与 19 世纪息息相关，譬如说 1884 年建立的世界上第一个社区公社——汤恩比馆。慈善组织的类型是多种多样的，包括宗教组织建立的各种协会、工会、友善协会、城市教区、地区访问社团、母亲集会、节俭协会等。英国统一的全国性慈善组织也开始建立。1869 年建立的慈善组织协会，就是为了协调各慈善机构的关系，促进合作等。根据统计，到 1862 年，仅伦敦地区就有 640 个慈善机构，其中 279 个成立于 19 世纪上半叶，144 个成立于 19 世纪 50 年代到 60 年代间。

19 世纪 70 年代的研究表明，大多数英国成年人都参加志愿活动，每个人平均属于 5~6 个志愿组织，包括工会、友谊协会和各种节俭协会。同时，几乎没有什么事业能和慈善团体们集聚的劳动力相比，在慈善机构和慈善医院的"家庭医院"里面拿薪水的公认是济贫法当局雇员的两倍。妇女也在慈善事业中扮演了越来越重要的角色。根据估计，在爱德华七世时代，在 1200 万参加慈善组织的人当中，有 100 万是妇女慈善组织。而在 1893 年，慈善机构里面有两万个妇女做全职员工，其中还不包括护士和宗教组织的妇女。19 世纪 80 年代，大部分处理贫困救济的组织都赞助当时吸收了大批工人阶级的妇女和儿童的志愿组织——母亲集会。该组织被认为是慈善活动中最实际最成功的形式，在爱德华时代每周大约吸引了一百多万的妇女和儿童参加会议。

同时，这些慈善组织的收入有了很大的增长。普罗卡斯卡 1990 年指出，到 19 世纪 90 年代，除了食物外，英国普通中产阶级家庭花在慈善活动方面的支出是最多的。史密斯1995年统计了一些研究披露的数据。他发现，根据1885年《时代》杂志的统计，伦敦各类慈善机构的总收入超过了包括瑞典、丹麦和葡萄牙在内的好几个国家的政府收入，甚至是瑞士政府收入的两倍。

　　19世纪英国各种志愿和慈善组织蓬勃发展的原因很多。其中一个说法认为，当时英国在人口的膨胀以及快速的工业化和城市化进程中，产生了对志愿和慈善活动的巨大需求。譬如说，由于工业革命，当时劳工的境遇比较悲惨，贫困人口激增，于是以济贫为目标的慈善组织纷纷成立。同时，传统的志愿组织形式，如捐赠慈善形式、临时捐助和救济院等，已经不能满足这些需求，因此各种新形式的志愿活动得到发展。其中一种反应为工人们自己发展自己的相互保险群体，另一种是志愿机构的慈善家们联合起来。而新教会在慈善运动中扮演了重要角色。

　　但在这个时期，并非所有的志愿活动都是慈善性质的。很多志愿组织是源于政治需要。很多当代压力集团们所熟悉的活动与游说技巧都是在这个时期发展起来的。譬如说，公共集会和大众宣传运动就是在19世纪30年代的反奴隶运动中产生的，很多形式的慈善在19世纪也都开始存在。如维多利亚时代的义卖就是慈善义卖会的先驱，而慈善商店在19世纪20年代也已经存在。

### 2.2.4　20世纪政府推动下慈善组织的发展

　　19世纪晚期，英国农业出现衰退，英国工业增长也减速，加之来自国外的竞争不断加强，世界工厂的地位丧失。随着英国经济发展的缓慢，英国的社会问题越来越严重，其中贫困问题、失业问题和老年问题都很严重。20世纪初，仅仅依靠民间的慈善组织和活动已经很难解决问题，人们开始呼吁国家要扮演更加重要的角色，采取更多的国家行动。

　　1905～1914年间，政府通过部分法案，如国家保险法案，来提高国家在社会福利方面发挥的作用。其他的立法也包括提高学校的三餐、学校的医疗服务、老年养老金以及一定量的失业保险。这些措施显示了国家责任的大幅度扩张和志愿机构责任的相应降低。但 20 世纪初，每年慈善机构收到的捐款，远远超过了政府用于救济贫困者的开支。

切斯特曼提出，从 1914 年开始，影响英国慈善事业发展最显著的因素就是政府的介入。志愿机构主导的慈善机构逐渐失去了最关键的地位。第一次世界大战爆发后，军队新兵医疗条件十分恶劣。志愿部门以及它们所能够提供的资金，远远不能满足政府保证民众医疗卫生和教育条件的需要，政治家和智囊团们开始达成共识，不能单靠志愿部门进行社会保障。在这种情况下，政府开始承担那些以前仅限志愿组织从事的工作。在第一次世界大战时期，政府的两个专项委员会共同参与和解决了由于医院和大学部门志愿工作的失灵带来的麻烦。同时政府加强了针对下一代人口尤其是医疗检查、学校伙食和婴幼儿的投资，地方政府也开始建立志愿机构，为老年人和残疾人提供膳食住宿和帮助。

第一次世界大战后，政府对志愿和慈善活动的介入，使许多慈善机构的工作量加大，比如，红十字会和圣约翰秩序为得到军队捐款的军人们提供了医院住宿。但在另一方面，政府的介入也存在破坏志愿部门的作用，使部分人开始害怕志愿领域的衰亡。但根据史密斯1995 年的研究，这些恐惧有些夸张，因为政府与志愿领域在战时的关系逐渐变得独立。两者之间合作关系的发展标志是 1919 年国家议会社会服务组织的建立。该议会的主要目的就是与志愿活动合作，在议会社会服务网络工作和城市议会发展的基础上开展活动，并同时与政府建立更加密切的关系。

在两次世界大战之间，通往志愿部门的捐献资金流并没有断，英国福利的提供依然多元化，英国志愿部门在福利提供方面仍然发挥着特别重要的角色。而第二次世界大战与一战类似，国家在提高英国人民的生活方面承担着越来越大的责任。为了解决战争所带来的紧急情况，新的志愿组织在政府鼎力支持下又一次成立起来，如妇女志愿服务协会，该组织在二战中起了非常重要的作用。英国红十字会和圣约翰救护机构以健康部的名义对辅助医院进行监管。志愿机构在对平民疏散中发挥了关键作用。

到了 20 世纪中期，政府颁布的法令保护了志愿部门在教育和社会方面的作用，但是却把医疗保健和生活费用保障等职能直接划分给了中央政府。政府想要在社会保障方面大干一场，但是政府保障的扩张依旧受到了志愿部门的协助，整个战后时期往往依旧被认为是一个志愿部门主导的时代。

### 2.2.5 宗教、君主、法律和政府对慈善事业的影响

宗教组织建立的慈善机构在英国的慈善事业中占有重要的地位。如上文讨论的，在中世纪，天主教会在慈善事业中占据中心地位。修道院周围组织的慈善机构能够追溯到中世纪或者更早。17 世纪英国经历了宗教和政治巨变，最终在 1688 年的光荣革命后确立了新教的特权。宗教改革运动遍扫了教堂宗教互助会，这些互助会最终没有重获它们之前的卓越地位。在 18 世纪和 19 世纪，清教宗教信仰的强大，导致大批慈善行为的涌现，很多新型慈善组织出现并得到了迅猛发展。在由宗教、阶级、地方以及职业相结合组成的支离破碎的自由社会里，慈善组织激增，并相互争夺或改变信仰者以及其他主顾。尽管 20 世纪前半期宗教开始没落，很多宗教信徒依旧继续为建立慈善组织作了很大贡献。直到今天，宗教在各种志愿活动中仍然发挥着很大的作用，不仅在教育领域，在其他领域，譬如教区内的社会和医疗服务，还有国际范围的紧急情况救援和开发活动中，都提供了初始和持续的动力。

英国君主或王室有着独特的慈善传统。早期的都铎王朝中，一方面英国君主在与宗教的斗争中，比如亨利八世及其接班人爱德华六世，通过瓦解和没收修道院和歌祷堂这些中世纪的主要教会机构，曾经戏剧性地削弱了教会在提供福利服务方面的能力。但另一方面，由于社会不稳定性不断增长，王室与政府也通过精心推出各种法律措施来应对这些趋势，譬如说不断发展和日益复杂的济贫法，并承担更多的责任，从而对宗教基金的消失进行补偿。中世纪以后的一段时间

内，以君主为首的贵族与贵族政府是其封建领土上的贫困人口的主要慈善资金来源。进入近现代社会，王室的慈善行为是在王室政治不断衰微和那些古老的贵族意识不断削弱的背景下进行的，这种行为也拉近了王室和公众的距离，促进王室和公众之间建立亲密友好的关系，其志愿活动，一直保持了一种独特的全球性规模。并且，与政府相比，慈善机构与王室的合作往往更有效。

在慈善事业上，英国政府与志愿机构之间本质上始终是一种共生关系，并相互独立。据史密斯研究，英国政府有着通过法律来支持或干预慈善事业发展的传统。16 世纪，政府就进行了规范慈善组织的尝试。除了法律手段，政府也参与具体的志愿活动。中世纪开始，政府逐渐在慈善事业中承担更多的责任，有些地方治安法官和城镇议会开始提供贫困救济。从 1832 年开始，感到危机的英国政府开始委派皇家济贫委员调查英国贫困的问题。到 19 世纪，志愿机构与政府开始尝试合作，政府的社会福利责任开始增加。很多公务员和议员本身就在慈善机构中很出名。到 19 世纪末，超过 200 个的慈善机构曾经得到政府的资助去给养穷人的孩子。政府和志愿机构早期伙伴关系方面的例子还有，政府捐款给某志愿机构，以确保让麻烦女性远离街道，并且资助志愿机构以支持释囚。政府还努力规范慈善机构的行为，在整个 19 世纪，都有关于如何监督慈善信托基金和基金会的活动方面的规则程度的讨论。在 19 世纪和 20 世纪早期，大多数国家的社会服务是由当地财政支持，并由当地政府管理的。进入 20 世纪中晚期，中央政府在社会服务中的角色越来越重要。

而几百年来，法律系统保证了志愿服务的连续性，也保护了大量用作慈善事业的古老基金能够继续运作。16 世纪上半叶，国会颁布了禁止临时捐助的法令。16 世纪的立法允许治安法官和城镇议会提供贫困救济。1601 年，国会颁布了慈善用途法，旨在取缔欺诈性行为来鼓励慈善行为。此项法令委托了第一批慈善代表，其使命是在偏远村落负责受托人违反信托约定事宜。1601 年，英国政府颁布济贫法。法国大革命的爆发导致出现了政府利用法律镇压协会自由的一个短暂时期。1799~1800 年联合立法被推出，以阻止不断发展的工业组织等力量，互助会几乎陷入倒退。但这些限制性法案没有存在多久，1824 年的联合法案解放了那些工会组织。1832 年政府又颁布了新济贫法，试图建立一个更加集中的系统来取代基于教区的救济方案，该系统减少了地方自主权，通过废除院外救济来恢复贫民习艺所的作用。对于有劳动能力的贫民，该法案认为社会系统应该提供激励机制，以便他们寻求工作，自给自足而避免依赖国家。该济贫法的主要目的是确保工人能够遵守工作道德。1853 年，慈善信托法案出台。该法案建立了一个中枢性的永久慈善调查团，而 1855 年和 1860 年的立法赋予了慈善调查团一些权力。1911 年的国家保险法案则大大提高了国家在社会福利方面发挥的作用。

## 2.3　战后英国慈善事业与非营利组织的发展

### 2.3.1　福利国家及其所带来的问题和局限

二次世界大战后，英国建立了在资本主义世界堪称典型的福利国家，在整个国家范围内，建立了覆盖全体国民，从"摇篮到坟墓"的"社会安全保障网络"。早在 1912 年，英国经济学家庇古在其出版的《财富与福利》一书中（1920 年修改后改名为《福利经济学》）就系统对福利国家论述过，为战后福利国家的建立提供了理论依据。英国经济学家凯恩斯于 1936 年发表了《就业、利息和货币通论》，提出了国家干预、扩大公共福利，实现充分就业的新经济理论，为战后英国全面建立福利国家提供了重要理论依据。1942 年，受英国首相丘吉尔的委托，英国伦敦经济学院院长贝弗里奇起草了《社会保障及相关服务》的报告，针对英国战后可能出现的贫困、疾病、无知、肮脏和懒惰五大巨症，制定了一整套对英国全体公民实行福利制度的指导原则，设计了从"摇篮到坟墓"的福利措施。至 1948 年，英国首相艾德礼宣布英国建成福利国家。

福利国家对英国慈善事业和非营利组织的发展带来一定冲击。在福利国家的理念和实践下，政府普遍而深入地介入社会生活和经济生活，尤其是其"从摇篮到坟墓"的关注个人的计划，使得许多志愿组织的工作变得完全没有必要。此外，福利国家坚持对公民社会的支配。如1944～1948年间颁布法令保护志愿部门在教育和社会方面的作用，但是却将医疗保健和生活费用保障等职能直接划分给了中央政府。20世纪40年代末，由志愿部门主办的慈善医院网络的所有权被转交给政府来集中控制，这代表资源开始向政府部门进行大规模转移。在提供保险方面，政府与友谊会之间的"委托代理关系"在二战之后也被政府的直接提供方式所取代。

医院改革给互助组织带来了巨大的破坏。贝弗里奇曾经希望互助组织来实施政府扶持的社会保障计划，但是他的报道却表明许多这样的组织已濒临消亡。在新的环境下，这些社会保障计划已经不受地方志愿部门的控制，而成为政府部门的下属分支机构。虽然志愿联盟仍然存在，但是贝弗里奇认为它们已经带有过多的党派政治色彩，而不再单纯是志愿机构，另外它们也不再能够通过互助进行国家福利的分配。此外，由于对所有阶层开放的质押制度已经初见成效，志愿机构也不再在减少失业方面发挥以前的作用。

此外，对于志愿组织，政府往往对它们能否真正发挥作用也表示怀疑。有时甚至还认为，志愿组织在帮倒忙。因为与国家拨款的社会服务机构相比，这些组织都是业余的，而且行动变幻莫测，每每在接受其服务的人们面前表现出一种大恩人的姿态。[1]

总的来说，福利国家改变了志愿部门运转空间的大小和形状，传统形式上的慈善事业，如扶贫、促进就业等被边缘化。但是值得注意的是，一些新的志愿组织出现了，如教育、环保社团等等，它们在战后重建中发挥着重要作用。对此，战后福利国家制度的缔造者之一贝弗里奇也深信不疑。他认为，虽然政府控制和管理的范围不断在扩

---

[1] 〔英〕安东尼·吉登斯：《第三条道路——社会民主主义的复兴》，郑戈译，北京大学出版社，2005，第10页。

展，但是志愿行动在良性运作的社会中仍能够发挥重要作用。

首先，对于政府已经接手的服务，善款可以转向同一领域其他需要的地方。如随着志愿医院网络的国有化，希望在医疗保健方面进行投资的慈善家可以不必只将善款用于维持医院的冗繁开支中，而是可以转向诸如科学研究、人员培训和管理实验等更多有趣的方面。

其次，民众对于慈善事业的热衷传统使得某些领域已有的志愿服务总能得到固定数量的公共资金支持。如对于初等教育和成人教育，除了地方政府直接经营的学校，还有许多公共资金支持经营的志愿学校。对于高等教育，高校中依然有独立于政府之外的教育事业捐赠。

第三，有许多政府管理或者资金无法涉及的服务领域，特别是一些零散、只能靠个人服务的社会服务，这些服务领域并非政府出面干涉或资助的首选，所以留下了许多社会保障的缺口，这些都是志愿部门可以发挥作用的领域。如在盲人和聋人的生活保障方面，志愿组织实际上一直保持着垄断地位。

但是随着经济危机后士气的日益衰减，战时的光环效应以及计划可以治愈一切的神话开始破灭。国家福利的完善并没有使贫穷和其他社会问题得到根除。60 年代世界范围内的社会运动，如女权运动、民权、消费者权益运动、重新出现的环境保护运动，还有争取和平运动也影响到了英国的团体。政府越来越多地参与到社会和经济生活也引发了许多反应，社团和消费者通过这些团体表达自己的不满，并且希望有权改变这种被动状况。

对此，1979 年大选期间，保守党在他们的宣言中，将当时的英国描述成为一个失败的典型：价值观腐化，经济萧条，公共服务难以为继。① 这种福利国家一味地扩张政府的作用，缩小个人的作用，

① Michael Mccarthy, *The New Politics of Welfare——An Agenda for the 1990s*, Houndmills, Basingstoke, Hampshire: Macmillan, 1989.

抑制了国家发展和个人进取。这种福利国家助长了人们不愿工作的情绪，加重民众对国家的依赖程度，削弱人民把握自己命运的能力。

### 2.3.2　第三条道路和非营利组织的发展

在对传统社会民主主义的福利政策、凯恩斯的国家干预理论以及旧有的政治观念和意识形态进行认真思考和深刻反思之后，工党最终选择"第三条道路"这样一条激进政治的道路。对于第三条道路，英国前首相布莱尔说得非常明确，他认为："它是一种第三条道路，因为它坚定地超越了那种专制与国家控制、高税收和生产者利益的旧左派和那种把公共投资以及常常把'社会'和集体视野概念当作邪恶而要予以消除的新右派。"① 改革传统的福利国家是第三条道路政治议程的核心问题。由于原有的福利政策结构已经与当今社会和经济变化不相适应，使得福利国家变得不可持续，特别是福利机构的官僚化和低效率，更激起人们改革的欲望。

第三条道路提出了自己的责任观，认为责任是健全社会的基石。社会行动的目的不是要用社会或国家的行为代替个人的责任，强调权利与责任、风险与安全共担。第三条道路确定改革的原则是：为有能力工作的人提供工作，为无能力工作的人提供保障。用提高工作能力的办法来取代发放失业救济，用工作和发展的机会平等取代收入平等。其宗旨是使社会福利朝着有利于就业的方向发展，变生活福利为工作福利。在控制福利总体开支的前提下，把大量投资转向教育和卫生保健。通过教育，提高国民素质，增强人才的竞争力。在社会福利政策方面，他们仍坚持民主社会主义的宗旨和原则。

撒切尔夫人曾说："如果一个人不工作，他就不该吃饭。"布莱尔则认为，这句话"决不能作为取消对无助者资助的依据。我们一

---

① 〔英〕托尼·布莱尔：《第三条道路：新世纪的新政治》，载陈林、林德山主编《第三条道路——世纪之交的西方政治变革》，当代世界出版社，2000，第5页。

贯乐于帮助那些易受冲击的人们和下层人士"。他认为应这样理解："每个人都有责任努力向上并为公共利益而工作。为了分享利益，他们不仅要索取也要奉献。"①

第三条道路极大地推动了英国志愿部门和非营利组织的发展。第三条道路认为，一个积极的公民社会的存在是非常有益的，国家不能取代和吞没公民社会。最好的方式是通过与公民社会建立合作伙伴关系，以充分发挥公民社会的作用。布莱尔说："政府需要与非官方部门建立新的伙伴关系。无论是在教育、卫生、社会工作、预防犯罪方面，或是在儿童看护方面，一个有能力的政府应该是加强而不是削弱公民社会。"②

第三条道路认为，国家和公民社会应当开展合作。沃芬敦委员会曾在一项报告中指出，志愿组织能够存活下来的原因是因为"志愿组织……可以被视为官方或非正式组织的有益补充和延续"，也就是说志愿组织的工作填补了传统社会机构在福利保障事务方面留下的空白，并且开拓了许多新的服务种类和方式。从这个角度看，志愿组织比国家性的福利机构更具灵活性，工作效率也更高，前者可以以更新颖独创的方式提供更为优质的服务。该报告还认为，志愿组织与政府福利机构不应该是互相竞争的关系，而是双方各自取长补短，尽各自最大努力为待救济者服务。该报告还发现志愿组织的很大一部分资金收入都来源于政府资助，或者一些民间或私人组织，而这些组织也同时享受着国家财政援助（见表2-1、表2-2）。③

---

① 〔英〕托尼·布莱尔：《新英国》，世界知识出版社，1998，第73页。
② 〔英〕托尼·布莱尔：《第三条道路：新世纪的新政治》，载陈林、林德山主编《第三条道路——世纪之交的西方政治变革》，当代世界出版社，2000，第5页。
③ Peter halfpenny, *Research on the Voluntary Sector——An Overview*, presented at the Centre for Voluntary Organisation 20th Anniversary Conference, "Third sector organisation in a Changing Policy Context", London School of Economics and Political Science, September 1998.

表 2 - 1  1983～1986 年间公共部门向志愿组织提供的资助

单位：百万英镑

| | |
|---|---|
| 中央政府部门 | 268 |
| 半官方机构 | 1574 |
| 地方政府 | 318 |
| 政府卫生部门 | 25 |
| 直接资助小计 | (2185) |
| 税收免除 | 795 |
| 实物资助——地方政府 | 159 |
| ——政府卫生部门 | 12 |
| 间接资助小计 | (966) |
| 公共部门资助总计 | 3151 |

资料来源：Michael Mccarthy, *The New Politics of Welfare——An Agenda for the 1990s*, Houndmills, Basingstoke, Hampshire：Macmillan, 1989, p. 239。

表 2 - 2  公共部门对志愿组织资助增长情况

| 年度(20 世纪) | 76～77 | 79～80 | 80～81 | 81～82 | 82～83 | 83～84 | 84～85 | 85～86 |
|---|---|---|---|---|---|---|---|---|
| **中央政府** | | | | | | | | |
| 直接资助(百万英镑) | 93.0 | 167.0 | 175.0 | 181.0 | 182.0 | 202.0 | 238.0 | 268.0 |
| 年增长率(%) | | 21.3 | 5.1 | 3.3 | 0.8 | 10.6 | 17.7 | 12.8 |
| 占中央政府开支的比重(%) | 0.2 | 0.4 | 0.4 | 0.4 | 0.4 | 0.4 | 0.5 | 0.6 |
| **半官方机构** | | | | | | | | |
| 直接资助 | | | | | 1020.0 | 1607.0 | 1566.0 | 1574.0 |
| 年增长率(%) | | | | | | 57.5 | -2.6 | 0.4 |
| **地方政府** | | | | | | | | |
| 直接资助(百万英镑) | | | | | | 392.0 | 454.0 | 318.0 |
| 年增长率(%) | | | | | | | 15.8 | -30.0 |
| **政府卫生部门** | | | | | | | | |
| 直接资助(百万英镑) | | | | | | | 12.0 | 25.0 |
| 年增长率(%) | | | | | | | | 100.5 |

资料来源：Michael Mccarthy, *The New Politics of Welfare——An Agenda for the 1990s*, Houndmills, Basingstoke, Hampshire：Macmillan, 1989, p. 239。

　　志愿部门在这段期间发展迅速，呈不断扩展态势（见图2-1）。1991年，英国注册的慈善组织达到16万个，平均每年有将近20%的人口参与到某种形式的志愿性工作当中，其中大约有10%的人每周都从事一定的志愿性工作。

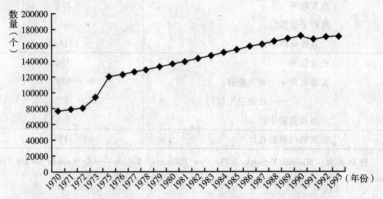

**图2-1　1970~1993年英格兰与威尔士注册登记的慈善组织**\*

\* Jeremy Kendall and Martin Knapp, *The Voluntary Sector in UK*, Manchester university press, 1996.

### 2.3.3　走向市场的非营利组织

　　20世纪末，英国保守党政府上台后将志愿组织从社会福利服务的辅助性部门变成了核心部门，期望它们能够形成一个社会福利保障的市场机制。可以说，现在英国的志愿组织完全能适应市场竞争环境。之所以能在市场中生存，获得足够资源，提供公共服务，进行政策倡导、社会治理，首先是因为政府给予志愿组织支持。较之营利机构，它们具有无可比拟的优势，如税收优惠带来的低财务成本，大量使用志愿者带来的低人力成本，组织内外的互助机制，以及较为宽松的政府监管环境等。

　　其次，志愿部门还获得民众的高信任度。营利机构在承担慈善事务时，普通民众和营利机构双方在合同协议的执行标准上有差异，导致民众对其信任度的降低。志愿组织从事的工作多数都属于那种难于考核或评价服务效果的工作，例如应该如何对由不同机构提供的老年人看护服务的质量和程度进行评估呢？传统的合同协议条款很难提供足够的信息以方便消费者挑选，因此他们就只能凭着感觉或者说是信任度来选择了。由于民间私人机构属于营利性组织，消费者怀疑它们会降低服务质量或提高收费价格来获取最大利益；而志愿组织则因其非营利性而更易获得认同。

最后，志愿部门自身追求高效工作。志愿组织之所以可以走向市场，且在市场具有一定的竞争力，绝对不会仅仅因为其非营利性，志愿组织就会更值得信赖。调查显示，同样是属于非营利性的政府机构，如果该机构的项目负责人和雇员没有额外的物质奖励，往往会造成工作效率低下，因此也普遍认为政府机构同样很难提供高质量的服务。因此志愿组织需要使消费者相信它具有较高的工作效率，以促使人们选择志愿组织而非营利组织或国家相关机构。

基于政府支持、民众信任与志愿部门自身的追求，英国志愿部门在市场中获取资源的能力进一步得到提升，2007 年英国注册的慈善组织中，平均每个组织年收入达到 26.3 万英镑。慈善组织的数量也获得了进一步的发展，到 2007 年底，仅在英国慈善委员会登记注册的大的慈善团体数量就达到 16.9 万家。加上没有注册或者免于注册的组织数量，目前英国慈善组织总数已超过 24 万家。

### 2.3.4　监管体系的建立和完善

监管对于提升慈善组织声誉、提升志愿部门地位具有重要作用。通过监管，志愿部门托管人更加审慎决策，更加关注受益人，更加对捐助人负责。因此，监管是政府对于志愿部门发展进行鼓励与支持的一种手段。

20 世纪 60 年代末，英国普遍兴起一股对政府机关官僚作风的醒悟和抵制的潮流，人们更加倾向于通过规范化的程序来解决社会问题。比较有意思的是，当保守党提出减少政府干涉管制的建议以维护市场的自由秩序时，这些志愿组织则纷纷提出要求，希望政府能投入更多的精力用于规范志愿组织活动，很多慈善组织还纷纷抱怨慈善管理的混乱。如 1992 年之前，英国没有任何法律要求审计志愿部门和慈善组织的账目，这在当时主要是根据慈善托管人的判断来决定，因此出现许多丑闻，损害了志愿部门和慈善组织的公信力。

因此，为了使得志愿部门健康发展，对其监管亟待加强。但是总的来说，目前的监管措施仍然处于建立或者巩固的阶段，包括 1992 和 1993 年颁布的慈善法中规定的一些法律措施。这些措施试图让监管环境更适应当代的需要，并确保相关部门具有充分的问责和监督权力。这也是自 1960 年以来第一次在该领域进行主要的立法工作。根据法律，志愿部门和慈善组织应当向慈善委员会和公众开放，必须准备随时诚实地回答委员会的质询。在公众提出疑问后，慈善组织要尽快给予答复，让公众清楚地了解它们的政策。慈善委员会每年都在网站上公布慈善组织账目的详细情况，以便公众监督。2002 年，全英各地开展了声势浩大的"安全捐款"活动，向慈善组织提出了更高的透明度、更完善的社会监督要求。

除了这种一般性的立法，政府部门还在某些特定领域通过监管手段与志愿部门保持互动。如中央政府通过住房公司对各个住房协会进行监管（以及资助）；而在地方当局那里，则由督查组对志愿部门的社会照料设施进行监督。

20 世纪末，工党政府意识到志愿组织已不能对以减免税收的方式下拨的社会经济救助金进行有效的管理与使用，社会公众对志愿组织的信任度正在逐渐降低，并且原有的法律法规体系也限制了慈善组织的运行效率和正常发展。为解决这些问题，2001 年 6 月英国内阁办公室执行与创新局开始对英格兰和威尔士地区涉及志愿组织活动的法律和规章制度进行汇总审核；除此之外苏格兰行政院在广泛征求苏格兰慈善法律再审委员会的建议基础上，成立了苏格兰慈善委员会，并重新对慈善活动进行了界定；2001 年北爱尔兰社会发展部也同样对慈善相关法律规章进行了再审。

### 2.3.5 支持体系的建立和完善

政府对于志愿部门的支持，除了监管之外，税收优惠是另外一种重要方式。作为政府加强鼓励志愿部门发展的一种方式，其作用范围在 20 世纪 80 年代获得了显著扩大；部分是由于对自愿捐助主义进行鼓励的有利外部环境，部分则要归功于志愿部门在议会中的游说者。20 世纪 80 年代末，英国政府每年给予志愿部门税收优惠总额已经接近 10 亿英镑。游说者还在议会中指出了两项税收政策的变化对志愿部门的资源基础产生的始料未及的不利影响：一是所得税税率的降低，二是由此产生的向间接课税的转换，尤其是增值税。

最主要的税收优惠措施都是针对个人及公司捐助者的，其中包括：对于事先已经确定好的"立约"捐助，放宽了起初复杂的减税流程；此外对特定形式的一次性捐助也给予了免税待遇。1990 年建立的"礼物捐助"计划属于后面这类措施，该计划目前正在迅速发展——尽管有可能会吸引一部分最初计划投给传统立约式捐助的资金。类似的措施还包括 1986 年启动的规模相对较小的工资扣除捐赠计划。除此以外，慈善组织自身也获得了一些优惠政策，包括在增值税方面一定数额的减让，以及营业税方面强制救济的期限延长。

### 2.3.6　法律体系的修改和完善

英国慈善原则根植于 11 世纪中叶，始于基督教开始盛行的时候。但是有相当长一段时间，根本不需要慈善法制。正如慈善法研究领军人物拉卡斯特诺指出的那样，"不需要法律等来保证把捐赠人的捐款送到乞丐手里，也不需要法律保证一个善良撒马利亚人去救援一个受伤的旅行者"。

然而，一旦捐助者不断扩大他们的慈善捐助范围，从直接帮助一个特定人到帮助更加广泛的非特定人，这些人中有一部分为捐助人所不熟悉，这些捐赠物的管理者所要发挥的角色远非通过道德义务来完成捐赠者的愿望。因此，我们需要一种机制，来确保捐赠物按照捐赠人的目的来使用。

如公元 650 年，就出现过一个关于慈善捐赠争论的例子。国王偶斯文曾经捐给主教阿伊达一匹骏马，帮助他完成环绕北英格兰传教旅行，来传播基督教教义。不久，阿伊达遇见一个乞丐在行讨，但是阿伊达没有带任何现金，因此他就把这个皇家骏马以及马的所有装饰给了乞丐。国王偶斯文后来听说后，显得大不愉快，他说："如果你想给穷人送马，我们有大量的足够好普通马可以送。"

1601 年，根据英国首部慈善法，阿伊达应当使用这匹骏马来促进宗教的发展目的，但是他却改变了慈善目的，用他来救济穷人。尽管两者都是慈善行为，但是他违背了信托。比较幸运的是，国王偶斯文没有追究下去。他告诉阿伊达，他不会过问阿伊达怎么使用从国王这里拿的一些捐助。换句话说，偶斯文默认阿伊达可以任意安排从他这里所拿的慈善捐助，用在现代语言所说的慈善事业上去。

当然，经过这些年的发展，由教堂赞助的更加专业的慈善组织系统建立起来了，随着信托法的发展，这些组织也变得越来越普遍。诸多慈善组织在国家建立慈善法之前就已经建立起来了，据史料记载，早在公元 597 年，就出现过在慈善委员会注册慈善行为的事情。

但是单靠慈善法，也很难有效保护慈善捐助。随着捐助者越来越关注长期目标，再将教堂看作慈善的守护者已经不太合适。因此，1601 年，首部慈善法得以颁布，该项法规不仅划定了公益慈善组织的范畴，强调了这类组织所具有的公益性、慈善性和民间性等原则，而且提出了政府鼓励和支持民间慈善事业的法定框架，给出了进行各种形式社会募捐以筹措公益资源的法律依据。这项法规对于英国民间公益事业的发展起到了重要的作用。

该法案第一次对慈善作出定义，并将慈善作为一种制度来进行管理。慈善法的一个关键条款就是自愿信托关系原则，也就是说，慈善资金的受托者应当身体力行促使慈善目标的实现，而不是寻求个人利益。相反，慈善托管人的薪水则是由此之外的款项来进行支付。2006年慈善法扩展了这些外部款项，但是这项原则却保存下来。

进入 20 世纪后半期，英国政府和议会都认识到，现行的慈善法已经不能适应英国志愿部门和慈善组织迅速发展的局面，不能成为有效地管理、保护和促进民间公益事业可持续发展的依据，政府相关部门的管理、监督和服务工作也已经滞后。经过最近的 1960 年、1992年、1993 年、2006 年的四次修改，现行的慈善法变得更加完善。

2006 年慈善法首次明确慈善委员会的法律地位。慈善委员会成立于 1853 年，150 多年以来它虽然一直是英国官方对民间公益性组织的监管机关，但其自身作为一个官方机构的法律地位并不明确，仅是作为慈善委员会委员手下的办事机构，依法行使职权。新法撤销了原来的慈善委员会委员办公室，首次明确规定：慈善委员会是具有特殊独立性的主管民间公益性事业的政府机关，它只对议会负责。还规定新法生效后以前有关法律中所有涉及慈善委员会委员的地方均应理解为指慈善委员会这个机关。新法用很大篇幅重新规定了慈善委员会的机构设置、人事配备、任务、职能与权限，使慈善委员会真正成为享有明确法律地位，并依法有效管理民间公益性事业的机关。

2006 年慈善法还首次为民间公益性事业给出了法律定义。长期以来，英国对于慈善事业的定义和划分，主要源于 1601 年慈善用途法的序言部分。自颁布以来，该序言多次被解释、延伸。但是，这并不是法律本身的一部分，而是依靠某种习惯性的意识来定义慈善事业。新法在这方面实现了历史性的突破：它第一次以法律条文的形式为慈善事业下了完整的定义。根据 2006 年慈善法的定义，只有那些为公众利益服务的具备慈善目的的事业才能被认可为民间公益性事业。法律从最初的 4 项慈善目的定义扩展到现在的 13 项。

新法还引入全新的民间公益性组织形式，即慈善公司组织。这是一种专门为英国民间公益性组织设计的具有正式法律地位的公司式组织形式。此外，新法还对公共场所的募捐和挨家挨户的募捐进行了规范和必要的限制，引入了统一的公共场所募捐执照制度，改革了原有的地方募捐许可制度。创建统一的募捐许可制度，严格规范了志愿部门的筹款募捐活动。新法还设立慈善申诉法庭，为保护民间公益性组织的权益开辟新的法律途径。新法通过专门的条款和附则，详细地规定了法庭的机构、人员、职能、经费来源、工作程序以及该法庭与高等法院和检察机关的关系。法律规定：慈善组织可以就主管机关——慈善委员会的"任何决定"首先向慈善申诉法庭进行申诉，如果慈善申诉法庭作出了决定而慈善组织仍然不服，可以继续上诉到高等法院。

# 第3章 英国非营利组织的
## 现状和特点

我们对未来愿景的核心部分，就是要在构建、提供社区服务的层面上，给英国的志愿部门一个更大的舞台。

——英国前首相布莱尔①

英国的第三部门（即志愿部门，Voluntary Sector）在英国社会中的作用举足轻重，构成第三部门的非营利组织所创造的产值大约占英国国民经济总值的 5%。英国非营利组织的形态架构兼具欧洲和美国的特征，涵盖范围非常广泛，组织形式多种多样，作为"第三部门"没有明确的界线和统一的定义。本章将主要围绕非营利组织的经济效益和社会功能这两个方面来解析英国非营利组织的现状和特点。

英国的非营利组织自 20 世纪 90 年代以来又有了长足发展，一方面是自 1997 年工党当政以来从中央到地方政府强有力的政策支持，功能下放和财政支援将非营利部门的规模和影响力推到了一个新的高度；另一方面，包括社会企业在内的许多组织摆脱了对传统捐赠和资助的依赖，通过专业化的商业操作获取的利益来扩大事业。非营利组织的财政来源呈现两极分化的趋势。本章结尾将就英国非营利组织发展的最新动向作一些简单的论述。

---

① 布莱尔：《我对英国的愿景》，《观察者杂志》2002 年 11 月。

## 3.1　英国非营利组织的涵盖范围和定义

英国非营利组织的形态架构兼具欧洲和美国的特征，涵盖范围非常广泛，涉及医疗保健、社会福利、环保、动物保护、艺术、体育、人权维护等社会的各个领域。非营利组织的形式和规模多种多样，既有年预算超过 500 万英镑的大型机构，也有很多年预算在 10 万英镑以下的草根组织。这些大大小小的团体构成的第三部门没有明确的边界，也没有一个统一的定义。在这里介绍的是比较具有代表性的两个概念。

### 3.1.1　狭义的慈善法人团体（Charity）

有着悠久历史的英国慈善法人团体仍然是英国第三部门的主力军。根据英国全国志愿组织联合会（NCVO）最新发布的《2008 公民社会年鉴》的统计数字，2005/06 年度的慈善法人总数为164195家，总收入 310 亿英镑。

关于英国的慈善法在第 5 章有专门论述，在此作一个简单的说明。

慈善法的渊源可以追溯到 1601 年的慈善用途法，经过三个世纪的变迁，1960 年终于演变成了现在的慈善法。而在该法通过以前，衡平法院已经承认并执行了许多慈善信托（Charitable Trust）。

英国的慈善信托是日后在美国、日本等世界各国风行的公益信托的蓝本，也是慈善部门的一个重要组成部分。英国于 13 世纪颁布了《没收法》，虔诚的教徒采取信托方式取代捐赠，委托他人经营管理土地，并将取得的收益全部交给教会用于宗教事业，从而形成了慈善信托的雏形。慈善信托的领域逐渐从宗教扩大到了慈善、教育、科技、文化等社会其他领域，1601 年的慈善用途法正式确立了慈善信托的法律地位。

慈善信托最著名的例子当数英国国民信托（National Trust）。国民信托是 1895 年由三位慈善义工发起设立的。他们担心英国快速而无控制的工业化会对环境产生广泛的不良影响，因而成立国民信托，以扮演监护者的角色，协助国家保护受损的海岸线、乡村地区以及历史古迹。目前国民信托受托管理 25 万公顷的乡村土地，总长度 700 英里的海岸线，超过 200 个的花园与建筑物。英国国民信托由总部的营运委员会和 16 个地方营运委员会经营管理。在营运委员会下另设财产委员会与财政委员会，来协助进行信托财产的管理。2007 年，约有 5000 万人次访问了由国民信托管理的庭园、乡村景观、历史文化遗产等，参观人数几乎与英国的人口相当。

根据 1960 年的慈善法，慈善法人管理委员会是慈善信托的登记和主管机关。

慈善/非营利团体可以任意成立，不需要特别的法人资格。如果该团体希望注册为慈善法人，则必须向慈善法人委员会申请，通过严格的审查以后才能成为慈善法人。慈善法人享有税收上的优惠，具体内容第 7 章将作详细阐述。管理慈善法人的理事会所有成员均不得获得报酬，这和美国的非营利法人（501C3）所规定的"获得报酬的理事会成员不超过三分之一"的原则有所不同。"志愿部门"这个英国特有的名称很大程度上和对慈善法人理事会的规定有关，从机构的管理上充分体现了志愿精神。

根据 1960 年慈善法的规定，慈善法人的活动领域必须限定在以下四个方面：扶助贫困；发展教育；宗教推广；其他公益活动。

随着公民社会的不断壮大，慈善法的内容已经无法适应时代的要求。英国政府从 2001 年起着手对慈善法进行根本性的改革。2006 年颁布的新慈善法在原有的四个活动领域的基础上又增加了维护人权，解决因为宗教、种族引起的争端冲突，保护环境，促进健康，社区发展，振兴文化艺术，保护文化遗产等新的内容。新的慈善法还对慈善法人机构的公益性（Public Benefit）作出了更明确和严格的规定。

英国慈善法人的经费来源于多种渠道。一直以来，中央或地方政府资助和社会募捐是两个主要渠道。近两年，一部分英国的慈善组织引入商业或社会企业的模式，商业收入在慈善组织的收入比重中占据的位置逐渐上升。英国慈善组织的另一个重要特点是拥有广泛和大量的志愿者资源。在英国，平均每两名 16 岁以上的成年人中就有一人每年都会参加某种形式的志愿服务。

慈善法人的登记注册和监督管理机关是英国慈善委员会（Charity Commission），这是一个有着 150 多年历史的权威机构。慈善委员会全额由英国财政拨款，但其运作管理独立于政府机构和议会治外，是一个依法设立、依法行使职能的独立机构。其主要职能包括慈善法人的登记注册、咨询监督、法规的制定和修正等等。

在英国已登记注册的 16 万多个慈善法人中，小型组织占了大部分。另一方面，有约 1 万个组织规模较大，它们虽然只占组织总数的 5%，却拥有整个慈善行业的总收入及总资产的 90%。英国慈善委员会监督管理的重点是这 1 万家组织，对其他小型组织的管理则更多地依靠理事会的自律管理和公共监督。慈善法要求所有的民间公益组织在运作上要高度透明和公开，由慈善委员会监督民间组织的运作情况，并随时接受公民的举报。关于慈善法人的监督和自律本书有专门章节作详细介绍。

### 3.1.2　广义的第三部门团体

英国全国志愿组织联合会（NCVO）出版的《2008 公民社会年鉴》首次公布了对"公民社会"整体的一个统计数据。根据年鉴，2005/06 年度的公民社会团体的总数为 865000 家，总收入为 1089 亿英镑。

这一统计数据除了包括上一节提到的 164195 家慈善法人以外，还把工会、政党团体、合作社、住房协会、社会企业、宗教团体、体育俱乐部以及没有注册的社区组织都作为公民社会的一部分，在越来越多的场合被统称为"第三部门团体"（The Third Sector Organisation）。这个词语是进入 21 世纪以后从美国引进的，而其归类及定义的方法则很大程度上来源于 20 世纪末 21 世纪初美国约翰·霍普金斯大学非营利部门国际比较项目的成果。

担任这一国际合作项目英国负责人的肯德尔（Kendall）教授在《比较透视英国的志愿部门》一书中这样定义广义的非营利部门：

> 广义的非营利部门包括具备章程制度、独立于政府部门、自我管理、赢利不分配，有一定程度志愿性质的所有机构。这一定义迎合了国际上主要国家非营利部门的现状，和传统的英国定义相比更具有包容性。①

尽管一些传统的慈善法人机构，特别是规模比较小的草根组织或者社区组织对"第三部门团体"这个新名词持有异议，认为第三部门与商业部门之间界限不明，定义模糊。它们更喜欢把自己归类为 VCS，即"志愿和社区部门"。但是，一向比较传统保守的 NCVO 在 2008 年年鉴中首次将慈善法人以外的第三部门团体纳入公民社会的一部分，此举很好地证明了英国的公民社会正日趋多样化，而构成第三部门的非营利组织与政府和市场之间的界限也越来越模糊了。

在这里介绍几个第三部门里面具有代表性和影响力，并对中国今后民间力量的发展有一定参考价值的组织形态。

## 1. 合作社（Co-operatives）

1844 年在曼彻斯特北部一个叫罗虚代尔的工业小镇上，由 28 名法兰绒工人组建了罗虚代尔公平先锋社（the Rochdale Equitable Pioneers Society），向社员出售面粉、黄油、茶叶、蜡烛等日用品。

著名的罗虚代尔先锋社的价值原则是：自愿和开放的社员制；一人一票的民主管理原则；固定红利和限制股金分红原则；盈余按社员购买额分配原则；发展教育原则；合作社之间的合作原则；对政治、宗教严守中立原则；现金交易的原则；产品质量保证和公平买卖原则。他们奉行公开、诚信、尊重社员的价值观念，以公平合

---

① 第二章第 21 页。

理的价格销售商品，根据消费额的多少让顾客分享盈余，并由顾客参与合作社的民主管理，使顾客成为合作社的主人。"罗虚代尔原则"成为后来各国公认的合作社基本原则，至今国际合作社联盟的7项原则，仍然以此为基本框架。它对世界合作社运动起到了巨大的促进作用。

罗虚代尔先锋社之后，合作社在英国各地迅速发展起来。到 19 世纪末，合作社发展到消费、保险、信用、社区服务等领域，其中消费合作社为数最多。不少合作社发展成为开展综合业务的合作社集团，服务领域涉及食品、百货、汽车、燃油批发、零售，以及信用、保险、农业、工业、住房、医疗、殡葬、社区互助等等。2005 年，英国的各类合作社拥有近 1100 万会员，年经营额 262 亿英镑。

英国合作社联盟（Co-operative Union，CU）是英国合作社的最高组织机构。联盟最初的成员主要是消费合作社，后来逐渐发展到其他类型的合作社。目前参加联盟的有 45 个消费合作社和为数众多的其他各类合作社，同时还有合作社的其他相关组织机构。合作社联盟在行业管理和服务方面发挥着重要作用。

**2. 住房协会（Housing Association）**

在英国，社会住房（Social Housing）由地方政府和非营利机构——住房协会拥有和管理。

英国的社会住房主要用于保障低收入者，其原型是公共住房。第一次世界大战结束后，为了安置退伍军人，英国政府建设了很多公共住房。二战后到 70 年代的 30 年是英国公共住房发展的高峰时期，到 1979 年，公共住房已达到近 650 万个单位，占全国住房总量的 1/3。政府建房成为英国福利社会的支柱之一。

由于公房建设速度太快，房屋质量较差，维修养护负担很重，1980 年，撒切尔政府开始通过公房出售的方式改革原有的公房使用制度。随后在 1988 年开始了把社会住房转让给住房协会的改革，这两个时间点成为英国社会住房发展历史上的转折。

从 19 世纪末直到 20 世纪 70 年代末，社会住房都是英国福利社会的支柱。撒切尔政府推行公房私有化时，约有 400 万套房屋因为质量较差或者居住人收入水平较低没有实现私有化。为了进一步减轻政府负担，英国政府鼓励作为非营利机构的住房协会购买这些公房。住房协会原来是工业革命时期以中产阶级为主的一个福利性和志愿性的组织，在公共住房私有化的过程中得到了很大的发展，逐渐发展成一个独立的非营利法人组织。1988 年的《住房法》，允许租户通过自愿投票将其居住的公房整体转移给住房协会。从此，公共住房改称社会住房。

目前全英国约有 1700 多个住房协会。2005 年，住房协会向 530 万英国人提供了近 230 万套住房，这个数字大约占英国整个房产总量的一成。

随着社会住房的居住者发生变化，社会住房的作用也发生了改变。近年来，随着生活成本和房价不断上涨，增加了国民对社会住房的需求，可负担住宅的发展又逐步成为政府的重要目标。可负担住宅的计划由社区及地方政府部、区域住宅委员会、地方政府、住房协会等负责实施，它们之间相互合作与制约，并且与商业金融机构合作。

住房协会需要在住宅协调委员会注册，主要负责在地方政府的监督下管理、维护与建造可负担住宅。当地政府也会把一部分社会住宅的存量转让给住房协会，并给予一定的补贴。这种公私合作提高了可负担住宅的管理与使用效率。

3. 社会企业（Social Enterprise）

英国被称为"社会企业大国"，其总数超过了 55000 家，创造的产值占全国 GDP 的 1%。

社会企业并不是一种单一的法人形式，也没有一个全球统一的定义。在英国，第三部门伞下的各种法人机构，包括慈善法人、发展信托基金、住房协会、合作社等机构中都有社会企业的身影。英国政府下属的第三部门办公室把社会企业定义为："拥有基本的社会目标而不是以股东和所有者的利益最大化为动机的企业，所获得的利润都再投入到企业或社会之中。"①

可以说英国的社会企业是美国模式和欧洲模式的混合，其主要特征包括以下几点：

（1）以解决社会问题、实现社会目标为宗旨。

（2）利用企业运作的方法，高效整合资源但不聚敛财富。

（3）资源的多样化。大部分社会企业除了通过商业活动取得的收益以外，还要通过获得来自政府、基金会以及民间的各种资助或捐赠来维持发展。

（4）关注人的成长和内心体验。

（5）依靠横向联系来支撑、发展和壮大。

社会企业和社会企业家之所以会在这么短的时间内迅速成长为第三部门的生力军，笔者认为主要有以下三个原因：

第一，社会企业的主题在于鼓励和培养助人者自助的能力。社会企业家们通过实践性的、有创新意义的举措使人们尤其是处于社会弱势或边缘的群体在身心、社会和经济等方面有所改善，从而给他们工作和生活的社区带来真正的变化。他们的行为方式顺应了世界扁平化的趋势，是自下而上、由里向外，而不是从上到下的。这意味着每一个人都可以为可持续的社会发展作贡献，从而建立起相互间的信任和尊重。

第二，和世界大部分非营利组织一样，英国传统的慈善法人都面临一个共同挑战：如何在确保非营利性或公益性的同时，通过事业收入来确保组织的可持续性。社会企业倡导资源的多样化，以获得产品和服务收入作为可持续的收入来源，而不是一味地依靠政府拨款和传统的捐赠。

第三，近年来企业社会责任（CSR）的广泛传播使得越来越多的企业开始普遍关注社会问题，无论是实业家还是企业从业人员都开始

---

① Office of the Third Sector（2006），*Social Enterprise Action Plan*：*Scaling*，*New Heights*，p. 10.

以力所能及的方式参与到公益领域中去。然而，他们对于传统的慈善公益方式以及工作效率并不满足，希望把企业成熟的管理经验运用到解决社会问题当中，用创新的方式来给公益事业带来生机和活力。

2005 年，英国政府出台了一部《社区利益企业法》以更好地推动社会企业的发展。

社区利益企业（Community Interest Company）的目标在于推动社会领域的发展，诸如改善环境、社区交通、公平贸易等等。特别是在一些不发达地区的社区重建进程中提供创新服务。慈善法人团体享有的税收上的优惠政策的一部分不适用于社区利益企业；但另一方面社区利益企业可以自由从事更商业化的活动，采取股份制的社区利益企业可以分红，其持股人必须通过资产锁定和信息公开来担保社区利益企业的活动符合社区利益。

## 3.2　英国非营利组织的资源和产出

表 3-1 显示的一个重要变化是在各种财政来源中，慈善团体通过商业活动获取的收入第一次超过了整体收入的 50%。这一数据有力地表明了创业精神和企业运作方法成为推动第三部门成长的动力。良好的商业运作的能力将成为慈善法人生存发展的重要指标，而如何平衡社会宗旨和经济效益也是很多慈善法人机构面临的一个难题。

NCVO 的统计数字表明有超过半数以上的慈善法人没有来自政府或地方行政部门的任何形式的收入，与此同时，有近 1/3 的慈善法人严重依赖政府部门的财政。慈善部门的收入来源呈现两极分化的趋势。

在来自政府的各种收入中间，来自地方政府的收入超过了总数的一半，来自中央政府的收入则略高于 40%。这一统计结果表明地方政府和慈善团体之间的合作日趋重要，特别是作为政府和第三部门合作纲领的 COMPACT 的地方版起到了一定的效果。关于 COMPACT 本书有专门章节作详细介绍。

表 3 - 1  英国公民社会统计数据

| | | 2005/2006 年度 | |
|---|---|---|---|
| 第三部门 | 机构数 | 86500 | |
| | 总收入 | £ 1089 亿 | |
| | 公民社会就业总人数（有薪） | 1367000 | |

| | | 2005/2006 年度 | 2004/2005 年度 |
|---|---|---|---|
| 慈善法人 | 慈善法人数 | 164195 | 164415 |
| | 总收入 | £ 310 亿 | £ 283 亿 |
| | 捐款/资助收入 | £ 129 亿 | £ 125 亿 |
| | 商业收入 | £ 156 亿 | £ 136 亿 |
| | 投资收入 | £ 25 亿 | £ 22 亿 |
| | 来自个人的收入 | £ 115 亿 | £ 107 亿 |
| | 来自政府部门的收入 | £ 105 亿 | £ 90 亿 |
| | 国家彩票收入 | £ 6 亿 | £ 5 亿 |
| | 其他来源收入 | £ 84 亿 | £ 81 亿 |
| | 经常性支出总额 | £ 291 亿 | £ 257 亿 |
| | 慈善活动支出 | £ 211 亿 | £ 181 亿 |
| | 申请资助支出 | £ 38 亿 | £ 35 亿 |
| | 筹集资金支出 | £ 33 亿 | £ 25 亿 |
| | 行政管理支出 | £ 10 亿 | £ 16 亿 |
| | 净资产 | £ 861 亿 | £ 795 亿 |
| 社会捐赠 | 在过去四周内人均捐赠金额 | £ 16 | £ 16 |
| | 捐赠比例 男 | 48% | 53% |
| | 女 | 59% | 60% |
| | 人力资源 | 2005 | 2002 |
| | 志愿部门有薪工作人员人数 | 611000 | 567000 |
| | 雇用情况 全职 | 61% | 65% |
| | 兼职 | 39% | 35% |
| | 性  别 女 | 69% | 68% |
| | 男 | 31% | 32% |

| | | 2005 | 2003 |
|---|---|---|---|
| 志愿者 | 志愿者人数 至少每月一次 | 29% | 28% |
| | 至少每年一次 | 45% | 42% |

Executive Summary, *The UK Civil Society Almanac 2008*, National Council for Voluntary Organisations.

年鉴的统计数字还表明，近 1/3 的小型慈善法人机构在过去的两个财政年度中都遇到过一些财政危机。虽然慈善法人 2005/06 年度的总支出较上一年度有所增加，但是仍然有近 2/3 的小型机构支出有所下降。这一情况从侧面证明了对于依赖政府财源的慈善机构来说，政府公共政策的稳定性是关键，同时也需要慈善法人能更合理地来进行财政规划。

作为非营利部门的主力军，慈善法人的规模有继续增长的趋势。2005/06 年度的总收入同比上年增加了近 10%，达到 310 亿英镑。支出同比上年增加了近 15%，超过了 290 亿英镑。这一增长趋势表明了慈善法人在英国国民经济中的地位日趋重要，这和政府部门对第三部门在公共服务领域所担任的角色的认可和支持有着密切的关系，而慈善法人的商业化也对其经济地位的提高起到了推波助澜的作用。

从整个第三部门来看，慈善法人、合作社、大学和住房协会这四大类占据了第三部门总体超过 3/4 的收入和资产。这四大类组织的活跃反映了英国公民社会的三个传统元素：慈善、互助和教育。

2005 年，英国的各类合作社拥有近 1100 万会员，年经营额 262 亿英镑，合作社基金总额为 74 亿英镑，平均每一名会员拥有 673 英镑，2005/06 年度的回报率为 8%，呈现健康成长的趋势。

2005 年，住房协会向 530 万英国人提供了近 230 万套住房，这个数字大约占英国整个房产总量的一成。随着更多的社会用房从地方政府转移给住房协会，住房协会已经成为社区建设和发展不可或缺的利益相关者。

根据 NCVO 的统计，2005/06 年度，通过"社会企业的运作方式"而获得的收入占第三部门总收入的 1/3。正因为社会企业不是单一的法人形式，它的理念和方法才能为第三部门伞下的各类组织所用。

在人力资源方面，劳工部的统计数字显示在第三部门就业的人数在过去十年上升了 26%；2005 年有 611000 人在第三部门工作。在志愿者方面，2005 年英国人口的 44% 都至少参加过一次志愿活动。志愿者是第三部门发展不可或缺的生力军，根据 NCVO 的统计，如果没有了志愿者的参与，英国需要花费 270 亿英镑雇佣 100 万专职工作人员才能维持目前的正常运作。

## 3.3 政府支持与非营利组织

20 世纪 70 年代，由撒切尔夫人领导的保守党政府对"从摇篮到坟墓"的福利制度进行了大刀阔斧的改革，使非营利部门逐渐成为提供社会福利和公共服务的主角。然而，撒切尔政府并没有从政策层面上给予非营利组织足够的肯定和支持，而仅仅把非营利组织当作公共服务的"下包单位"，造成非营利部门和政府之间的关系一度紧张。1997 年诞生的工党布莱尔政府推出了有别于保守党和传统劳动党的第三条道路，通过政府和公民社会的合作、由地方主导的社区重建以及推进非营利部门的发展来实现多元、包容性社会。

1998 年 11 月，英国中央政府和全英慈善与社区中心共同签署了一项具有划时代意义的协议：《政府与志愿及社区组织关系协定》（COMPACT）。随后，由地方政府和全英慈善组织与社区中心签署的地方版 COMPACT 也相继诞生。

COMPACT 作为英国政府和第三部门之间签署的一项指导性协议，用以指导英国政府各部门及各级地方政府在制定和实施公共政策过程中与民间公益组织之间确立合作伙伴关系。这个协议虽不具有法律约束力，但通过一系列原则成为英国政府各部门和地方政府与民间公益组织之间合作的指南与工作备忘录。协议充分肯定民间公益组织在英国社会的巨大作用，并强调政府与民间公益组织在价值观上的一致性和功能上的互补性与合作关系。

为了具体指导政府各部门及地方各级政府与民间公益组织之间的合作关系，COMPACT 突出强调如下原则：

第一，政府对民间公益组织的资金支持原则。

第二，政府在支持民间公益组织的同时确保其独立性的原则。

第三，政府与民间公益组织在制定公共政策、提供公共服务上的协商、协作原则。

第四，民间公益组织在使用包括政府资金在内的公益资源上的公开性、透明性原则。

第五，政府保障各种不同类型的民间公益组织有公平机会获得政府资助的原则。

关于 COMPACT 的内容和执行情况，本书将有专门章节详述。

从政府相关部门的层面看，内务部（Home Office）负责政府对民间公益组织的指导、推进、支持、协调和相关法规及政策的制定与修改。内务部中具体负责这方面工作的有三个司：活跃社区司（Active Community Unit）主要负责推动以社区为基础的民间公益活动与志愿服务的推广，通过政府"购买式服务"等方式与民间公益组织签订公共服务方面的协议，监督和评估这些协议的执行情况；公民社会振兴司（Civil Renewal Unit）主要推动各级政府开展新公民教育并积极推动各种形式的公民组织的建立与发展；慈善法人司（Charities Unit）则主要负责推动英国慈善法的修改并推进英国对民间公益组织监督体系的改革与完善。为了更好地推动政府与第三部门的合作关系，给第三部门提供更好的成长空间，2006 年 5 月，英国政府又在内务部下专设了第三部门办公室。

## 3.4 英国非营利组织的社会功能

英国非营利组织作为社会的一个重要组成部分，其功能主要体现在以下三个方面。

### 3.4.1 公共服务和社会包容

在"小政府，大社会"的方针下，英国中央政府正在把越来越多的公共服务功能下放到民间，而各级地方政府更是在与非营利组织密切合作的过程中发生了功能性的转变。

在提供公共服务这一广阔的领域里面，除了非营利机构以外，也有许多商业企业占据一席之地。非营利组织除了需要和商业企业一样提供专业性的社会服务以外，另外一个重要的特点就是其服务的社会包容性。例如英国著名的社会企业"万花筒"就是一个很好的例子。1968年在英格兰金斯顿创立的"万花筒"，其服务对象主要是吸毒人群和因吸毒史而失去住所、工作的人群。"万花筒"每天为上千名吸毒人员提供人性化的理疗方式，使他们能像其他人一样工作、生活。除此以外，它还为因为有吸毒史而流离失所的人群提供住宿，帮助他们通过职业培训找到工作或创业。它们的服务不仅高效，而且其运作成本远远低于同类的政府机构。

无论是为有残疾的儿童提供教育的慈善机构，为智障成年人服务的社会企业，还是为吸毒人员建立的理疗中心，它们服务的群体大都是弱势或边缘群体，是一个夹缝中的市场，是政府均一性的服务或者单纯追求市场价值的企业所难以触及的，在这里通过非营利组织的服务来体现平等的精神。

### 3.4.2 社会创新和社会改革

社会创新是指可以实现社会目标的新想法，通过发展新产品、新服务和新机构来满足未被满足的社会需求。这些社会需求覆盖了就业、扶贫、社区服务、医疗卫生、教育等各个领域。

非营利组织服务的对象大都是政府的均一化服务或者以营利为主要目的的商业服务所无法触及的。正因为面对这样一个特殊的服务群体，非营利组织只有通过不断创新才能生存发展。

由英国名厨Jamie Oliver创立的餐厅——15（Fifteen）就是一个充满了创新精神的社会企业。这家餐厅不仅提供高端的美食，而且其雇佣的学徒都是有着各种各样问题的年轻人，因为有"不良史"所以无法接触到培训机会和就业市场。15与遍布伦敦的青年组织、监狱和少年管教所广泛建立了联系。来自这些机构的申请人可以直接向餐厅或者在线进行申请。从15餐厅毕业的学徒可以取得国家职业资格二级认证。自开办以来，15餐厅取得了巨大的成功，成为伦敦最受欢迎的餐厅之一。每年它所接待的客人超过 10 万，2007 年它的营业额突破了 400 万英镑，并向其基金会贡献了 25 万多英镑。从 15 餐厅毕业的学徒中，目前有 3/4 还在从事厨师工作。将近九成在 15 接受过培训的年轻人，认为这是一段非常有意义的经历。

持续的社会创新最终带来的是有积极意义的社会改革。英国政府对第三部门在政策层面上的高度重视从某种程度上来说也是对非营利部门创新价值的肯定。

### 3.4.3　社区参与和社区发展

虽然"第三部门"这一称呼在英国逐渐成为主流，但很多在非营利组织工作的人还是习惯把自己工作的部门叫作志愿和社区部门（Voluntary and Community Sector）。从 20 世纪 70 年代以来，推动社区参与和社区发展一直都被认为是非营利组织的核心价值。正如肯德尔所指出的："非营利组织引导或推动社区通过志愿、会员或者就业的方式（很多时候是三位一体）来提升社区的价值，这种提升使参与的个人和团体都能受益。"[1]

社区发展涉及的群体与组织种类繁多，包括社区各利益代表机构、草根团体、社会工作者、志愿者、全国性协会、支持社区发展的基金会或信托、中央地方政府等。在协调各个利益相关群体合作的过程中，社区是主体，非营利组织是领导，政府部门则起到一个支持和监督的作用。COMPACT 的制定和实施进一步明确了在社区建设和发展中第三部门和政府所分别担负的职责。

伦敦东部著名的 Bromley-by-Bow 社区中心的诞生和发展就是一个由充满创新精神的非营利组织牵头，整合社区各种资源，通过社区组织、居民、企业、当地政府等利益相关者的共同合作给贫困社区带来新生的例子。

20 世纪 80 年代，Bromley-by-Bow 社区是一个以外来移民为主

---

① Jemery Kendall, *The Voluntary Sector: Comparative perspectives in the UK*, New York: Routledge, 2003. p. 113.

体的贫困社区。大企业因为缺乏商机而放弃了这个社区，政府也没有足够的资金进行重新开发。在这个被遗忘的角落里，由安德鲁·莫森领导的团体成立了 Bromley-by-Bow 社区中心（慈善法人），通过近 20 年的努力把社区中心由一个破落的小教堂逐渐发展成一个功能齐全、充满和谐的大社区，并拥有一个全英国首创的社区健康生活中心。这个健康生活中心由发展信托公司承建，由使用中心的居民、当地议员以及其他利益相关团体组成的执行委员会进行管理。

社区中心由 115 名员工和几百名志愿者负责 18 个项目，包括医疗保健、电脑及语言教学、园艺公司、社区组织孵化器等等。每月有大约 550 名居民在社区里学习各种技能，1500 人光顾健康生活中心，社区中正孵化着 22 个社会企业项目。

开放和包容的哲学是中心得以建立的基础。中心的目标是和社区居民一起发展，通过设立最高的标准来开发居民的潜能，从而激发他们向上的动力和自信心。社区中心也是社区中各种不同利益群体聚集和交融的场所。中心创造出一个平台，让不同的人群可以来接受彼此的相异之处。

Bromley-by-Bow 社区中心作为英国社区中心的典范，对英国社区服务和社区发展的模式带来了新的思路。

## 3.5　英国非营利组织发展的新动向和挑战

英国非营利组织自 20 世纪 90 年代以来有了长足发展，一方面是自 1997 年工党当政以来从中央到地方政府强有力的政策支持，功能下放和财政支援将非营利部门的规模和影响力推到了一个新的高度；另一方面，包括社会企业在内的许多组织摆脱了对传统捐赠和资助的依赖，通过专业化的商业操作获取利益来扩大事业。

### 3.5.1　社会企业的蓬勃发展和非营利组织的商业化

英国社会企业的发展虽然历史并不长，但是目前已经拥有近

55000 家社会企业，在第三部门伞下的各种法人机构，包括慈善法人、发展信托基金、住房协会、合作社等机构中都有社会企业的身影。NCVO 发布的公民社会年鉴 2008 分析指出，第三部门用"社会企业的经营方式"所获取的收入占第三部门总收入的 3/4。因此已经不能简单地把"社会企业"这一概念和一种单一的组织形态挂钩，而应该把社会企业放到一个更宽泛的范畴来理解。

社会企业的蓬勃发展也在一定程度上加速了非营利组织的商业化过程。一方面，随着公众捐赠的持续低迷和机构之间竞争日趋激烈，非营利组织只有提高自身的"造血机能"才能生存发展；另一方面，社会企业的成功也使更多的非营利组织抛开了以往对参与营利性事业的顾虑，通过赢利来确保更多的资源用于机构自身的发展。

然而，非营利组织的商业化也引起了一些担忧和非议。一部分非营利机构的资深人士认为非营利组织会因此迷失方向，还有一些非营利机构因为经营成功反而失去了原本应该获得的资助机会。如何在经济利益和社会使命之间找到平衡点将是英国非营利组织面对的一个很大的挑战。

### 3.5.2 政府与非营利部门合作的地方化

随着英国中央政府的权力下放和明确政府与第三部门合作关系的 COMPACT 地方版的实施，政府对第三部门的支持已经越来越趋向于地方化。根据 COMPACT 地方版，由地方自治政府、该地的志愿委员会、警察、全民医疗体系、其他志愿组织、社会企业等共同组成的地方网络平台作为 COMPACT 的实施机构。这些机构建立途径不一，有些是自下而上联合起来的，有些开始是政府组建的，逐渐发展为独立的组织。2001 年，为改善地方治理，中央政府提出了"地方战略伙伴"（Local Strategic Partnerships）计划，它强调了各地方治理主体之间消除界分，主张在地方层面将政府、商业与第三部门等不同方面联结起来，促进更和谐的治理模式。这一政策同 COMPACT 一样不是立法确立的强制性政策，而是一种多边的、促进性的倡议。它们虽然并不对地方政府具有任何法律约束性，但是作为一个国家级的政策主张，LSP 和 COMPACT 相辅相成，在整个社会对地方治理产生了方方面面的影响。

另一方面，COMPACT 的具体实施也引起了一部分慈善机构的批评。由于各个地区的第三部门状况和能力参差不齐，使 COMPACT 从一个本该是全面合作的框架变成了一个政府和非营利组织之间的购买契约，有一些地方还出现了为加入 COMPACT 而成立非营利组织的现象。

2005 年，英国内政部发布了 COMPACT 的修订版，针对实施过程中出现的一些问题进行了修正和完善。

### 3.5.3　非营利组织的公信力和善治

和世界其他国家的非营利组织一样，英国的非营利组织也面临着如何通过提高绩效、信息透明公开来确保自身的公信力问题。2005年，在政府以及企业纷纷制定颁布善治标准的影响下，由 NCVO 牵头的四家大机构在慈善委员会的支持下联合制定颁布了针对第三部门的善治的标准（Code of Governance）。

这个善治的标准主要有 7 个组成部分，适用于第三部门伞下的各种形态的机构：

——理事会的领导力

——理事会的控制权

——理事会的绩效

——理事会的评估和更迭

——理事会的委任权

——理事会和理事之间的关系

——理事会管理的公开透明

善治的标准不是指令性的，而仅仅作为非营利机构完善治理的一个工具。对于规模小的机构则可参考善治标准的一些基本原则，而在具体运用上量力而为。

根据 NCVO2008 年的最新统计，有八成以上的非营利组织负责人了解善治标准的内容，有近一半的机构将标准作为工具来完善自身的治理。

## 参考书目/网站

1. *The UK Civil Society Almanac 2008*, London：National Council for Voluntary Organisations，2008.
2. Jemery Kendall，*The Voluntary Sector：Comparative perspectives in the UK*, New York：Routledge，2003.
3. Deakin Commission，*Meeting the Challenge of Change：Voluntary Action into the 21st Century*, London：NCVO，1996.
5.《社会企业家的崛起》，环球协力社编译，英国文化协会发行，2006。
6. 英国内务部第三部门办公室网站，http：//www. cabinetoffice. gov. uk/ third_ sector. aspx。
7. 英国全国志愿团体联合会网站，http：//www. ncvo-vol. org. uk/。

# 第4章 英国行政改革与非营利组织的发展

英国是发达国家中最早开始行政改革的国家之一。英国的行政改革对于提高政府效率、减轻福利国家负担、推动公共管理和服务的社会化起到了积极作用，也推动了英国非营利组织的发展，加强了政府与非营利组织之间的合作互动。本章概略介绍英国的行政改革，说明行政改革对于英国非营利组织发展的影响。

## 4.1 英国行政改革的目标

英国当代的行政改革主要从 1979 年撒切尔夫人当政时开始。其改革的动因，源于人们对公共部门和官僚体制的怀疑与不信任，源于政府部门低效率的现象与私营部门管理的高绩效之间的明显对比，源于福利国家制度的不堪重负。

### 4.1.1 提高政府组织绩效

英国自 20 世纪以来，在经过凯恩斯主义和福利国家的长期实践，理论上经过古德诺、威尔逊、韦伯等人的努力，逐渐形成了传统行政管理模式。但这种传统行政管理模式及其指导理论随着时代的进步而不断受到来自现实和理论上的双重挑战。传统模式过分强调等级原则、计划和直接控制，强调由政府机构自身来提供公共福利，强调集权与专家主义，结果不断把政府推向财政危机和不可遏制的官僚主义，并由此引发了公众对政府的信任危机。尽管西方各国政府改革的起因、重点、战略、策略以及改革的范围、规模、力度有所不同，但都具有一个相同或相似的基本取向，这就是在增强公共服务的背景下，采用商业管理的理论、方法及技术，引入市场竞争机制。

### 4.1.2　增强公共服务功能

20 世纪 80 年代以来，随着全球化、信息化、市场化以及知识经济时代的来临，西方各国进入了政府管理尤其是公共服务管理改革的时代。无论是英美、欧洲大陆国家，还是在南半球的澳大利亚、新西兰，都相继掀起了政府改革的浪潮，即使在转轨国家、新兴工业国家和大部分发展中国家也出现了同样的改革趋势。以往，政府的主要工作是强制性工作，即"统治"。现在，公共服务在政府工作中的比重日益上升，强制性工作所占比重较小。提高公共管理水平及公共服务质量成为政府的重心。英国行政改革的一个出发点是如何满足日益增长的公共服务需求。英国的行政改革伴随着公共服务功能的增强。

### 4.1.3　建立多元性公共服务提供主体

官僚体制的长期运行，致使政府的规模庞大，滋生出较多的经济和政治问题。特别是 20 世纪 70 年代石油危机之后的经济衰退，导致英国高额的财政赤字，福利国家不堪重负。导致权利和义务、社会责任与社会公正失衡。还造成一种恶性循环，即有限财政不能满足日益增长的福利需求，政府不得不实行财政赤字政策，导致人们相应保障和补贴减少，引发保障等福利需求更加增长，又使人们要求更多福利。新技术革命尤其是信息革命，使西方国家从工业社会进入了后工业社会，这成为当代西方政府改革的一种催化剂。信息技术的快速发展为建立起灵活、高效、透明的政府创造了可能性。信息时代的来临以及"数字化生存"方式要求政府对迅速变化的经济作出反应。它打破了长期以来政府对公共信息的垄断：新通信技术以及接触政府信息的便利使公民和社会团体更容易参与公共管理活动。这要求对政府组织及其运作过程作出变革与调整。经济全球化的出现是当代西方政府公共服务管理改革的又一个推动力。"经济合作与发展组织"把政府改革当作其成员国在国际市场上进行有效竞争的一个重要途径，是顺应经济全球化和保持国际竞争力的内在需要，为政府公共部门改革提供了新的强大动力。同时，处理国际问题不再是传统的涉外部门的专门职责，所有政府部门以及地方政府都必须具有跟踪、理解和处理国际问题的能力。经济资源的稀缺和为避免不稳定而保持经济竞争力，是推动现有公共服务部门改革的另一重要因素。

## 4.2　英国行政改革的内容

20 世纪 70 年代以后，英国的福利国家模式和对社会、经济的干预带来了一些意想不到的弊端，人们开始对政府的作用、政府职能与管理方式进行反思和定位。为摆脱职能扩张和财政支出危机造成的困境，英国的行政组织改革就把政府职能的调整和优化作为改革的第一要务，行政事务根据性质分配给其他非政府组织的情况就日益增多。

### 4.2.1　政策制定与政策执行分开

撒切尔夫人执政时进行的政府机构改革将政府分为"核心部"（Core Department）与"执行机构"（Executive Agency）两部分，前者由擅长政策分析和政策评估的少数高级公务员组成，后者囊括了大多数中、下层公务员，专门负责执行政策和社会服务。1988 年，罗宾·艾柏斯爵士和凯特·詹金斯指出了英国中央政府在提供公共服务中的许多重要缺陷：a. 各部委负担过重；b. 对管理和服务的提供重视不够；c. 缺乏公共服务方面的管理技巧和经验；d. 行政事务太多太散，以至于其不能作为一个单独的组织来管理。[①]

英国政府采纳了他们的这些建议，撒切尔夫人在 1988 年 2 月又

---

① Flymn, N., "The United Kingdom", in Flymn, N. and Strehl, F. (eds.) (1996), *Public Sector Management in Europe*, London/New York: Prentice Hall and Harvester Wheatsheaf, pp. 69 – 70.

把执行机构分为授权机构和非部门公共机构，向国会公布了"下几步计划"。这些举措最初的动力来自对提高服务效率的需求。执行机构是英国政府的合法组成部分，它接受上级主管部门的领导和监督，这在某种程度上类似于大公司内的一个独立业务单元。执行机构通常没有自己独立的法律身份，而是在其主管部委的授权下运行。

从1988年创设第一个执行局——车辆管理局开始，到1997年，执行局已达124个。英国政府准备将90%的政府公务员转到执行局。执行局所涉及的公共服务的范围包括社会福利、监狱管理、证照的审核发放、就业、会议服务、军需供应、工商注册、专利保护、破产服务、标准计量、地产登记、药品管制、天气预报、农牧渔业服务等等。执行局的公务员人数因服务的内容和性质而异，大的如社会福利局达6.5万人，小的如外交部所属的会议中心仅30人。除了有严格法定程序规定的行政事务以外，其他的社会服务都由民间团体来具体办理，而政府则花钱买服务。

在政府的决策中心，人数很少，他们又是怎样开展工作的呢？其实，他们自己并不作具体的社会调查或政策评估，因为政府自己做这些事，得出的结论是没有公信力的。这方面的工作一般都委托给大学、研究机构或咨询公司去做。而决策中心的任务就是在审阅研究报告或评估报告后，按照报告中的政策建议（必须有不同意见），进行整体的论证并作最后决策。这样的政府职责安排，不仅提高了工作效率，而且促进了各类社会组织的发展和劳动就业。同时，这也是英国政府公务员人数较少的主要原因。

### 4.2.2 将市场化管理方法引入政府部门

20世纪80年代，英国将私营企业的管理方法和技术引入公共服务部门，强调公共服务部门与私营企业一样要以提高效率为核心。他们认为，政府应当与企业一样，把公众当作顾客，努力向他们提供优质的产品。政府应通过多种途径聆听顾客的呼声，把受机构驱使的政府转变为受顾客驱使的政府。政府也要像企业一样，对所提供的公共产品进行绩效评估。其主要内容是：强调对顾客负责，制订正式的绩效评估方法，要求明确的目标定向和绩效管理；加快工作步伐，采用绩效工作制以及短期聘用合同；强烈关注财政控制、成本核算和效率问题。通过提高效率和绩效评估，英国政府在工作中更加注重成果和绩效导向，政府机构的服务质量与私营企业之间的差距大大缩小，有80%的政府服务项目获得了公众的肯定，有相当部分政府部门的服务水平达到了较高的满意程度。

### 4.2.3　提高政府行政方式的灵活性

国家行政的收缩还意味着强制性行政权的弱化，伴随着放松管制与管制方式的变革，弹性、柔和、富含民主色彩的行政合同、指导、激励和沟通等非强制性行政方式应运而生，并逐步成为现代公共行政的重要方式。非强制行政方式具有这样一些优点：低成本、应对多样性、弹性、简单性、高速性、参与性等。由于非强制性行政方式的这些优点，使其在公共治理活动中的重要性凸显，越来越受到人们的重视。由权力来源和运行规律决定，非营利组织在公共事务管理中，更多采用柔软和弹性的行政手段。参与者的同意和契约意识是非营利组织运行的基础，协商、沟通、合作和激励是非营利组织活动的方式，低成本、高支持率是非营利组织运行的特点。而且它还体现对公民的尊重，彰显了民主的价值内涵与精神意蕴，成为落实并保障公民各项基本权利的有效途径，自治目标也能顺利实现。在部分行政权社会化的进程中，依照公共服务的实际需要，按照先协商后强制，先自治后他治，先市场后社会再政府的选择标准，实现治理方式的多元化，通过博弈来实现均衡。

### 4.2.4　提供多样化的公共服务

随着社会的发展变化，英国社会在公共服务方面面临的问题不断增多。主要表现在老年人数量不断增加，人口老龄化，对社会、文化、保健和医疗等需求也相应增加。失业人口增多，要求更多的失业救济金。社会的快速发展，需要加强人才教育和技术培训。离婚率的上升和单亲家庭的增多，增多了救济金和补助金支出。这些因素从需求方面决定了公共服务的范围和内容不仅不能大幅度削减，某些方面反而应该增加。因此布莱尔政府削减 1000 亿英镑的社会保险财政而用于教育和卫生，包括鼓励无劳动能力的人去工作以降低失业率。并提出"为那些能够劳动的人服务，为那些不能工作的人保险"的口号。同时，把公共服务完全交给私人承办，让市场来调节也是不可能的，仍需要国家集中管理。由于政府举办的社会福利计划质量降低，难以满足某些阶层的需要，他们就转入私人福利计划。而大多数人仍需依赖国家福利计划，必然仍需要求统一原则，履行公共福利义务和享受社会福利待遇。因此，公共服务改革的内容更具有了广泛性和全面性，促使英国政府由单一的社会福利向多样的公共服务转化。

## 4.3 英国行政改革的历程

20 世纪 80 年代以来的英国行政改革是一个漫长、复杂和艰辛的过程。与以往政府内部机构改革不同，它站在更高的角度，力图重新调整国家与社会、行政与社会的关系，这一改革关涉政府职能和行政实现方式，冲击着传统公共行政法治的理念与原则，是最为彻底和深刻的行政组织改革。它是一个不断发展变化的过程，不可能一蹴而就。行政组织和社会的边界也不是泾渭分明的，且界限还会随社会环境的变化而不断调整。因此我们把英国行政组织改革以政党执政分为两个时期，虽具体措施和理念不同，但方向是一致的。

### 4.3.1 英国保守党执政时期

自撒切尔夫人执政起，政府开始将部分公共事务向社会组织转移。它基本分为三阶段：开始是注重节俭和减少浪费，且精简公务员队伍；其次是提高效率，引入绩效指标考核体系；最后则进行公共服务管理改革。在治理主体层面，撒切尔政府主张政府与非政府组织的合作治理，引入竞争机制，提供高质量和高回应的公共服务。由于非政府组织作为政府部分权力撤退的重要承接主体，撒切尔政府也把发展志愿团体等非营利组织作为减少政府社会支出战略的核心内容，大量的公共服务领域开始倾向于向非营利组织开放。政府采取委托、授权和淡出等多种灵活方式，与非营利组织形成合作伙伴关系，以实现公共利益的最大化。政府在相关领域的撤退，拓展了非营利组织的运行空间，政府职能社会化的实践也取得了一定成效，但此阶段的非营利组织没有获得相对于私营企业组织的比较优势。

### 4.3.2 工党执政时期

1997 年工党上台并没有改变这些改革的方向，布莱尔政府沿袭了引入竞争合作机制来提高行政效能的做法，并进一步深化了行政权运作模式的改革。布莱尔政府吸取前任政府的经验，在对待行政分散化的态度上更趋于理智和实用。过度推崇竞争难以避免公共伦理的削弱，以及缺乏监控带来的服务质量恶化的弊端。布莱尔政府倾向于采取更为理性和实用的态度推行竞争机制，重视判断"哪些服务由公共部门来提供是最好的，而哪些应采取契约出租的方式，或者哪些应由公私部门合作承担"。在进行职能界分的前提下，应更多发挥非营利组织在公共事务治理中的重要作用，构建公共物品多元提供模式。在这一策略的指引下，非营利组织在更为宽广的领域内成为治理主体，服务范围由社会福利扩大到教育和研究、社会住房以及社区发展、国际合作等。

## 4.4 英国现代行政组织架构

目前，英国政府部门分为三种类型：核心机构、授权机构和非部门公共机构。

### 4.4.1 核心机构

英国中央行政组织的核心是内阁。英国内阁由首相和首相选定的约 20 名阁僚组成，阁内大臣的人数由首相决定。为了保证执政党能够顺利实施其执政的政策，在政府中执政党的议员占有多数。英国政府中由执政党的议员担任内阁大臣、阁外大臣和政务次官的约有100人。其他人员（比如政务秘书官），也是从执政党议员中任命的。内阁主要是通过内阁会议的形式行使职能。为了保证内阁会议能够及时、有效地发挥作用，英国设立了由有关阁僚组成的阁僚委员会。内阁会议讨论的问题，阁僚委员会事先要进行讨论，经阁僚委员会讨论决定后再提交内阁会议讨论通过。在阁僚委员会中，发挥实质性作用的是由文官组成的事务官会议，具体工作由他们完成。

英国中央政府中设立了内阁办公室，主要任务是为内阁会议和阁僚会议作准备和协调几个部门共同有关的事务。内阁办公室约有300人，这些人都是从各部选拔上来的。出任内阁办公室主任的必须是曾担任过事务次官职务的人。内阁办公室主任是文官中级别最高的。他不与首相共进退，可以在政府中长期任职。各部提交内阁会议讨论的议案事先要报告内阁办公室。有关的部、局也可以根据需要向内阁办公室报告意见。内阁办公室将这些意见整理后，在召开内阁会议前向首相等报告。通过这种方式调整部门之间的关系。

为了协助首相工作，英国设立首相府。首相府由只有一人的秘书官室、政务室、报道官室、政策室和效率室等组成，约有100名职员。其中，政策室是1974年设立的。主要任务是向首相提出新政策，研究、审查各部门的政策，将首相对新政策的看法、意见转达给部门。政策室通常由室长和6~9名室员组成，从各部和社会上录用。政策室以外的其他室的人员也是从各部和社会上录用。通常情况下，政务室的人员和政策室室长、报道官室室长和首相共进退。

### 4.4.2　授权机构

英国政府的授权机构是政府的部门。英国没有统一的国家行政组织法。各部设置的根据，有的是依据部门设置法，有的是依据枢密院令，没有法令依据的情况也不少。但是不管哪种情况，国王都可以通过枢密院令，新设、改废行政组织，可以调整行政组织间的权限。但实际上这些权力主要是由内阁行使。英国政府共有16个部：外交和联邦关系部、财政部、贸工部、内务部、教育和就业部、国防部、农渔食品部、卫生部、环境事务部、社会保障部、运输部、大法官部、国家遗产部、苏格兰事务部、威尔士事务部、北爱尔兰事务部（截至 1997 年 2 月）。部长由阁内大臣担任。阁外大臣以及政务次官根据阁内大臣的决定分管工作，辅佐阁内大臣。阁外大臣和政务次官的人数各部有所不同。各部文官中最高的是事务次官。通常，在事务次官下设有局，由局长负责。实践中，英国政府部门的设立、废除、合并比较灵活，也很频繁。行政组织间的调整工作具体由前述的阁僚委员会、内阁办公室、首相府负责。

### 4.4.3 非部门公共机构

在英国，非部门公共机构是半独立的准行政机构。1980 年 1 月，里奥·勃利亚斯盖爵士在 1979 年受政府委托对"边缘机构"进行评估的基础上，出版了《关于非政府部门公共实体的报告》。在这份调查报告中，爵士将非政府部门公共实体定义为"不属于政府部门但在一定程度上受到政府管理，并承担一定职能的机构"。该报告将非政府部门公共机构的英文缩写为 NDPBs（Non-Department Public Bodies）。[①]

为了提高行政服务的效率，从 1988 年起，英国将许多行政机关改为行使一定行政职能的非部门公共机构。1990 年设立 33 个，1993 年达到 82 个，1995 年增加到 108 个，1997 年 3 月末，英国中央层面共有 124 家这类准行政机构。并且，76% 的原公务员在准行政机构中工作。[②]

截止到 2000 年 3 月 31 日，英国共有 1035 个非政府部门公共实体，雇员达 11.5 万人（其中有 200 个机构隶属于苏格兰执行委员会、威尔士国家联盟和北爱尔兰联盟）。在 1999～2000 财政年度，非政府

---

① Efficiency Unit (1988), *The Next Step*, London: HMSO, pp. 3 – 5.

② Flynn, N., "The United Kingdom", in Flynn, N. and Strehl, F. (1996), *Public Sector Management in Europe*, London/New York: Prentice Hall and Harvester Wheatsheaf. pp. 73 – 74.

部门公共实体的总支出约为240亿英镑，其中的190亿英镑由政府和授权部门直接出资，其余部分来自各种税费。[1]

这些机构主要行使形成、制定政策之外的职能，即行政执行职能。执行机构的负责人原则上是从社会上公开招聘，由主管大臣任命，任期为三到五年。主管大臣将执行业务的目的、目标、内容、财务管理标准、工资待遇、人事管理标准和对大臣和议会所负的责任等规定在执行组织基本文书中，向社会公开。执行业务所需的预算总额也由主管大臣规定。执行机构在执行机构基本文书和预算的范围内，有很大的裁量权和自主性。但是必须公开业务完成的情况和财务状况。主管大臣对执行机构的业务负有向议会说明的责任，但是不得干预执行机构的日常事务。

## 4.5 英国非营利组织发展的行政体制环境

在英国历史上，非营利组织一直是一支重要的力量，且同政府保持良好的关系。撒切尔政府时期，提倡"国家后撤"，减少政府在提供公共服务上作用，强调市场作用。这一政策虽提供了机会，但非营利组织发挥的作用并不明显。在布莱尔政府时期，非营利组织在公共服务领域的作用得到了进一步加强，这与布莱尔政府强调与社会合作，注重社区发展有很大关系。而布莱尔政府的第三条道路的公共服务战略，在落实中又与非营利组织紧密联系在一起。布莱尔政府把社会看作是个人和政府之间的纽带和桥梁，是"关系紧密的家庭和受明智政府支持的公共机构"。非营利组织在实现这一目标上做得较多，且正在发挥越来越重要的作用，获得了政府数十亿英镑的资助。政府为非营利组织的发展创造了良好的行政体制环境。

### 4.5.1 界面友好

英国的非营利组织遍及社会生活的各个方面，在数百年的英国历

---

[1] *Public Bodies in 2000*, Her Majesty's Stationery Office, HMSO, 2001.

史中都扮演了重要角色。由于英国社会长期的慈善观念和捐赠行为，以及日常化的公民志愿活动和高度的公益透明意识，都使政府及有关部门和非营利组织保持良好的合作伙伴关系。尤其是经过 20 世纪 80年代以来的行政改革，政府大力推进非营利组织发展，从而使政府组织与非营利组织之间形成了友好的互动，二者之间不是排斥性的僵硬关系。政府组织与非营利组织之间"界面友好"是非营利组织蓬勃发展和在公共服务领域发挥重要作用不可缺少的条件。1998 年英国政府和非营利组织的代表共同签署了一份政府和非营利组织关系的协议——《政府与志愿及社区组织关系协定》，保证非营利组织在保持独立基础上与政府展开积极的互动，从而形成"良性伙伴关系"。

### 4.5.2　组织融合

英国政府与（民间）非营利组织之间不是间断性的关系，而是一种连续性的关系。在政府组织与非营利组织之间具有诸多的过渡状态，从而使政府组织与非营利组织融合起来。例如，在政府组织内部，依据行政性的强弱划分为核心部门、授权部门和非部门公共机构。非部门公共机构是准行政机构，具有较多的民间成分，已经接近非营利组织。英国非营利组织能够健康发展与非部门公共机构的建立具有密切的关系。

社区发展理念在 20 世纪 80 年代日益流行，被政府和公众广为接受，更成为英国政府的执政理念和基本原则。社区发展实践日渐丰富，成为行政分权的新形式，具有典型的发展模式和特点。一是资金来源广泛，政府、慈善组织、财团等都提供支持社区发展的资金。二是项目多样化，开展邻里复兴战略、社区战略、农村议程（重建农村落后社区）等多种项目。三是政府以积极态度大力扶持社区发展。通常认为，从实用的角度看，社区发展是一种社会政策的有效实施方法，在英国，无论是哪一种政府，都会实用主义地在一定程度上执行这种社区发展政策。到 1997 年工党重新执政，社区发展被提高到战略的高度。布莱尔政府的政策理念就是通过大力发展非营利组织，重新构建国家与社会的关系，解决福利国家的两难处境。不论是中央政府还是地方政府，都充分重视广泛兴起的社区行动，将这些力量纳入整个政治运行的机制中来，以发挥建设性的力量。凭借政府的大力支持，以非营利组织为组织基础，以解决地方社会问题或谋求社区中某一特殊群体利益为目的的社区运动迅速发展，在提高公共行政效率、满足多元化利益需求、实现行政民主方面大有成效。

### 4.5.3 灵活性

在治理工具层面，英国政府采取委托、授权、淡出等多种灵活方式，与非营利组织形成合作伙伴关系，以实现公共利益的最大化。政府在相关领域的后撤，拓展了非营利组织的运行空间。而在地方公共服务领域，英国政府大力提倡采购商和提供商分离这一模式。2002年，布莱尔政府提出"从四项原则到实践"，强调推进公共服务的四个重要原则：在清晰责任内的全国标准，分权和授权与一线人员，工作中要富有灵活性和给公民以更多选择权。强调在市场框架内，公民如同消费者一样，有更多选择权。为使这种选择更加准确，为使公共服务部门提供更佳产品和服务，引入了绩效管理体系，而广泛的监督和检查也尤为重要。在新公共管理框架内，越来越小的政府又被抽空了。同时，为了完成有效的公共管理任务，越来越分化的政府部门又需联合起来，共同去承担综合性和复杂的任务。

### 4.5.4 鼓励参与

英国政府减少了政府提供社会公共服务的范围和项目，将一些社会公共服务项目交给志愿组织、工人合作社和其他社会团体等非营利组织承担，比如社会照顾项目。社会照顾是指为需要照顾和保护的人群，如老年人、残疾人、智障者等提供各种各样的家庭照顾、住所服务和其他支持性服务。1990年以来，英国制定法案对社会照顾服务进行了改革，减少由公共服务机构直接提供的服务，鼓励非营利组织参与，发展社区照顾服务，强调非正式工作网络提供的服务，让非营利组织发挥更大的作用，使原来由国家机构提供的服务逐步以合同的方式承包出去。布莱尔政府以更为理性审慎的态度实现权力的转移和衔接，在向非营利组织转移资源、权力和职能的同时，也加强了对社会公共服务领域的宏观监督与控制。但借助非营利组织的力量推行社会公共服务是变革的重要取向。

## 参考文献

1. Barker, A. (1982), *Quangas in Britain*, London：Macmillan Company.

2. Greenwood, J. and Wilson, D. (1989), *Public Administration in Britain Today*, 2nd edition, London：Unwin Hyman.

3. Flynn, N. (2007), *Public Sector Management*, London：SAGE Publications Ltd.

4. Kingdom, J. (2003), *Government and Politics in Britain*, Blackwell Publishing Company.

# 第5章 英国的慈善法

英国有不同的法律体系。英格兰和威尔士实行的是判例法（即属于普通法系），没有成文的宪法，苏格兰实行的则是大陆法系。在此，我们仅以英格兰和威尔士为例，来说明英国慈善法的情况。

## 5.1 英国慈善法简史

英国慈善法有 400 多年的历史，这里仅从英国慈善法对"慈善"定义的角度，简单地叙述一下英国慈善法的历史。

### 5.1.1 1601 年慈善法

英国是最早制定慈善法的国家，1601 年英国就制定了世界上最早的一部慈善法。这是与当时英国的经济社会发展联系在一起的，是当时社会矛盾发展的产物。

16 世纪是充满变动的世纪。这个时期，英国社会处于从封建社会向资本主义社会过渡、从传统的农业社会向近代工业社会转变的初期。英国无论在经济发展方面、经济和政治制度与体制方面，还是在文化思维意识方面，均发生了巨大而深刻的变化。这个时期，在英国，资本原始积累过程正激烈进行，社会的阶级结构也在发生着深刻的变化，既不同于封建社会的典型结构，也还没有演进为建立在资本主义生产方式基础之上的雇佣工人、资本家和土地所有者三大阶级构成的近代社会结构，社会矛盾异常尖锐。在对外关系上，英国逐渐掌握了海上霸权，海外贸易为英国带来了巨额财富。为了缓和社会矛盾，解决分配不公带来的问题，加上英国社会由来已久的慈善传统，[①] 富裕起来的部分中产阶级兴办慈善事业的积极性高涨，兴办了大量的慈善组织和公益团体。这些组织的大量涌现，客观上需要国家立法来规范慈善事业的发展。

1601 年，英国出台了世界上第一部规范慈善事业的法律——《慈善用途法》（又称《伊丽莎白一世法》）。这个法的序言部分比较详细地提到了当时英国社会上的主要的公益慈善事业。该法序言列举的公益慈善行为包括：

- 救济老年人、弱者和穷人；
- 照料病人、受重伤的士兵和水手；
- 兴办义学和赞助大学里的学者；
- 修理桥梁、码头、避难所、道路、教堂、海堤和大道；
- 教育孤儿；
- 兴办和支持劳动教养院；
- 帮助穷苦的女仆成婚；
- 支持、资助年轻的商人、手艺人和体弱年衰者；
- 援助囚犯赎身；
- 救济交不起税的贫困居民等等。

应该说，慈善用途法（1601）序言的这种列举，并不是措辞严谨的法律条款，但却是第一次在法律中明确了慈善事业的主要范围，具有开创性的意义。其深远的影响力，一直持续到了今天，是英国近现代整个慈善法体系中关于慈善事业法律解释的历史起点。尽管慈善法（1601）序言无意也没有对慈善事业作出最终定义，而只是希望

---

① 资料表明，13 世纪时，英国已经出现了很多慈善组织，主要是医院（有 200 多所）。

为法律决策提供指导和法律依据，但它在事实上被人们当成了一个慈善事业的定义。

### 5.1.2 "帕姆萨尔裁决"

英国是习惯法国家，法官可以将过去的判例作为审理案件的法律依据。由于法律中没有对慈善事业的明确定义，所以法官要判定一个组织到底是否属于慈善组织，只能根据法律的精神、当时社会的普遍认识和过去的经验来进行。在很长一个时期，英国法官在判定一个组织是否为慈善组织时，除了依据 1601 年慈善法序言外，麦克纳坦爵士（Lord Macnaghten）1891 年就"帕姆萨尔上诉案"作出的判决成为英格兰和威尔士法官的另一依据。

在英国工业革命开始后大约 100 年的时间里，英国社会发生了巨大而深刻的变化：在经济上，经济高速增长，财富迅速积累；在阶级关系上，中产阶级逐渐成为社会主流；在城乡对比上，城市化程度加快，伦敦、曼彻斯特、利物浦和利兹等工商业中心城市急剧扩张，大批农村人口流向城镇。同时，伴随着这种变化，社会问题层出不穷，阶级矛盾空前尖锐。

19 世纪中叶以后，随着英国社会经济的发展，特别是随着科技进步、工业文明的昌盛、各种社会进步主张（包括社会主义学说）的传播以及宗教慈善理念方面的原因，英国热心慈善事业的人越来越多。鉴于慈善组织发展迅速，为适应对这一类组织管理的需要，1853年英国议会决定设立慈善委员会，以加强对慈善组织的管理和规范。当时，由于成立各种慈善组织的申请大量增加，涉及的业务范围越来越广，各级法院受理的相关诉讼案和上诉案也大幅度上升。正是在这样的背景下，出现了对以后定义慈善事业具有广泛而深远影响的"帕姆萨尔上诉案"，也称"帕姆萨尔裁决"（Pemsel Judgment）。

1891 年 7 月 20 日，英国议会上院的六名大法官在审理"特殊用途所得税专员诉帕姆萨尔"一案的上诉时，麦克纳坦爵士作了长篇发言，论述了如何从法律意义上正确理解慈善或者慈善用途的问题。当时，人们对慈善的理解是约定俗成的，但追究起来，找不到成文的法律定义，人们的理解似是而非，莫衷一是。麦克纳坦爵士根据1601 年慈善法的规定，总结历史经验，提出了四大慈善事业目的，用以说明慈善或慈善用途问题。他提出的四大慈善事业目的是：

- 扶贫济困；
- 推动教育进步；
- 促进宗教发展；
- 任何惠及社区的其他目的。

应该说，与 1601 年慈善法序言繁杂的叙述相比，这一分类简明扼要，通俗易懂，便于把握，特别是"任何惠及社区的其他目的"，包容性强，可以涵盖很多领域的慈善行为。"帕姆萨尔裁决"对日后英国的慈善法体系和政府相关部门的管理工作，产生了巨大而持续的影响。可以说，这一裁决是英国慈善事业法制史上的一个重要里程碑。

应当说明的是，麦克纳坦爵士在这里仅仅是对慈善事业进行了他自己的分类，并没有也无意为民间慈善事业给出一个定义。但是，在后来的司法实践中，人们往往把这一分类当作慈善事业的新定义，常常根据这一分类来进行司法判决。

### 5.1.3　二战以后慈善法的发展

进入 20 世纪，英国的经济社会发展很快，特别是第二次世界大战结束后，英国逐步步入后工业化时代，社会财富越来越集中于少数人手里，社会矛盾逐步加深，为了缓和社会矛盾，英国政府建立起了一整套社会福利制度，同时，民间的社会慈善事业也得到了长足发展，慈善组织数量越来越多，涉及的慈善领域也越来越广。慈善组织和其他非营利组织，已经成为独立于政府和企业的第三部门。它们的存在和活动，深刻且广泛地影响了英国社会以及普通民众的日常生活。新的社会实践和新的社会生活，对慈善立法工作提出了越来越多的新要求。英国于是制定了 1954 年《慈善信托法》和 1958 年《娱乐慈善法》等法律法规。到了 1960 年出台了 1960 年慈善法，对此前的有关慈善法律进行了高度整合。1992 年，出台了旨在加强公益性慈善事业管理的 1992 年慈善法，1993 年又根据新的情况，出台了有很多新规定的 1993 年慈善法，以期完善原有法律。例如，这些法律扩大了慈善事业的范围，把有助于社会和公众的休闲娱乐事业，如体育俱乐部等也列为公益性慈善事业。但从对慈善定义等问题来看，这些法律还只是在修修补补，并没有什么革命性的变革。慈善法律的完善工作，在曲折中慢慢前行。对已经陈旧的"定义"进行大胆改革的历史任务，最终是由 2006 年慈善法完成的。

## 5.2 英国慈善法的主要内容

英国慈善法从 1601 年开始一直得到不断的补充与完善。1993年，英国议会在 1872 年慈善受托人社团法、1960 年慈善法和 1992年慈善法第一章的基础上，制定了新的慈善法，2006 年又对 1993 年慈善法进行了修订。英国 2006 年慈善法的主要内容如下。

### 5.2.1 关于慈善的定义、慈善组织的注册及命名

从 1601 年慈善法以来，英国慈善法经历了多次修改，但英国的成文法都没有为慈善事业下一个完整的定义，长期以来人们实际上是以某种习惯性的、约定俗成的意识来定义慈善事业的。2006 年慈善法在这方面实现了历史性的突破：它第一次以法律条文的形式为慈善事业，也就是民间公益性事业下了完整的定义。根据 2006 年慈善法的定义，只有那些为公众利益服务的具备慈善目的的事业才能被认可为民间公益性事业。法律具体列出了以下 13 项事业为具备慈善目的的事业：

- 扶贫与防止贫困发生的事业；
- 发展教育的事业；
- 促进宗教的事业；
- 促进健康和拯救生命的事业；
- 推进公民意识和社区发展的事业；

- 促进艺术、文化、历史遗产保护和科学的事业；

- 发展业余体育运动的事业；

- 促进人权、解决冲突、提倡和解以及促进不同宗教与种族之间和谐、平等与多样性的事业；

- 保护与改善环境的事业；

- 扶持需要帮助的青年人、老年人、病人、残疾人、穷人或者其他弱势群体的事业；

- 促进动物福利的事业；

- 有助于提高皇家武装部队效率的事业；

- 其他符合本法律相关条款规定的事业。

这一严格的定义和列举的慈善事业的范围，既照顾了历史，更注意了现实，而且第 13 项作为开放性条款，为未来民间慈善事业的发展留下了余地。它有助于消除歧义、规范管理，引导民间慈善事业健康发展。

根据英国 2006 年慈善法的规定，除了豁免的或者其他特定的慈善组织外，任何慈善组织都应进行注册。要想注册为慈善组织，必须有法律上认可的慈善目的和对象。一旦获得了这一地位，慈善组织的理事会、理事必须保证所有资源和活动直接指向慈善目的。2006 年慈善法还要求所有慈善组织证明它们在某种意义上能够给公众带来益处。

英国注册慈善组织的基本条件是：第一，要注册的慈善组织和其他慈善组织在工作内容上不重复。第二，慈善组织有自己的章程，明确组织的目标及其管理方法。章程可以是理事会的文件、组织宪章或相应的法规。第三，依照英国《托管人管理法》组成托管理事会。理事会成员应包括来自政府公共部门、所在社区、私人企业部门的代表。理事会成员可直接受雇于慈善组织，但不能有其他商业目的。慈善组织必须按捐款人及受益人的最佳利益导向进行运作与管理。

英国 2006 年慈善法规定慈善委员会可以通过指令的形式要求注册慈善组织在规定的时间变更其名称，新名称由慈善受托人决定，但需经由委员会审查批准。应当变更名称的情形有：a. 慈善组织申请注册时，其名称同于或者委员会认为非常类似于另外一个慈善组织的名称（不论该组织登记与否）；b. 委员会认为该组织的名称会误导公众，使公众对该组织设立时的目的以及该组织为实现该目的而进行的活动的本质产生误解；c. 该组织的名称中包含国务大臣制定的规章中所罗列的字词和措辞，并且委员会认为该组织在名称中使用这些字或者措辞会误导公众对该慈善组织地位的认识；d. 委员会认为该慈善组织的名称的使用会使公众认为该组织与女王政府、任何一个地方政府、任何其他团体或者个人有一定联系，虽然该慈善组织事实上与它们并无任何关系；e. 委员会认为该慈善组织名称的使用有违礼仪。

英国强调慈善组织，把慈善组织与互益性组织区分开来。英国有两个概念：非营利企业和慈善组织。英国所称的非营利企业指的是行业协会和一些非营利的、但跟市场结合比较密切的民间组织。另外一种就是慈善组织。在英国，目前慈善组织大约有24万家。英国的总人口有6059万，大约每252人有一个慈善组织，可见其慈善活动的发达程度。

### 5.2.2　关于慈善委员会的设立及其职责

英国2006年慈善法规定，英格兰和威尔士应当设立一个慈善委员会，该委员会的职权由本法和其他有效法律授予。委员会的组建和活动，以及其他与委员会，委员会官员、雇员有关的事项，适用本法所附表一中的相关条款。在不影响由其他特别法授予的特定权力和职责的情况下，委员会应当通过改进管理方法、为信托人提供可能影响慈善事业的信息和建议以及调查和核查滥用等方式来实现其促进慈善资源有效利用的基本目标。在行使与慈善事业相关的职权的时候，除非该慈善事业已经改变其目的，委员会应当以在信托目的范围内促进和改善慈善事业为其活动的基本准则，但是委员会不得亲自行使管理慈善事业的职权。每年结束时，委员会应当立即向内政部部长提交一份该年度工作报告，由国务大臣呈交众议院议员审议。

　　根据 2006 年慈善法的附表一，慈善委员会中应当有一名慈善委员会主任，以及另外两名慈善委员会委员。在慈善委员会中，至少应当有两名成员拥有《1990 年法院与法律服务法》第 71 条所规定的七年的一般资格。慈善委员会主任以及其他慈善委员会委员应由国务大臣指定，并且应认定其完全是受聘于王室的文职管理人员。每一名慈善委员会委员将领取工资和补贴，其数额由国务大臣决定，但应经财政部许可。任何时候，国务大臣认为应当有超过三名以上的慈善委员会委员时，经财政部同意，国务大臣得以再行指定两名以下的慈善委员会委员。慈善委员会主任可以指定助理慈善委员及其他管理人员，以及其认为正当履行慈善委员会和官方慈善管理人的职责所需的其他雇员，但其所指定人员的人数以及任职条件应得到财政部的许可。上述被指定的管理人员和雇员将领取工资或报酬，其数额由财政部决定。

　　慈善委员会在鉴定相关文件时可以使用公章，且其公章应经正式的法律程序加以公告。慈善委员会有权规范其工作程序，依据慈善委员会主任所制定的规范或者指示，任何一名慈善委员会委员以及助理委员，可以以慈善委员会的名义，为其从事业务。当慈善委员会组成理事会开展业务时，如果当时在职的慈善委员在四名以下，则理事会成员的人数应为两名，其中一名应当具有第一款第二项所规定的任职资格；如果当时在职的慈善委员达到五名，则理事会成员的人数应为三名，其中一名应当具有上述任职资格；在投票表决时如果出现双方票数相等的情形，则由慈善委员会主任投第二票，或者投决定票，在慈善委员会主任缺席时，则由投票主持人投第二票，或者投决定票。

　　根据英国 2006 年慈善法，慈善委员会具有四项职能：对符合条件的慈善组织进行登记注册；对在慈善委员会登记或者没有登记需要帮助的慈善组织提供信息、技术、法律政策咨询等方面的支持；对在慈善委员会登记的慈善组织按照不同规模进行相应的监管；对在管理或公共资源使用上有违反法律嫌疑的慈善组织进行调查，对于发现的违法者可以移交法院处理。慈善委员会的权力仅仅限于对违反法律行为的监管，而没有权力介入慈善组织的管理运作，它的监管权力只在于保障组织运作是"合法"的，而不能对理事会决策是否"合适"作出干涉。同时，慈善委员会对慈善组织依据规模也具有不同程度的监管责任：年收入在 1000 英镑以下的小慈善组织，不予以注册登记，没有年度审查或监管，但是在接到公众对该组织违法行为的举报时，仍然具有调查了解的权力；年收入在 1000～10000 英镑的慈善组织，应当注册登记，每年提交年度报告；年收入在 1 万～1000 万英镑的慈善组织，应当注册登记，每年提交年度报告，包括财务及活动的明细；年收入在 1000 万以上的慈善组织，是慈善委员会监管的重点，不仅应当注册登记，进行详细的年度检查，慈善委员会还可以随时对之进行了解，甚至到组织中进行访问。

慈善委员会独立于政府运作，它在政府与社会之间构建起一个桥梁，慈善委员会的理事会尽管由部长任命，但是他们最终向议会负责而不是向部长负责，部长或相应的政府部门只具有知情权而已。慈善委员会的最高首长与政府部长是平级的，由英国首相任命。这个机构有一个很庞大的体系，有工作人员近 600 人，主要职能是登记和监督。登记程序很简单，凡每年活动经费在 1000 英镑以上的慈善组织都要到它这里登记。登记后它就要监督，目前接受监督的慈善组织有将近 20 万家。监督办法也很简单，按照慈善组织的营业额进行分类，20 万家组织中大概有一万家的资产额占到全国慈善组织的 90% 以上，慈善委员会重点监督这一万家组织。然后在一万家组织中对规模最大、占总资产额 46% 的 400 家组织加强监管。600 人来监管 400 家机构，应该是能够监督过来的。但是即使对这 400 家机构，英国慈善委员会也不是派人进行直接的监管，而是建立了全国性的公益举报和迅速及时的受理机制，通过 24 小时的举报监控，全英国任何一个地方的任何一个公民都可以在任何时候用电话举报和直接举报。英国慈善委员会每个月接受举报 2000 多次，主要根据举报对慈善组织进行监控。

### 5.2.3　关于公营受托保管人的设立及其职责

根据英国慈善法的规定，公营受托保管人（简称为公营保管人）是一个长期存在的组织，该组织的职权为在慈善法规定的条件下担任慈善信托的受托人；公营保管人是一个独立法人，该法人永久继承并且使用由行政机关或者法院所授予的官方印鉴。公营保管人的负责人由委员会任命。公营保管人根据委员会下达的一般或者特殊的指示而行使职权，其费用（除那些由他作为慈善信托的受托人获得偿还或者回收的款项）由委员会承担。除非是因为或者经由公营保管人或者其代理人故意的疏忽或者懈怠，作为慈善信托的公营保管人对该财产的损失或者错误申请不负责任；但对那些由于公营保管人的疏忽或者懈怠而造成的损失，统一基金应负责赔偿。

公营保管人应当按照财政的要求保存会计账簿和相关的记录，并且应该按照规定的格式、方式和时间保管。会计记录应经由统一审计署的检查和证明；委员会向国务大臣提交的报告中应包括一份对该年内或者该年某一时期的会计记录的副本，以及上述的统一审计署对该记录的证明和报告。

如果慈善委员会认为在慈善组织的管理中有不当行为或者错误管理行为，可以通过命令将该组织信托的财产交给公营保管人，或者任命其他人将该财产移交给公营保管人。法院可以通过命令将慈善组织持有或者接受信托的土地归属于公营保管人，授权或者要求拥有该土地的人将该土地归属于公营保管人。当财产通过慈善委员会由公营保管人信托管理时，法院可以下达命令，解除公营保管人关于该财产的全部或者其中某部分的受托人职责。根据本法的规定，当财产为公营保管人信托持有时，公营保管人不得行使管理的权利，但是，享有和所有财产受托人一样的权力、义务和责任，被授予同样的权利和豁免。

在公营保管人缺位或者其他情况下，那些需要经由公营保管人处理、向公营保管人报告或者在公营保管人面前处理的事宜，可由经委员会特别或者一般授权后的该委员会的官员代行公营保管人的职权。

### 5.2.4 关于慈善委员会的情报权和监管权

从慈善组织的注册及命名规定来看，其实慈善委员会对慈善组织的监管是从注册开始的。慈善组织申请注册需要接受慈善委员会评估。慈善组织一旦注册成功，就应当履行相应的义务，这样可以确保它们能够继续得到公众的信任，同时也不会因为不适当的行为被慈善委员会制止。英国慈善法规定，慈善组织有制作会计账目、年度报告以及年度报表的义务。慈善组织应当向慈善委员会和公众开放，必须准备随时诚实地回答委员会的质询。在公众提出疑问后，慈善组织要尽快予以答复，让公众清楚地了解它们的政策。慈善组织必须每年在其财政年度结束后的 10 个月内向慈善委员会提供它们的账目。委员会将在网站上公布这些账目的详细情况。另外，慈善组织必须填写慈善委员会发放的年度回报表，提供它们过去一年活动的详细情况，不同规模的慈善组织，其回报表的内容也有所不同，规模越大，要求提供的信息就越多。

如果一个慈善组织没有采取正确的行动，委员会将对其展开调查。委员会展开调查的情形主要有：慈善组织未提交账目或年度回报表且未给出合理理由；在审查慈善组织的账目或年度回报表后，委员会会对某些事项表示关注，如管理方面的开销过大等；地方议会、警察局或其他监管者向委员会移交的问题，通常是乱筹资等；公众对慈善组织的投诉，委员会首先对其进行评估，然后决定是否进行调查。所有调查的详细情况，委员会都在网站上公布。调查过程中，慈善委员会可以运用其权力采取冻结银行账号、免去托管人职务、没收文件以及委任外部人员管理慈善组织等措施。

根据英国慈善法，委员会可以不定时地调查所有的慈善组织、某个特定的慈善组织或者某类慈善组织，但是此种调查不得针对豁免慈善组织进行。委员会可以自己进行调查，也可以任命某人进行调查并要求该人提交一份调查报告。为实现上述调查的目的，委员会或者接受其任命者可以要求慈善法相应条款所规定的人履行有关义务，比如在特定的时间和地点提供证据或出示相关文件等。但委员会应向提供证据或者文件者支付必要的费用。如果调查的对象是地方慈善组织，可以由郡或者地方议会、伦敦城市众议院或者伦敦区议会向委员会提供相应的费用。

另外，慈善法还授予慈善委员会在特定情况下具有一些额外的权力。比如，为了慈善组织的利益可以授权进行特殊的交易、妥协或者类似的活动，即使这些活动本来只有根据法院的授权方能采取；在慈善受托人本人无权如此行动，但是在所有的情况中将认为其自身有道德义务去采取这些行动的情况下，慈善委员会可以通过命令行使和总检察长一样的权力以授权慈善组织的慈善受托人运用慈善组织的财产或者代表慈善组织一定程度上放弃其接受财产的权利，但慈善委员会行使这一权力时应受到总检察长可能给出的指示的监督并与该指示相一致；符合特定条件时，慈善委员会可以将慈善组织匿名的银行账户移交给它认为合适的其他的慈善组织；在慈善受托人书面申请后，慈善委员会可以就影响该受托人履行职责或类似的问题给他提供意见或者建议；为安全保存，慈善委员会可以接受任何属于或者关于慈善组织、慈善受托人的文件。

英国慈善法中规定了慈善委员会可以对慈善受托人资格进行剥夺的情形，还规定被免除慈善受托人之任职资格之后，仍然担任该慈善组织之慈善受托人的将构成违法，并将承担以下法律责任：a. 依据即席判决，将被处以六个月以内的监禁，或者法定最高限额内之罚款，或者两者并处之；b. 依据公诉判决，将被处以两年以内的监禁，或者罚款，或者两者并处之。

### 5.2.5 关于慈善组织的内部治理和自律机制

英国慈善法中规定了关于慈善组织的管理规定。由于英国慈善委员会的监管只是"发现违法"的责任，在慈善委员会被赋予监管职能以前很长的时间内，慈善组织也没有统一的监管机构。英国的慈善传统久远，也赢得了相当的社会信任，其最基本的保障在于内部治理和自律机制。在英国，慈善组织的理事对慈善组织的行为和资产负有完全的责任，他们有责任保障公共资产的延续、组织的恰当管理、组织的非营利性、组织的有效运作、公益目的的实现，以及保留组织账户和各项信息的责任等等。如果理事被发现因为渎职或故意的原因而使得公益资产受到损失，他甚至将对此负有无限连带责任。慈善组织的理事多是已经在社会上有一定经济基础和社会声望的知名人士，他们做理事一般是没有报酬的，能够作为某个大型慈善组织的理事，被人们视为一种荣耀和身份的象征。公开组建和切实负责的治理结构，对于保障英国慈善组织的公益性和防止公共资产被滥用，起到了第一位的监管作用。

### 5.2.6　关于财产近似原则的适用和法院对慈善组织的监督

英国慈善法规定，在最初目的仅需运用捐赠财产一部分的情况下，如果想要改变慈善捐赠的目的，需要对捐赠的财产或其部分适用近似原则。由于法律同时规定了出现所列情形时法院有制订规划的权力，因此，如果根据指示，运用某项财产的目的是为了慈善法所附表三第一栏中所规定的地区，那么，法院可以在其判决中以规划的形式将该财产扩大适用于该表同一条目所规定的地区。因此，这为慈善受托人规定了一项义务，即在某项财产全部或者部分应予适用近似原则时，该慈善受托人应采取措施保证近似原则的适用，从而有效使用慈善组织的财产。慈善法还规定，用于已经落空的特定慈善目的的财产，如果符合有关条件，也可以假定其被指定用于慈善目的，从而适用近似原则。

同时，慈善法还规定了法院关于慈善组织的管辖权，在慈善组织的活动方面，高等法院具有很大的权限，同时也可以通过命令将一些事项交给慈善委员会，但慈善委员会无权决定法律中的某些和财产相关的权利，尤其是涉及有争议、法律规定的特殊问题，除非该事项是由法院通过命令移送而来的，否则慈善委员会不应介入。

法院对慈善组织的监管还可以通过"慈善诉讼"。"慈善诉讼"指在英格兰和威尔士的法院中提起的诉讼，该诉讼属于法院关于慈善组织的管辖权的范围，或属于法院就基于慈善目的而管理的信托的管辖权的范围。根据规定，慈善委员会可以就慈善组织的问题向法院提起诉讼，慈善组织、慈善受托人、慈善组织利益相关者都可以向法院提起诉讼。当慈善组织是一个地区慈善组织时，该慈善组织所在地区的两个或者更多居民也可以提起诉讼。

### 5.2.7　关于共同投资或者存款基金的建立

根据慈善法，如果有两个或者更多的慈善组织的申请，法院或者慈善委员会可以制定一个共同投资基金或者存款基金的规划。规划中可以规定相应的条款，以允许任何慈善组织参加该基金或者限制慈善组织随意参加该基金，可以规定该共同投资基金的建立、投资、管理、约束，以及特殊事项。一个共同投资基金应被当作一个慈善组织，并且，如果该规划仅针对豁免慈善组织，该基金应当被当作一个豁免慈善组织。

### 5.2.8　关于慈善组织的土地

英国慈善法还对慈善组织处置土地的有关问题作了规定。在未经法院或者慈善委员会命令的情况下，任何为慈善组织持有或者信托持有的土地均不得被出卖、出租或进行其他类似方式的处置。处置之前需要找有资格的测量员进行估价。买卖、租赁或者其他处置由慈善组织拥有或者信托持有的土地的契约应说明该土地由某个慈善组织持有或者信托持有以及该组织是否为豁免慈善组织。

未经法院或者慈善委员会的命令，任何为慈善组织所持有或者信托持有的土地均不得进行抵押。任何为慈善组织持有或者信托持有的土地的抵押应说明该土地为某个慈善组织持有或者信托持有、该慈善组织是否是一个豁免慈善组织以及抵押限制。

### 5.2.9　关于慈善受托人社团和慈善公司

英国慈善法允许符合条件的慈善受托人向慈善委员会申请颁发慈善受托人社团注册证书，该慈善受托人社团具有独立法人资格。在一般情况下，该社团法人承继原慈善受托人的相关权利或义务，这就使慈善受托人的无限责任变成了有限责任。同时，还规定尽管社团法人已成立，但该慈善组织的全体慈善受托人，对于由其经手的财产应负经管责任，并应对其个人行为、签发信托收据行为、玩忽职守或渎职行为负责，且应负责对慈善组织及其财产进行正当的管理，上述职责的承担方式及承担范围与社团法人成立之前慈善受托人的职责相同。同时，法律还规定了申请行为及注册证书的补正、备案等，强调注册证书上所载明的任何条件及指令，对于所有慈善受托人均具有约束力，慈善受托人应执行或遵守。社团法人成立之前对慈善组织所做的赠与，在社团法人成立后效力不变。当慈善委员会确认有以下情况之一发生时，得依职权主动发布命令，解散社团法人，解散日期以命令中所载明的日期为准：a. 社团法人不具有资产，或者没有开展业务；b. 成为独立社团法人的相应慈善组织已经终止存在；c. 原先以慈善事业为目的而成立的机构，或者慈善委员会认定其以慈善事业为目的而成立的机构，不再作为慈善机构，或者（在某些情况下），当其成立独立社团法人时，不具备慈善机构的性质；d. 成为独立社团法人的相应慈善组织的设立目的，迄今为止已经尽可能地实现，或者实际上已经不可能实现。社团法人解散后，原社团法人所享有的权利由相应慈善组织的慈善受托人享有，其承担的义务由慈善受托人承担；任何正在进行的或者已经启动的、由社团法人起诉或者应诉的相关诉讼程序，将继续进行或者启动，并由慈善受托人起诉或者应诉。

慈善公司是指从事慈善事业的公司，有限公司是英国慈善组织采取的一种形式。慈善组织以公司的形式存在的，其对于公司组织大纲中目的条款的修改，或者对于有关公司财产的使用或运用方式条款的修改，必须经慈善委员会事先同意。慈善公司须在其信函等文件中标明自己的商号、慈善性质。对于以公司形式存在的慈善组织，慈善委员会可通过发布命令，由慈善委员会所指定的审计人员对该慈善组织的经营状况及其账目进行调查和审计。但进行审计时所需的费用，包括审计人员的报酬，由慈善委员会支付。同时，慈善法还规定了慈善公司的无效交易行为、需要得到慈善委员会事先同意的行为等。

### 5.2.10　关于小型慈善组织和地方慈善组织

小型慈善组织是指符合下列条件的慈善组织：a. 上一财政年度

总收入未超过 5000 英镑；b. 未拥有规定可用于该组织的设立目的，或特定设立目的的信托土地；c. 该组织既非豁免慈善组织，亦非慈善公司。如果该慈善组织拥有不包含信托土地的永久性捐赠基金，并且上一财政年度之总收入未超过 1000 英镑，慈善组织的慈善受托人可以认为相对于该慈善组织的设立目的，其财产规模太小，使得单凭收入的支出不足以实现该组织的任何实用性目的，因此可以决定该慈善组织免受适用于其永久性的捐赠基金的、关于其资金使用方面的限制，但该决定应经参加表决的慈善受托人中 2/3 以上的多数通过，通过决议时，必须根据具体情况，以其所认为的合理的方式发布公告，公开决议内容，并向慈善委员会递交决议的副本，同时递交其通过该决议的理由的陈述。慈善委员会自任何慈善受托人处收到决议副本之后，如果认为慈善受托人在作出决议时，遵守了相关规定，应在自收到决议副本之日起三个月内，以书面形式通知慈善受托人同意该决议或者不同意该决议。

各郡、区或者伦敦各自治区的议会，以及伦敦的市议会，可以将议会所在地的各个本地慈善组织或者各种本地慈善组织，制作索引，并且将该索引内容或者该索引的摘要公之于众，在合理时间内，应提供公众查阅。议会可以对其所在地的地方慈善组织中具有相同或者相似设立目的的一组慈善组织的业务情况，予以考察，考察应在慈善受托人的合作下开展。经与慈善受托人协商，上述地方议会认为合适时，得向慈善委员会报告考察的结果，并就考察结果提出相应的建议。

## 5.3　2006 年《慈善法》的立法历程、特点

经历了十多年的反复修改论证，2006 年慈善法才最终得以出台。其立法历程和特点，对我国民间组织的立法及有关法律法规的修订工作，有着一定的启示作用。

### 5.3.1　立法历程

1993 年慈善法出台以后，人们普遍认为这一法律还不能满足 21

世纪慈善事业的发展和公众的需求，必须进行更新和修订。从 1995
年提出修改建议开始，到 2006 年新的慈善法出台，慈善法的修改经
历了十多年的时间。

　　有关 2006 年慈善法最值得关注的事件之一，就是该法的革新是
由慈善部门自身发起的并由该部门率先提出修正建议，由政府部门审
查，咨询意见，并最终采纳。改革的呼声最早来自于慈善行业内部，
特别是来自于全国志愿组织联合会（NVCO）为了审查当今慈善法律
的作用和实用性而设立的工作小组。该小组认为，慈善法保护并推动
了慈善事业的发展，但也强调，公众认为慈善是什么或者应当是什么
与法律规定的慈善实际定义之间的差距越来越大。这在过去和现在都
是一直存在的问题，除非该问题得以适当解决，否则这种不对称性将
逐渐减弱人们对慈善事业的支持和信任度。因此该小组提出了改革法
律的建议，强调公共利益的原则应该成为慈善组织接受利益的主要合
理性所在。

　　20 世纪，政府对慈善部门改革慈善法的呼吁置若罔闻。但是
1997 年被新选出来的工党政府在竞选的时候对此作了一项承诺，这
是其为了在政府与慈善部门及其广泛的非营利部门间发展一种更深刻
持久的合作伙伴关系而拟定的一揽子措施中的一部分。此前的政府，
认为这一问题是很难解决的。

　　慈善法的修改过程经历了十多年的时间，在此过程中，有以下几
个重要事件：

　　根据 1995 年关注志愿者组织委员会提出的 Deakin 报告（Deakin
Report，1995）①，慈善部门建议，对以公益性质为基础的慈善组织，
应该有一个更加准确、覆盖全面的定义。

　　Deakin 报告促使工党政府承诺对一份名为《共建未来》（*Building*

---

① *Meeting the Challenge of Change*: *Voluntary Action into the 21st Century*, Report of the
Commission on the Future of the Voluntary Sector（National Council of Voluntary
Organizations）.

*the Future Together*）的文献加以修改——这是该党 1997 年的竞选宣言，其中阐明：如果当选，工党政府将与非营利组织开展合作，支持非营利组织的工作。

1998 年，全国志愿组织联合会开始实施有关该事项的广泛的工作计划，在 2001 年初发表了一篇名为《为了公共利益？》的文章。这篇文章就慈善法律的修改提出了许多问题。这些问题涉及了很多领域，涉及好几个政府部门的职责。因此，为解决这一问题，就由首相战略小组牵头成立了一个审查小组，负责有关审查事宜。

审查小组对非营利部门以及政府各部门都进行了广泛的咨询、征求意见。2002 年，审查小组出台了一份题为《私人行为，公共利益》（*Private Action*，*Public Benefit*）的报告。这一报告，包含有大量的政策建议。这些写给政府的建议，很多被政府部门采纳了，也有一些还需要在政府部门间进行反复磋商。随后，开始了立法的起草工作，新慈善法的草案向大众公布并提请审议。

该法案还经历了新议会的详细审查程序——两院议员组成的一个委员会对其进行了审查，记录下书面和口头的资料，制作了一篇报告，目的是就一些主要且关键的问题向议会作一个简要说明，并通知议会就此法案展开辩论。2004 年夏天，该报告向社会公布。

2004 年 12 月，该法案提交给了议会。但因为 2005 年的普选，未获通过。2005 年 5 月 18 日，该法案再次提交给了议会；2006 年 11 月 7 日，在上院进行了最后一次宣读；11 月 8 日，经英国女王批准，2006 年慈善法成为正式法律。

### 5.3.2　2006 年慈善法修改的几个特点

2006 年慈善法的修改，不同以往。它是为了适应英国社会慈善组织迅速发展的实际而进行的，不只是对过去的慈善法进行简单的修订，而是历经十余年，对 1993 年慈善法进行了一个大的修改，以期有效地管理、保护、促进慈善事业的发展。从慈善部门来看，这是一次具有里程碑意义的立法。总的看，具有以下几个特点：

第一，民间推动，准备充分。如前所述，2006 年慈善法的修改，是从慈善部门内部开始的。由全国志愿组织联合会率先提出修改建议，再由政府部门审查、咨询，最后通过。应该说，从修改的启动到中间的论证，从总的思路到具体的条款，2006 年慈善法都渗透着慈善部门的努力和心血。在立法过程中，有关政府部门在进行了大量调研的基础上，制定了修改的基本思路，并广泛征求各界意见，最后才由政府拿出修改草案。2001 年 7 月 1 日，首相布莱尔要求首相战略小组牵头，组成一个审查小组，对现行涉及民间公益性组织和其他非营利组织的法律法规进行全面评估。2002 年 9 月，审查小组发表了《私人行动，公共利益》的研究报告。英国内阁在 2002 年 9 月~2003年 1 月期间以公开咨询的方式，广泛听取了社会各界对这份研究报告的意见。在上述工作的基础上，英国政府在 2003 年 7 月发表了名为COMPACT 的文件。这份文件总结了公开咨询的结果，明确表示政府决心采取实际行动使英国相关的法律法规现代化。2004 年 5 月初，由内政部负责起草的新慈善法草案和附带的解释性文件才与公众见面。

第二，官民互动，公开透明。草案公布后，议会进行了两年半的审议。在此期间，议会、相关政府部门与公众，特别是慈善组织之间，进行了充分的互动。由议会两院的议员和有关法律专家组成的联合委员会，在 4 个多月的时间里，对慈善法草案和有关文件进行了系统而深入的研究，提出了 50 多项修改建议，英国内政部也就有关问题说明了自己的态度。在英国议会上下两院的审议过程中，议会都及时地通过网站、出版物等向公众发布审议的有关情况，内政部、英国慈善委员会等相关部门也及时地向公众发布修改的有关动态，公众能够了解修改的最新情况，公众和慈善组织的反馈意见也能通过各种途径，及时反馈给议会和政府部门，并被吸纳到修改条文中。

第三，立足现实，注重创新。鉴于近年来慈善组织发展的情况，2006 年慈善法在许多方面进行了改革，主要有：a. 首次为慈善事业下了一个明确的法律定义。b. 首次明确了慈善委员会的法律地位，明确规定慈善委员会是具有特殊独立性的主管慈善事业的政府机关，它只对议会负责，并重新规定了慈善委员会的机构设置、人事配备、任务、职能与权限，使慈善委员会真正成为享有明确法律地位，并依法有效管理慈善事业的机关。c. 引进了慈善公司这一新的慈善组织形式。过去，很多民间机构在登记为慈善组织的同时，还同时登记为公共有限责任公司（Public Limited Company），这既不利于慈善组织自身的发展，也提高了管理工作的行政成本，增加了管理工作的难度。2006 年慈善法提出了一种专门为慈善组织设计的具有正式法律地位的公司制组织形式：慈善公司组织（Charitable Incorporated Organization，CIO）。这将改变双重登记的现象。另外，2006 年慈善法的创新之处还有：根据实践发展的需要，设立了慈善申诉法庭，以保护慈善组织的权益；创建了统一的募捐许可制度，以严格规范慈善组织的筹款募捐活动等。

第四，注重效果，抓大放小。抓大放小是英国慈善组织管理的原则，目的是在管理好大型慈善组织的基础上，放松对小型慈善组织的规制，促进其发展，以发挥其在为基层社区和民众提供公共服务方面的作用。因此 1993 年慈善法规定，年收入在 1000 英镑以下的慈善组织可免于注册，但实际上很多年收入在 5000 英镑以下的慈善组织，都无力履行注册手续，法律的规定不能落到实处。为此，2006 年慈善法规定，年收入在 5000 英镑以下的慈善组织，可选择免于注册（当然也保留它们注册的权利）。同时，2006 年慈善法加强了对一些过去免于注册的大型慈善组织的监管。如，著名的牛津大学、剑桥大学、大英博物馆等，过去属于免于注册的慈善组织，现在这类慈善组织，如果其年收入超过 10 万英镑，且相应的公共监管机构也不存在的话，就必须到慈善委员会履行注册手续，接受监管。

# 第6章 英国非营利组织的登记监管体制

大不列颠及北爱尔兰联合王国是联邦制国家，英格兰、苏格兰和威尔士以及北爱尔兰群岛有各自的法律体系。总的来讲，英格兰和威尔士体制大致相同，而北爱尔兰群岛则大相径庭。慈善法以及有关慈善的法律各地方不尽相同，但相互联系。本章重点介绍英格兰和威尔士的情况。

## 6.1 法律所承认的慈善组织

在英国，慈善事业享受公共福利、免征税收，享有广泛的社会信誉，同时也受到严格的监管。但并非所有开展志愿活动的组织都属慈善组织。慈善的概念远比志愿组织的概念狭小。志愿组织（在英国极少使用"非营利部门"这一词）为集体名词，指具有社会性目标而在会员中不进行利益分配的各种正式或非正式组织。慈善机构、社区组织、志愿组织、社会企业以及一些互助组织均属此列，它们都不以营利为目的。只有符合以下两个标准的志愿组织才属法律承认的慈善组织：

（1）其成立仅仅出于慈善目的。

（2）履行其作为慈善组织权限时，接受最高法院监督。

"慈善目的"虽在1601年慈善法导言中已经得到明确定义，但实际上多年以来均由法院和慈善委员会来界定。慈善目的大致分四类：

（1）救济贫困人群。包括提供多种形式的经济救济，如：捐款捐物，提供住处；按照需要提供建议和其他形式的服务；支持援助困难人群的其他组织；帮助孤老病残和因经济困难、失业或其他暂时性困难而陷入困顿的人群。

（2）促进教育发展。促进包括小学、中学、大学各阶段的正规教育，和教育游戏、与工作相关的培训以及在科研院所中深造等等。但宣传活动和政治行为不属此列。

（3）宣传宗教思想。如果一种宗教信仰一个神或人类，或将这种信仰贯穿于宗教言论当中，则该宗教可视为慈善组织。

（4）其他以有益于社会为宗旨的活动。例如救助老弱病残，促进民族和谐，重新安置刑满释放人员及戒毒者，救助灾民，促进人权，提供公共休闲器械，推动城乡改建，提倡健康等等。

前三种属于第一大类慈善目的，第四种可视为第二大类。这两类都必须有利于社会。运动俱乐部、政治类组织，或其他追求个人利益的组织均不属慈善组织。在第二大类行为中，判断一个组织是否属于慈善组织则更为困难。如该组织注册为慈善团体，慈善委员会就会通过其监管者确保其行为有益于社会。

新近修改的慈善法案重新定义了慈善目的，将其增加到 13 个领域。最后的 3 项为新增内容。根据慈善法案，慈善行为须出于公众利益，涉及下列事业：

- 扶贫与防止贫困发生的事业；
- 发展教育的事业；
- 促进宗教的事业；
- 促进健康和拯救生命的事业；
- 推进公民意识和社区发展的事业；
- 促进艺术、文化、历史遗产保护和科学的事业；
- 发展业余体育运动的事业；
- 促进人权、解决冲突、提倡和解以及促进不同宗教与种族之间和谐、平等与多样性的事业；

- 保护与改善环境的事业；
- 扶持需要帮助的青年人、老年人、病人、残疾人、穷人或者其他弱势群体的事业；
- 促进动物福利的事业；
- 有助于提高皇家武装部队效率的事业；
- 其他符合本法律相关条款规定的事业。

值得一提的是，并非所有慈善行为均受慈善委员会监管。慈善组织分为豁免慈善组织和例外慈善组织，具体会在后文详述。

最近有一个新概念——社会企业，大多指根据社会需求建立且自负盈亏的组织。社会企业成为志愿组织中日益重要的组成部分，极富活力，但通常不被视为慈善组织。

## 6.2　法律登记的益处

选择怎样的法律形式是基于利益考虑所作的选择，不仅仅是简单的行为。事实上，登记既是一种义务，也是一项权利。

取得慈善机构资质所能享受到的最大的利益，就是可以免交绝大多数各种形式的直接赋税，可以从相当数量的间接税赋中解脱出来。人们热衷于法律登记，重要原因是慈善机构进行登记之后就自动获得财政优惠政策。慈善委员会要求国内税收署承认并且优待所有注册为慈善机构的组织。

登记后可以享受到一些法律规定的好处。例如，慈善信托万一最终的目的失效，它们可以向慈善委员会提出申请，请求"计划"，这样它们可以按另一个类似的目的而重新组建。按照慈善法规定，可以继续将其财产用于其他慈善目标。

慈善机构在慈善委员会登记后要接受监督，但同时也享受到某种权利，因为慈善委员会的工作不仅是登记与监督，它还为慈善托管人提供管理所需的帮助。

获得法人资格后，法人的存在可使个人避免公司经营风险带来的个人压力。与没有法人的情形相比，有法人的公司财政状况更明晰。

另一个好处就是可以获得更好的信誉度。法人形式受到相关法律和管理条例的规范，所有权和管理界限分明。这不仅是指在公众寻求基金帮助的时候，而且在寻求慈善信托的帮助时也会处于优势位置。公众慈善信托必须确认所申请的基金完全用于慈善目标，它们不希望将钱款交至非慈善组织，因为它们担心钱款会用于非慈善目的。法人可以彰显一家公司的形象，给人感觉更可靠，更容易赢得信任和机会。

## 6.3　为什么要对慈善组织进行管理

慈善机构是独立自由的组织，它以自由联合为信条。对慈善机构的监管是逐渐发展起来的，近年来慈善业更需要进行管理。其原因是慈善机构不需缴税并且接受公众捐款享受公共资源。NCVO 于 2000 年进行的名为《贫富差距在扩大还是在减小?》的一项调查显示：2/3 的受访者表示比起法律系统和教会他们更信任慈善机构。因此需要有人来替慈善的给予者和接受者进行管理使更广泛的社会群体受益。对慈善机构进行监管的目的如下：

第一，像对营利组织和更广泛的志愿组织进行监管一样，对慈善机构进行管理是为了保证其依法运行。

第二，确保慈善机构造福公众而不是为个人利益服务。

第三，确保慈善机构的独立性并保证其理事独立作出决定。

第四，防止对公共资源管理不善利用或蓄意滥用。

慈善法和慈善活动的基础是结社自由。不同地区因其相同的普通法，自由结社权的基本原则大致相同。根据英国宪法的有关原则，个体成员可以自由集合进行合法活动。法律的作用是支持并鼓励合法负责的活动。登记程序的设置和管理制度表明法律制度是用来促进创办和建立慈善机构的，而非限制和控制其发展。

慈善组织是志愿部门的一部分，参与者包括很多组织，从营利性团体到非营利性组织。慈善组织所取得的资格必须合法。慈善组织所强调的自身权利不是绝对的。

总而言之，登记注册的慈善机构比非慈善的志愿组织受到更为严格的监管。

## 6.4　慈善机构登记常见组织形式

与其说慈善组织是一种法律形式，不如说是一种社会机构。每个志愿组织均需要考虑两个问题：第一，采取怎样的法律形式；第二，是否具有慈善性质。不同的志愿组织向不同的机构申请成立，慈善机构则向慈善委员会申请。

慈善机构是英国公民社会组织的"主流形式"。慈善机构可以采取多种组织形式，范围涵盖非法人团体到由法律或皇家宪章建立的机构。英国慈善机构的一个显著特点就是其采取的组织形式不是慈善机构所特有的。英国没有关于慈善形式的法律制度，也没有志愿行动的具体说明。因此协会、信托机构和公司等形式适用于多种活动，并且向市场部门和非营利部门延伸。

慈善机构的组建形式各不相同，但有一点是必须的，那就是要有宗旨和内部管理制度。大多数慈善机构都会请律师起草正式的章程。下面是最为普遍的组建形式。分为法人和非法人组织两种。

法人组织形式：

（1）公司。公司是根据公司法，在公司注册处进行注册的机构。可分为两类——股份有限公司和有限（担保）责任公司。事实上，有限（担保）责任公司是慈善组织和志愿组织较常采用的形式。公共有限公司属于股份有限公司。而社区利益公司（CIC）是一种新形式，受到股份或担保的限制，不具备慈善性质。公司权利组成方式有两种，其章程由两部分组成——公司备忘录和公司章程。

按担保有限公司形式成立的慈善机构享受到的好处是：其信托人

或理事对公司债务负有的是有限责任，因此大型慈善机构通常是有限公司。如乐施会、救助儿童会、帮助老人基金、英国心脏基金等。此外好处还在于，商界人士对此种公司形式十分熟悉，他们对备忘录及成立条款、理事权利与职责、年度大会的召开、审计员的任命等事宜再熟悉不过，这些都会列于章程内。称呼可能是理事，或是董事或委员。除此之外，担保有限公司的组织结构与其他公司基本相同，只是没有股权资本，而是捐赠人给予的象征性个人担保。

（2）商业工会（IPSs）。商业工会在金融服务管理局注册并受其管理，遵守《工业及互助组织法》，分为社区福利组织和合作社两种。前者作为一个整体，对社区有益；后者按"国际社会联盟合作组织声明"成立，是"人们自发组织起来，通过民主的方式共同管理公司，以期满足共同的经济、社会、文化和精神需求"。人们更多地采用的是公司形式，而并非商业工会形式。

（3）根据国会法案注册的实体。

（4）根据皇家特许令注册的实体。如皇家全国救生船院、皇家癌症研究基金、红十字、皇家鸟类保护协会等。

（5）慈善公司组织是新提出的概念，将成为新的慈善组织形式。与同时受公司注册署和慈善委员会双重管辖的有限公司相比，慈善公司组织仅受慈善委员会约束。

非法人组织形式：

这类组织形式不设法人，仅涉及个人，由个人承担组织的债务。非法人组织无需注册也不受特殊制约。

（1）非法人社团。以会员制形式成立。这一类协会往往有不少会员，并由理事会管理，制定规则或章程作为其管理文件。对于这些机构来说，国家有范本章程。

（2）信托。建立在信托契约基础上。信托组织只要发表声明，表明其托管人拥有慈善信托的财产，就可以成立，但必须明确其基金不会用于其他目的。在许多情况下，最初托管的数量只是象征性的，随后会随托管者或其他各方的捐赠的增加而增加。有时最初进入信托的托管数额较大，如将遗嘱中留下的房产作为用于慈善机构福利的资本财产，而不能用于支出。在此情况下，最初的财产被视为"永久性赠与"。

（3）互助会。建立在 1992 年的互助法案基础上。此外，还颁布了《2000 年金融服务和市场法》、《2001 年互助令》。

最常见的慈善组织形式为：非法人组织（协会）、信托和担保有限公司。

从某种意义上讲，协会和信托机构是慈善机构的最基本形式。它们在历史上就是最基本的法定形式，个人可以采取上述形式进行志愿活动或者致力于志愿目的。历史上，有关慈善的法律框架的发展反映出政府、议会和法院赋予公民的特权地位和法律保护。协会反映了结社自由的原则，这也是现代公民社会概念的核心部分，信托机构是传统的慈善组织形式。它们继续为慈善活动提供法律保障。法人拥有限责任已日趋重要，成为发展趋势。

英国法律中，协会是最松散的法定形式。它的组成非常简单，只要一群人为了追求共同的目标集合在一起即可，但可能有一个书面章程。就协会本身而言，它没有法人资格，仅仅是由一些成员组成，他们是协会的受托人。法定形式是由协会的管理条款所规定的，同时管理条款还制定了协会的目标、权利和会员制度。法定义务是成员个体或集体承担的。

作为没有复杂体系和雄厚财力的非正式团体，协会仍然是一种简单的组织形式。但即使是一个小型组织，如果没有法人资格，一旦涉及产权归属问题，也会带来难题。以前慈善协会解决此问题的方法是允许为其财产所有权成立法人，这样就使协会独立于其成员，能够拥有产权。但这样不能满足保护协会托管人的需要，因为协会托管人不能免于为社团债务和损失承担个人责任。所以公司就成为慈善组织采取的普遍形式。慈善组织以公司的形式成立，在公司注册署进行注册，受其管理，接受其监督。这就让托管人得到了有限责任的保障，但这是以法律上的复杂性为代价的。

## 6.5　如何对慈善机构进行监管

英国对慈善机构的管理有以下四个层次：

第一，行为管理。对行为的管理是普遍的法令，适用于所有的自然人和法人，不论他们是代表慈善机构还是非慈善的志愿组织或代表营利部门。受管理的行为包含：游行示威；竞选期间资助政治活动；诽谤；犯罪行为。

与慈善事业更为密切相关的行为也受到监管，包括：筹款；交易；竞选及其他政治活动。

第二，依照慈善机构的法律形式进行监管。例如，如果一个慈善机构是一家注册公司就应依照公司法对其进行管理。

第三，依照其合法地位进行管理。在慈善委员会注册的慈善机构必须服从委员会制定的法律。也存在着一些豁免的或例外的慈善机构。豁免慈善机构受相关部门监管。例外慈善机构，例如规模较小的慈善机构，不受慈善委员会的监督。但如果公众向慈善委员会提出请求，慈善委员会也可以对一些问题进行管理。

第四，董事会的监管。慈善机构的董事会负责其正当运营。董事们代表股东及群众对慈善机构进行管理。

不同层次的监管同时适用于慈善机构。例如，一家慈善机构注册为有限公司需要同时在慈善委员会和公司注册署进行注册并同时受到两者的监管。当然，也要依法行事，受到董事会的监管。

慈善机构递交年度报告也是重要的管理方式。所有慈善机构都应该递交年度报告。年度报告内容包括：

（1）慈善机构的全称；

（2）章程确立的宗旨、任务和性质，机构的组织形式及其登记号码；

（3）信托人数；

（4）慈善机构地址；

（5）财务、律师、审计员、投资顾问的姓名与地址；

（6）管理文件中的具体规定；

（7）投资权利与权力。

法律要求慈善机构必须以规定形式准备其活动和账目的年度报告。根据慈善组织的规模，小型慈善组织要提供简单的年度计划说明，附上支出和收据作为证明。这些必须可以随时提供给慈善委员会或任何善意检查者的检查，但并不需要作为惯例定期呈报给慈善委员会。报告和负责制度的要求和审计要求增加了慈善活动的复杂性。对于拥有每年10000英镑或更多（有的能达到60000英镑）资金周转额的慈善机构来说，年度报告必须呈报慈善委员会。这样，它们就自动受到公众和慈善委员会的双重监督。

最近的新改革加强了慈善委员会的监管职能。新慈善法将赋予慈善组织更多的职责。慈善委员会的责任是，使慈善机构为公共利益作出贡献并向公众开放更多。这反映了慈善管理制度的基本原则，即慈善机构之所以有特殊的身份和权利，是因为它们为公共利益而服务。

现在，慈善委员会监管职能的核心是，监督六万家左右已登记慈善机构年周转额达到或超过慈善委员会的最低规定——每年10000英镑。监管职责由两个部分组成，检查它们的资金周转额，确保它们的活动符合《慈善使用报告指南》的要求。慈善委员会网站上的登记簿会逐渐公开慈善组织的活动信息和财政状况，这样人们就可以立即看到慈善组织用善款都做了些什么。监管也是慈善委员会同已登记的慈善机构保持积极互动关系的一部分。这主要是处理慈善委员会职责范围内的事务。这可能会关系到慈善组织的法律框架和权力，或者说它的管理、财政状况等。监管的实质是，保证慈善机构运作时遵守法律，有能够最大限度实现它们目标的制度，采取好的方法处理事务。慈善委员会并不而且不能直接监管慈善机构实现目标的有效性。慈善组织独立性的原则确实意味着托管人决定着慈善组织如何实现慈善目标，而这不是慈善委员会的职责。

## 6.6　具体登记管理方式

### 6.6.1　登记注册

根据慈善委员会的文件（CC21），一个组织如果达到了申请慈善地位的要求和进行注册的最低要求必须到慈善委员会进行注册。

一个慈善组织必须符合以下一项或多项财产要求才可进行注册：

（1）年度经费超过 1000 英镑。

（2）使用或占有土地或建筑物。

（3）拥有永久性资产（也就是不能动用资产本身，只有这一资产带来的收入可用于慈善目的）。

豁免慈善机构不受慈善委员会的监督，委员会对其不予注册。

根据 1993 年慈善法，豁免慈善机构是指：按照 1993 年慈善法第 2 条建立并以慈善为目的的机构；或，一个共同的投资基金下设立的慈善机构，该机构享有豁免注册的权利。

豁免慈善机构包括一些教育机构、多数大学、国家博物馆。这些机构不受慈善委员会监督的原因是其他的团体或权力机构已经对其负责并进行管理。同时，像注册的慈善机构一样，豁免慈善机构要遵从慈善机构普遍适用的法律规定及 1993 年法令的各项规定（有特殊规定的除外）。

还有一些慈善机构无法进行注册。这些机构有的达不到以上所列出的注册所需最低要求，有的按照法律或委员会法令的特殊规定不得进行注册。

这些例外的慈善机构不能在慈善委员会进行注册，但它们仍受委员会的监督并需要遵从 1993 年法令的各项规定。

慈善机构的注册过程很简单，只需如下文件：填写完整的申请表，被采纳并依照行使事务的组织管理文件两份，过去三年间的财务账目副本，经所有理事签名的理事宣言表格以及支持本机构进行注册的信息,例如:专家独立评估,营业计划,回顾,宣传文献,新闻剪报等。注册不需缴费。所有申请者在发出申请后 15 日内将得到委员会的答复。如果委员会认为某组织不具备慈善性质将会书面回信告知。如认为具备慈善性质将发信确认注册及注册代码并把该组织详细信息存入公开的慈善机构注册中心。注册后慈善组织每年应向委员会提交下面内容:

——财务记录明细。

——向慈善委员会递交年度报告,并附有收支报表、检查员或者审计员的报告以及受托人的年度报告。

——向慈善委员会告知其管理文件的任何变化(如年度大会召开日期或受托人会议次数的变动)。

——向慈善委员会告知其注册登记内容中任一细节的变化(如通讯地址)。

——向慈善委员会告知慈善机构的解散。

每一个注册登记过的慈善机构都将得到一个独有的、显示其慈善地位的编号。慈善机构因其年收入规模不同而相应受到不同程度的监管。概言之,有如下四种规模:

(1)年收入在 1000 英镑以下的小型慈善组织:不予以注册登记,但若接到公众对该组织违法行为的举报时,仍对其具有监管权力。

(2)年收入在 1000 ~ 10000 英镑的慈善组织:应当注册登记,每年提交年度报告。

(3)年收入在 1 万 ~ 1000 万英镑的慈善组织:应当注册登记,每年提交详细的年度报告,包括财务及活动的明细。

(4)年收入在 1000 万英镑以上的慈善组织:应当注册登记并接受慈善委员会的重点监管。

对于慈善机构提交的所有文件,慈善委员会需向公众公开。

### 6.6.2　慈善团体的名称

名称是公众认识慈善机构的最主要的途径,因而对其所用名称有一系列规定。所用名称必须足够清楚以避免混淆，并不得以任何方式误导公众。其具体规定如下：

（1）慈善机构的名称不得使用冒犯他人的措辞。

（2）慈善机构的名称不得使公众对该机构的目的或活动造成误解，不得使公众认为该机构与政府、地方政府或其他专门机构有一定联系。

（3）慈善机构的名称不得与已存在的登记过的其他慈善机构名称相同或相似。

（4）慈善机构名称若含有如下字眼须征得事务大臣以及慈善委员会的批准。

☆不列颠，英格兰，英国，欧洲，大不列颠，英联邦，国家的，国际的；

☆权威，保证，慈善的，教会，官方的，注册的；

☆与皇家相关的字眼。

（5）银行，合作组织，友好型团体，红十字会，工会，专利代理，学校，大学，或者暗示医学资格等的字眼只有在符合相关法律情况下才准许使用。

（6）慈善团体的名称必须合乎关于其法定组织的要求，如1981年的公司和商业名称规程。

（7）在名称当中使用诸如慈善、公益等字眼的公司必须在成立证书颁发前获得商务国务卿的批准。公司注册署需要有来自慈善委员会的注册登记的证明才能予以批准。

慈善委员会在慈善团体注册登记之前无权主张其改变名称。但在某些情况下一旦慈善团体已登记注册，它则有权要求其改变名称，但不能为其提供名称建议。

名称在注册后并未赋予慈善团体在一般法律意义上对这个名称的任何权利。由于可能被未进行注册的团体以及向其他管理机构登记注册的慈善性或者非慈善性团体使用，因而注册不能确保某一特定名称的专用权。名称的专利权可以向专利局申请。

### 6.6.3 募款

募款要遵从一系列法律规定，其中最重要的包括如下几条。

**1. 公开募捐：入户募捐与街头募捐**

入户募捐主要由 1939 年的《入户募捐法案》、1947 年和 1963 年的《入户募捐规定》来规范。它包括去酒吧、工厂或者办公室募捐，或者为慈善进行义卖，须持有许可证或免税证件。在大城市的警区，许可证由警方专员批准；在伦敦市由市参议会批准；其他地方则由地方主管当局批准。较大范围内的募捐（如整个英格兰和威尔士地区或者此地区的重要城市），免税证则由内政大臣批准。而对于在短期内完成的地方性募捐，许可证或免税证则由当地警方颁发。

街头募捐主要指在街道或者公共场所举行募捐或者义卖活动，它受 1916 年的《警察、工厂等法案（杂项规定）》、1974 年的《慈善募捐规定（过渡性条款）》以及 1979 年的《街头募捐规定（大城市警区）》等法令的规范。街头募捐通常需要获得跟入户募捐同样的许可证，但这不是必须的。但是当地的主管当局有权禁止在某些场所进行募捐活动。

**2. 彩券法**

慈善活动主要有两类彩券——小型彩券和公共彩券，受 1976 年的《彩券与娱乐法》规范。

小型彩券如果在游乐园、集市、宴会等免税娱乐场所发放，在符合下述条件时可以不进行登记注册：不含有现金奖励，奖券的出售和发行以及结果的宣布必须在该娱乐场所营业期间进行，购买彩券不得超过 250 英镑。

公共彩券，如果销售总额超过 2 万英镑，或者同一年度内彩券销售总额超过 25 万英镑，则属公共彩券，须到地方当局或者博彩委员会注册登记。

**3. 职业募捐者和商业合作者**

1992 年的《慈善法》及 1994 年的《慈善机构（募捐）规程》规定了两类募捐者。要成为职业募捐者或者商业合作者，他们必须同慈善机构签署书面协议。在募捐时，他们须发表声明向公众或可能的捐献者告知如下信息：捐献中有多大比例将被募捐者用来支付费用，慈善机构将如何从中受益，以及如何将资金转移到慈善机构等。

**4. 募捐的其他规章制度**

为某一特定目的募捐所得的资金只能用于该目的。

赠与物、捐献以及礼物不得索求除答谢之外的任何回报，不得签订合同。

远程募捐活动，包括电话募捐、广播呼吁、直接邮寄、电子邮件、因特网、连锁信件等，由相关法律进行规范。

物品或服务的出售必须遵守贸易、税收、增值税（VAT）、职业募捐者和商业合作者的限制，以及远程出售的规定。

对具有挑战性的户外活动、竞赛、游戏等也加以规范。

### 6.6.4　交易

任何物品、服务或由支付提供的其他收益——服务用户、团体成员、公众、法定机构、商务事业等，都被认为是"交易"。慈善机构有下列几类交易。

第一，通常不被认为是交易收入的有：捐赠物品的出售，在没有提供服务时对土地和建筑物进行出租的许可。

第二，"首要目的交易"的获利除增值税（VAT）以外都享受免税优惠。"首要目的交易"指在实现慈善机构的主要目的过程中所进行的交易。典型例子如：由慈善学校或大学所提供的教育服务的课程费用；由慈善受益人所参与进行的交易；由慈善艺廊或博物馆举办的艺术展览的门票费用；由住宅慈善机构提供的住宿费用；由戏剧慈善机构进行的义演门票的出售；以及由慈善艺廊或博物馆举行的某些教育物品的出售。

第三，作为慈善机构募捐方式的"非首要目的交易"。根据慈善法律规定，慈善机构不得擅自进行实质意义上的非主要目的交易。但针对慈善机构进行的募捐类活动则有特别规定：

（1）小数额的非主要目的交易收入，最高不超过 5 万英镑的，享受免税待遇。所谓小数额是指年度交易收入总额不超过 5000 英镑，或不超过慈善机构年收入总额的 25%。

（2）募捐活动收入享受免税待遇。也就是说，活动的举办目的主要在于募集资金，并且这一目的已被在场者清楚了解。

在其他情况下，受托人应考虑成立辅助的交易公司来进行交易。交易所得利润可以根据礼品赠与法案以低税赋交给慈善机构。掌握组织交易公司的技巧是重要的。以理事会结构为例，通常应有至少一人作为慈善机构的受托人，且此人不得担任交易公司的主管；至少有一人是交易公司的主管但不得担任慈善机构的受托人。对投资活动也应加以规范和管理。

在过去的十年中，"合同文化"在英国兴起。越来越多的慈善团体开始同公共机构签订有法律效力的协议（合同），代表公共机构向公众提供服务。通常慈善团体会成立一个单独的公司来提供服务，以保护受托人规避个人债务和风险。慈善机构设立的公司有两类：慈善性公司和非慈善性交易公司。

### 6.6.5　小型慈善机构

年收入低于 1000 英镑的为小型慈善机构。它们以更恰当、更高效的方式使用这笔收入和资金。没有法律规定这些小型慈善机构必须向慈善委员会递交年度报告，但一经要求它们必须提交这些报告以供详细审查。

### 6.6.6　会员制慈善机构

会员制慈善机构的成员分为两类组织管理的权力类型：与决定慈善团体组织结构相关的权力；直接关系到慈善机构运行的权力。下列情况会导致会员制慈善机构产生问题：受托人对其自身角色及对其成员所担负法律责任含糊不清；会员对其角色及对慈善机构所担负法律责任含糊不清；管理机构不健全；受托机构对吸收会员设置障碍；受托理事会能使自身永久存在下去且不代表潜在受益人；会员或受托人有意滥用选举程序和权力；管理安排薄弱。

### 6.6.7　宣传和政治活动

慈善机构不允许带有政治目标，但有必要对政治目标和得到许可的政治活动进行区分。政治目标或目的意味着：旨在促进某一政治团体的长远利益；旨在国内外保护或反对法律中的任何变化及中央或地方政府的政策或决定。经许可的政治活动则指促进慈善机构目的实现的合法手段，包括：影响政府决策或立法；为英国国会议员或政府提供信息；游说其会员以支持议会的某项事业；进行非党派议会活动；为公众提供信息或宣传等。应特别指出的是，慈善机构进行宣传活动时应了解广告标准局的规定。

### 6.6.8　慈善受托人的责任

慈善管理机构的主管或成员被称为受托人。他们必须遵守《信托法》以及 2000 年的《受托人法案》。受托人必须对慈善机构的活动和财产全权负责，主要包括：保护财产安全；对慈善机构进行恰当管理；不以营利为目的；齐心协力打造优秀的慈善机构；记录财务明细；投资时遵守相关管理文件；合理谨慎地应对涉及慈善机构的一切问题；关注慈善机构的利益等。

通常，受托人只有在慈善委员会规定的特殊条件下才能获得来自慈善机构的财产收益。但诸如受托人会议的火车票费用等合理的、需现款支付的花费他们可以报销。

如果受托人谨慎、合法、照章办事，其所引发的债务可以由慈善机构来支付。但若不按规定行事，他们则违反了信托法，对由此导致的债务负个人责任，或赔偿慈善机构损失。由于受托人对慈善机构进行共同管理，他们通常要负共同责任，但对慈善管理中合理导致的债务一般不负个人责任。

### 6.6.9　成功慈善机构的特点

慈善委员会认为一个成功的慈善机构通常有下列特点：

（1）注重影响和结果。一个高效的慈善机构会考虑它想取得的影响以及对受益人所产生的实际影响，它往往有明确的目标、愿景、任务和价值观，以及达到这些目标的方式。

（2）合乎目的。一个高效的慈善机构的结构、政策还有程序使它能够有效地贯彻自己的任务、目标，有效地提供服务。

（3）良好的管理。一个高效的慈善机构通常由一个明确的受托人机构来管理，它平衡运用技巧和经验进行高效率的管理，根据慈善机构和受益人的最大利益行事，明确自己的责任并通过恰当的体制保障来高效地履行责任。

（4）发挥最大潜能。一个高效的慈善机构会充分利用其资源来发挥最大效能。

（5）负责、透明。一个高效的慈善机构会以一种透明、可理解的方式对公众和其他利益相关者负责。

（6）灵活。一个高效的慈善机构会灵活影响并适应其所处环境的变化，以满足其服务对象的不断变化的需求。

## 6.7 慈善委员会

### 6.7.1 慈善委员会体制

1601 年的法案就已建立慈善机构管理这一概念，此法案本身就是为了要规范滥用慈善信托基金。慈善委员会于 1853 年作为公共团体而成立。从那时起，它的角色已经被重新定义了好多次。它现在身兼二职，既是慈善机构的登记者，也是慈善机构的管理者，同时发挥着很多目的性的职能。

慈善委员会是根据慈善法律所设立的负责英格兰和威尔士慈善组织登记的非部委机构（也被称作公共机构）。现在，慈善委员会是有近 600 名工作人员的公共机构，每年预算接近 3000 万英镑。1993 年慈善法案规定，慈善委员会是个非部长政府部门，拥有法定权力。它由五名委员领导，首席委员为全职，是整个部门的领导人（他属于行政管理人员而非律师）；两名法律委员，一个全职，一个兼职；一名兼职会计委员；还有一名委员来自于志愿部门。内政大臣任命委员

（根据公开任命的要求，进行公开竞争），但委员通过内政大臣向议会负责。慈善委员会的财政预算从公共基金中来（委员们要对内政大臣负责，保证部门的有效运行）。慈善委员会在行使法定权力时独立于政治程序，对慈善组织采取行动时向法院负责。慈善委员会虽不属于政府机关的一部分，但在某种程度上如同政府的臂膀，完成政府的某项功能。根据新的改革提案，慈善委员会会是一个公共机构，和政府保持一定距离。

由英国政府部门资助的非政府公共机构大约有800余家。根据不同的资金安排、职能和活动，它们可以分为四类：a. 执行事业机构——依法成立，行使管理、规范和商业职能，有自己的员工和独立的财政预算。b. 咨询事业机构——就具体的感兴趣的课题向部长提供独立、专业的建议。通常没有自己的员工，但得到其资助部门的员工支持。因其花费由资助部门支出，故没有独立的财政预算。c. 裁决事业机构——在法律的特别领域有权限，通常由资助部门提供人员支持，没有独立的财政预算。d. 独立监管理事会——即通常被称为"看门狗"，其职责是确保公共财产的安全，对使用公共财产者进行监督并保证受益人的受益，其费用由其资助部门提供。

### 6.7.2　慈善委员会的职能

慈善委员会在下列四个主要方面行使法定职能：

#### 1. 登记注册

英格兰和威尔士地区所有未享受特殊优惠政策或未免予注册的慈善团体必须到慈善委员会进行登记注册。在每年的 8000～9000 份注册申请中，约有 5000～6000 得以成功注册，大约有 1/4 会注册失败。

#### 2. 提供支持

无论慈善团体是否进行登记注册，慈善委员会有责任向其提供信息、法律政策咨询等方面的支持，以促进公共资源的有效利用。

#### 3. 监督管理

慈善委员会对慈善团体进行监督，以确保受托人依法行事。对注册过的慈善团体进行年度监管。慈善委员会有义务就公众、慈善受托人或者媒体对个别慈善团体的举报作出回应。

慈善委员会受理下述举报：严重的管理不善诸如违反慈善法律的行为；或者在有损害或损害风险出现时，委员会应进行相应的权力监管；或者有明确证据表明权力滥用。

慈善委员会对下列情况的举报不予受理：举报人仅因不赞同慈善机构在宪法法律允许范围内作出的某项决策而举报的；属于对一项政策产生的内部分歧的；针对某项服务不佳但未对慈善机构的服务构成普遍危险的；举报人担任另一法定或者监管机构负责人的。慈善委员会有责任确保每一位举报人了解谁是受理其举报的合法机构——不管是委员会还是其他机构。

### 4. 对慈善机构不当行为和错误管理展开调查

慈善委员会在监管慈善机构时有等同于法院的权力，可以在如下情形中对慈善机构展开调查：慈善机构并无正当理由而未提交账目明细或年度报告的；慈善机构被举报或引起广泛关注的；管理者移交权力的；被公众起诉的。在 2003～2004 年间，慈善委员会共开展了 423 起调查，涉及金额达 2000 万英镑，行使监管权力 1021 次。

慈善委员会无权管理慈善机构，通常不会干涉受托人决策权的行使，仅在慈善机构有违背法律的不当行为或错误管理情况下进行干预。它无权向慈善机构进行捐赠。

慈善委员会的本质是制定明确的法律政策促进慈善事业发展，这与通过税收管理的方式不同。所以它是慈善部门的独立合作伙伴，行使权力以保持慈善概念和慈善法的可信性，提高慈善事业标准。慈善委员会的工作重点是致力于鼓励慈善机构管理、行政和财政管理高标准化。因此，尽管慈善委员会应该被看作是监管机构，但是对监管职能的理解是广泛的，并且强调预防性工作，不侧重于调查和执行。

慈善委员会的登记职能，既是法律性的，也是行政性的。慈善委员会的角色是决定什么组织拥有慈善身份，这使得慈善委员会成为慈善法中第一个也是非常重要的决定者。有少数慈善身份案件会诉诸法庭，所以慈善委员会的角色至关重要。

### 6.7.3 慈善委员会的组织构成

慈善委员会在四个城市共有 550 名员工：伦敦 139 名，利物浦 200 名，汤顿 170 名，纽波特 41 名。这 550 名员工中，有 120 名负责慈善委员会的内部运作，约 80 名负责登记注册，还有 25 名法律专家和 25 名会计师。

慈善委员会的管理组织如下：

（1）理事会由 5 名委员组成，他们是慈善委员会的决策层。理事会通常每月召开一次，重要行政人员都参加。

（2）行政长官负责慈善委员会的行政事务，在理事会的领导下行事，并协调委员会的不同部门。

（3）慈善委员会主要有五个职能部门。每一部门又有几个分支机构。这五个职能部门是：

第一，秘书处。由 8～10 人组成，主要负责一般事务，处理文件，进行协调等。

第二，政策决策司。是负责颁布慈善规章的重要部门，主要涉及慈善机构的直接的政策和管理事务，有 17 个分支机构，包括：职能管理处；小型慈善机构管理及联系中心；管理和能力建设处（伦敦/利物浦/汤顿）；登记处，其中 80 名员工负责慈善机构的注册登记工作；威尔士办公室；客户服务处，进行顾客调查；策略与变化处，进行研究和面向未来的政策制定；监管报告处，制定一般的管理政策；慈善机构政策处，制定注册登记的政策；管理报告处，制定慈善机构的管理条例；战略单元反馈处；出版物和指导处；电子商务规划处，旨在慈善委员会内部促进电子商务实行；为内部人服务的公司规划和评议处；作为基础支持的政策财务处。

第三，职能交流司。由 9 人组成，负责公共关系、媒体、宣传，应对来自公众、网站的质疑等事务。

第四，资源司。资源司是慈善委员会内部的一个支持性机构，由 23 人组成，下设 9 个分支机构，包括：采购总监，人力资源总监，人力资源招聘总监，财务总监，资源管理总监，IS 总监，设施管理总监，记录和信息管理总监，以及虽非支持性机构但是负责慈善机构账目的财政规范部门。

第五，法律服务司。由律师组成，为慈善管理委员会提供法律咨询。有 3 个部门：功能法律框架（汤顿功能副监理和利物浦功能副监理）；法律合规性和管理监理（汤顿功能副监理和利物浦功能副监理）；政策功能监理和副监理。

### 6.7.4 慈善委员会运作原则

慈善委员会在其工作中坚持下列原则。

**1. 透明**

在出版物、声明以及涉及单个慈善机构时，慈善委员会应该：

——用平实的语言清楚地解释法律法规；

——公开宣布其决策制定标准；

——阐明其对慈善机构依法办事的期待；

——关注公民的上诉权利和对影响他们的决策进行质疑的其他方式。

**2. 负责**

慈善委员会：

——每年向内政大臣以及议会作上一个会计年度的工作报告；

——每年接受国家审计局审计以及议会公共账目委员会的定期检查；

——在网站定期公布报告和重要决策的制定根据；

——公布国债服务协议，以表明它们符合要求及促进工作、服务；

——通过有权废除它的最高法院为其法律决定负责，亦可不经法院而要求通过内部评议来质疑其法律决定；

——由议会监察专员对其进行裁决。

**3. 独立**

慈善委员会通过独立行使职能为公众利益服务。它同慈善机构、伞状组织、地方和中央政府机构以及需其负责的其他机构合作。它要对这些部门的利益观点接纳并作出反应，它会不偏不倚、秉公自主地作出决定。

**4. 比例原则**

慈善委员会关注它认为通过干预会对慈善团体以及受益人有较大影响的事务，努力确保所采取的行为。

使得所有慈善机构，不论规模大小，都有权免费接触联系中心以及出版物。

**5. 连贯性**

这意味着：确保任何情况下它的决策和行为正确无误，并与法律、公布的政策以及委员会的其他决策保持一致。它会参看其他监察机构的法律规定以避免重复或冲突。

**6. 公平**

在行使其法律职权时，慈善委员会将秉持公平原则，作出适度、合理的反应。

**7. 多元化和公平**

慈善委员会推崇多元化。遵守多元化以及公平法律规定，并致力于促进同慈善机构以及委员会内部事务中的多元与公平。

### 6.7.5　慈善委员会的内部运作

慈善委员会在其办事处设有慈善机构登记中心。目前登记中心共登记慈善机构数量超过 19 万家，登记分类为：

- 字母顺序
- 活动类别
- 地理位置
- 规模、收支情况
- 慈善类别

这些分类标准仍在不断扩展之中。

每份档案均包括详细的登记资料、年度利润报告及账户资料。

登记处在正常的办公时间对外开放。1993 年慈善法第四章写道："机构在慈善机构登记处登记后则应被视为慈善机构。"因此可以到登记处查询慈善组织的登记情况。

慈善委员会的主要工作是登记新的慈善机构，为现有慈善机构作出"计划"，处理法律事务。除非在其自身的监督过程中发现问题或由公众、媒体、审计员，或独立检察官的工作而引起，慈善委员会很少直接干预慈善机构的事务。慈善委员会会应慈善机构理事的要求而参与慈善机构的工作。这需由客户服务处完成，该处在 1995 年接到了 19000 起寻求帮助或建议的请求。

在 1990 年之前，慈善委员会的主要工作是监督，现在由于登记处广泛使用电脑，加之其他工作投入，委员会的工作效率大幅提高。

慈善机构公营保管人由国会确定，负责为慈善机构保管信托财产，提供相应服务，不收取任何费用。其办公室属于慈善委员会的一个处。他可以代表慈善机构信托人保管土地或个人财产。在 1991 年前，公营保管人还可以代表慈善机构信托人保管股票，收取红利利息，交纳所得税，不收取费用。1990 年，公营保管人代表 41000 家慈善机构处理了 8500 万英镑的资本交易，收到了 9400 万英镑的红利与利息。

1992～1995 年，公营保管人的投资保管职能逐渐减弱，主要是出于节省成本的考虑。这项繁重的工作得以高效完成，所有股票与现金均转至相关慈善机构的理事，收取红利、交纳税款的工作由其自己完成。

为了缓解公营保管人工作暂停造成的影响，慈善委员会鼓励慈善机构考虑使用常规投资基金，尤其是那些无力聘用职业金融顾问的慈善机构。常规投资基金由慈善委员会根据 1993 年慈善法规定安排，其运作模式类似单位信托，其投资方式比单独慈善机构广泛。慈善机构可以以慈善机构的名义注册单位，而不必用单独的信托人的名义，这样，可以避免信托人变化造成的问题。常规投资基金只用于慈善机构，负责人要确保发放所有红利利息。

慈善委员会既要向慈善机构提供帮助，同时还要承担其监管者的职责。因此，慈善委员会设立了登记处、客户服务处等处。

慈善委员会向各慈善机构理事邮寄委员会宣传册，理事则需要完成并递交年度利润报告。

从一开始，慈善委员会就有权力对管理不当或资金利用存在风险的慈善机构进行干预。现在这个权力也已经被强化，使得慈善委员会能够调查可能存在的滥用或不当管理，然后采取补救措施，比如撤销托管人，冻结资产。但是使用干涉权是最后的手段，慈善委员会应尽早辨别问题，在需要强制执行之前，采取正确行动进行补救，在案发之前进行评估。

慈善委员会的基本目标是保持公众对慈善机构诚信的信心。具体地说，就是要求慈善机构提供年度报告，反映遵守法律和会计制度的情况。

慈善委员会的首要目标是保证慈善机构能够在有效的法律、责任、管理框架下最大限度地发挥自身潜力。慈善委员会以两个目标作为支撑，即"促进良好管理、优秀工作和责任制度"，"保证遵守慈善法，处理滥用和不良做法"。

## 参考文献

1. 贾西津：《英国善治研究报告》，北京，2005。
2. 理查德·弗莱斯：《英国慈善法律法规》，伦敦，2004。

# 第 7 章　英国政府与民间的
## 伙伴关系

　　"伙伴关系"是 20 世纪最后十年以来，在政府与民间社会关系发展中受到重视的模式之一。1998 年，英国政府首先签署 COMPACT（政府与志愿及社区组织关系协定），将政府与民间组织的伙伴关系作为国家政策提出，并在英联邦不同地区、不同层次的政府中得以实践。其后，欧洲一些国家、加拿大、新加坡，陆续出台类似的政府与民间协议，将伙伴关系进一步推进。本章围绕英国的 COMPACT，从其理念的提出、原则和内容、操作机制、在社会上产生的效果及其欠缺之处，介绍和分析英国的政府与民间伙伴关系建设，在此基础上进一步对伙伴关系的概念、内涵作出分析，并从政府和民间组织两个方面，分别看伙伴关系如何形成与发展，寻求英国的实践所能给我们的启示。

## 7.1　什么是 COMPACT

　　COMPACT，是《政府与志愿及社区组织关系协定》（The Compact on Relations between Government and the Voluntary and Community Sector）的简称，它是英国政府与志愿及社区组织之间确立合作伙伴关系的法律协议。COMPACT 具体由五个方面的准则构成，包括：资金与政府采购准则，咨询和政策评价准则，志愿准则，黑人和少数民族志愿及社区部门组织准则，社区准则。这些准则确定了政府和其他组织之间相关的合作原则和各自责任。

COMPACT 作为英国国家政策于 1998 年由布莱尔首相代表英国政府和代表志愿及社区部门的 COMPACT 工作组共同签署。基于英国法治、联邦的体制，COMPACT 有两个特性值得指明：

第一，这个协议不具备法律约束力，它不是立法，而是政府和公益组织之间合作的备忘录，它的效力来自于政府与公益组织之间的磋商。

第二，首相签署的 COMPACT 的适用范围主要指英格兰和威尔士地区，适用于国家政府部门，包括中央政府的地域办公室、政策执行机构、非部门公共体（NDPBs：non-departmental public bodies），政策惠及范围包括志愿和社区部门的一系列组织。但中央政府的 COMPACT 不直接适用于地方，不过中央政府可以向全国范围推荐，大多数地方政府于 2000 年左右签署了地方 COMPACT，作为英联邦一部分的苏格兰和北爱尔兰其后也签署了自己的 COMPACT，故而作为一种政府与民间的伙伴关系原则，COMPACT 可以说是英国全国范围的一项政策。

由于 COMPACT 原则比较详细，文件共有五册，在操作中显示出实用性上的欠缺，因而中央政府于 2005 年推出 COMPACT 简版（COMPACT-PLUS），将五项准则概括为每项只有一页纸的核心原则，地方政府亦是自愿选择签署，简版使得 COMPACT 在实践中更加明快了。

## 7.2　COMPACT 在英国的产生背景

COMPACT 作为一项国家政策，其原型却是 1995 年英国一个志愿组织——英国全国志愿组织联合会（NCVO）组织起草的一份调查报告。当时，英国的志愿部门尽管早已深入社会生活，但是政府始终并不真的将之认真看待。1980 年代中后期以来，英国的志愿组织就在积极倡导改善与政府之间的关系，在部分地方政府中也取得一定进展，但步履非常艰难。1995 年，NCVO 发起一项前瞻性的研究计划，对英国志愿部门的 21 世纪作出展望。为提出该前景，它请出在志愿部门享有声望的迪肯教授，委任他组建迪肯委员会（Deankin Commission），用整整一年的时间，在全英范围内就志愿部门展开调查，提出建议报告。迪肯委员会在经过对各类志愿部门、地方政府、专家、其他机构及公民的大量调查之后，提出了《迎接挑战——21 世纪的志愿行动》，该报告建议在政府和志愿及社区组织之间建立合作伙伴关系，并呼吁就未来关系的基本原则出台正式协议。其建议中政府与民间组织合作的一些核心原则，也是后来 COMPACT 的雏形。

当时，在野已 16 年的工党正在积极寻求新的国家治理思路，其中开拓与在英国具有悠久历史、正在全球重新兴起的志愿部门的合作关系，推进社区发展，也在工党的发展战略之内。工党很快意识到了 NCVO 报告的价值，1997 年 5 月工党在大选中终于重获执政地位，当年工党就与志愿和社区部门就"共建未来"（Building the Future Together）发表了一项政策文件，双方都认为政府和民间公益组织之间有许多功能上的互补性和价值观上的一致性，发展一种合作伙伴关系将是很可取的。1998 年，COMPACT 被作为一项国家政策正式签署，就英国政府和志愿及社区部门组织之间的合作关系阐明了原则框架。

COMPACT 是经过政府与民间志愿和社区部门之间广泛协商才确立起来的。首先是在志愿部门联合性组织 NCVO 的动议下，由专业力量支持，基于一年时间对志愿部门、社区、政府有关部门等调查，提出基础扎实、代表广泛的前瞻性报告。在工党接受其基本思路后，又经过了再次的多方讨论、广泛交换意见，成立综合性的协议促进机构，才提出五项准则。其提出过程本身是多元利益相关者参与的，尤其重要的是其基本原则是志愿及第三部门内部首先酝酿出的，这对于协议的作用有很大意义。

## 7.3　COMPACT 的基本原则和内容

### 7.3.1　COMPACT 的基本理念

COMPACT 的基本原则被表述为以下五条：

（1）一个健康的志愿与社区组织是民主社会的必要组成部分。

（2）与志愿和社区组织发展合作伙伴关系将有利于制定更好的政策、提供更好的服务以及取得更好的社区治理效果。

（3）合作伙伴关系需要较强的关系纽带，例如整合和开放的关系。

（4）政府可对志愿与社区组织扮演资助者的角色。

（5）充分尊重志愿和社区组织的独立性。

可以将其思路概括为认知、独立、合作、辅助原则。所谓"认知"，首先是政府对志愿及社区部门对社会的意义和在公共治理中地位的认知，COMPACT 将志愿及社区部门的发展明确提到了"民主社会"要素的层面，并认可其在公共政策、公共服务、社区治理中的作用。所谓"独立"，是将志愿及社区组织的独立性作为政府与之合作的基础，伙伴关系是两种独立主体之间的协作，而不是一种雇佣、助手的关系。从实践中看，决策及运作的独立，是民间组织能够发挥其优势、双方合作的前提。所谓"合作"，是英国政府与民间组织关系的特点，即双方有比较紧密的关系，而不是分离、疏远，或对立的，在慈善服务、政策参与领域均是如此，工党更将志愿及社区部门作为战略合作伙伴关系，政府与民间的关系纽带更强了。所谓"辅助"，是指政府帮助民间组织的角色，法、德有代表性的"辅助原则"，即指社会应自下而上构建，每上一层级对下一层级有支持帮助的责任，英国虽然没有使用这个词汇，但在政府与民间组织关系上是有此含义的，政府通过资助、咨询、开放等途径，对民间行为提供帮助，促进民间组织在社会中发挥更重要的作用。

为实现上述原则，COMPACT 分别针对政府和志愿部门，提出了各自需要承诺的责任。

政府的基本承诺主要有四条，前两条是与 COMPACT 原则相应的实施和独立原则，后两条具体针对资金合作与政策合作这两项核心合作关系而言，使合作更加有效：第一，在政府系统内促进 COMPACT 的施行；第二，尊重志愿与社区组织的独立性；第三，对志愿与社区部门的咨询要在足够早的时间进行，以便政策咨询是真正有效的；第四，在资助公共服务时要意识到提供服务的成本。

志愿与社区组织的承诺主要也有四条，强调了其包容多元性和自身责任：第一，在志愿与社区组织内促进 COMPACT 施行；第二，组织要以开放、负责的方式运作；第三，使各种利益相关者都能充分参与，以实现包容多样性；第四，对公共政策作出建设性贡献。

政府和志愿与社区组织共同承诺：一起工作，为提高社区治理的效果而努力。

### 7.3.2 COMPACT 的主要内容

COMPACT 协议由五个方面的准则构成，包括：资金与政府采购准则，咨询和政策评价准则，志愿准则，黑人和少数民族志愿及社区组织准则，社区准则。每一方面的准则，都设立有一些基本原则，同时明确为了实现这些原则，政府应该作出什么承诺，志愿部门作出什么承诺。可见它是一种双向的、互为承诺的协议。分析这五项准则的内容，政府采购和政策咨询可以看作是 COMPACT 的核心，在实际运作中，资金又是各个问题围绕的关键，志愿准则是对志愿者参与的特别强调，黑人和少数民族志愿及社区部门组织准则是专门针对该特定群体的强调，社区准则在更基层的社区层次，构成与广泛志愿部门协议的相互呼应。从而，可以把 COMPACT 结构归为图 7 - 1 所示的关系。

#### 1. 资金与政府采购准则 （Funding & Procurement Code）

资金准则最先于 2000 年颁布，2005 年被资金与政府采购准则所取代。资金与政府采购规则主要规定了政府对志愿部门的资金支持和志愿部门参与政府采购应遵循的准则。

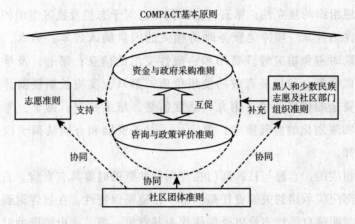

图 7 - 1　COMPACT 原则结构图

它申明下列原则：

（1）结果引导：政府资金支持的效果主要应该将结果或绩效作为核心指标来评估。

（2）简单和均衡：过程应该在与金额相适应的范围内，尽量做到简单。

（3）一致和协调：资助和采购者应该尽力联合和规范，使得资助和采购链对参与组织的阻碍降到最小，从而确保集中于服务。

（4）透明和有责信：在支出预算上要允许信息充分的决策，政府和志愿部门都需要从已有的工作中学习。

（5）决策和对话：这有助于建立信任并在服务结果受到影响之前识别和克服问题。

（6）互谅：彼此理解对方的需求和要求，有助于避免问题和获得更好结果。

为达到这些原则，政府应该促进公平的准入和资金获得机会，尤其对于边缘群体而言。政府的关键责任包括：第一，尽可能地给予志愿和社区部门参与项目设计的机会；第二，对于有关资助获得或合同中标的判定方面的信息，要在申请表格中充分体现；第三，讨论可能的风险，并使之最利于公共部门或志愿及社区组织的操作；第四，尊重志愿组织的独立性；第五，意识到自己对于志愿及社区组织的合法性，在估价某一项特定服务时将相关的因素纳入成本；第六，在公共采购时避免追究管理费用和一般性支出的信息；第七，及早支付费用以便资金获得最有效的使用价值；第八，实施长期资助计划以获得资金的优选价值；第九，适度监督，结果控制；第十，考虑联合的和规划化的监管要求；第十一，对于资助和合同结果予以充分的告知。

相应的，志愿与社区部门在应用公共资助时要具有责信。志愿与社区部门应承诺的关键责任是：第一，遵循保密性，在被咨询到项目设计时明确自己代表谁以及如何代表其意见；第二，申请资助时确认自己的资格；第三，有明确的责任，尤其是在联合投标时；第四，一开始就认同规范，并清醒意识到自己需要承担的风险；第五，准备好资金管理和项目资助的管理系统，并说明之；第六，诚实透明地进行报告；第七，做好设计以在资助结束时尽量减少对受益者和组织的可能的负面影响。

概括之，资金和政府采购准则是一些帮助政府采购降低门槛、增加公平性、力图以更简洁的方式实现有效服务购买的原则，其思路是将公共资源的合作建立于长期信用资本。一方面，民间组织内部积极发展责信机制；另一方面，政府尊重志愿部门的独立性，以信任、较宽松的态度合作，双方预期于基于信用记录的长期合作关系。为平衡民间组织自主性和购买效果的关系，最核心的是提出了结果引导原则，以及提前介入、简化流程、联合评估等关键技术点。结果引导即以服务结果判断，不强调管理过程判断，结果评估也是当前公共管理中绩效管理的重要原则，它是对责信和自主性的平衡。关键技术包括：为增强标准合理性，应让志愿组织尽早介入项目设计，而不是简单地政府决策、发包、验收的过程，同时简化流程、降低门槛，避免多头评估、评估标准变换等带来过多管理耗费，都是从购买服务实践中总结出来的关键要点。正因为COMPACT的长期立基，它有别于一般购买合同原则，是面向长期伙伴关系建设的。

**2. 咨询与政策评价准则**（Consultation and Policy Appraisal Code）

咨询与政策评价准则发布于 2000 年。准则旨在对于政府针对关于志愿和社区部门的政策的咨询和评价产生正面的影响。咨询与政策评价准则的基本原则是：

（1）计划和咨询应该尽早实施。对于那些受到影响的利益相关方进行咨询，并且留出足够的时间用于反馈。

（2）关于哪些领域可以开放允许改变，以及对志愿和社区部门有哪些潜在的影响，应该有很清楚的表述。

（3）信息应该对那些受影响的利益相关者是可及的，并且政府应该和志愿与社区部门协作来使之可及。

（4）书面材料应该非常清楚而且有不同的版本和语言。

（5）应该通过各种易接近的和多样的咨询方法来最大限度地鼓励参与。

（6）咨询需要提前宣布，从而使反馈的机会最大化，同时应有足够的时间允许反馈。

（7）所有的反馈应该进行分析、沟通，并且广泛发扬。

为达到这些原则，政府承担的关键责任包括：第一，计划一开始，就通过将志愿与社区部门代表融入政府董事团的形式来尽快与志愿部门磋商；第二，提供清晰且简明的咨询文档；第三，给志愿与社区部门足够的时间作出响应，通常最少 12 周；第四，确保妇女的需求和利益，少数民族和社会排斥人群也应该被包括进去；第五，回顾所有的反馈并且在今后的计划中将反馈结果考虑进去；第六，关于发现以及决策的原因向志愿部门开放。

志愿与社区部门承担的关键责任则包括：第一，协同工作，来保证对咨询作出有效的回应；第二，在任何可能的情况下直接同董事会进行磋商；第三，向政府提供清晰而且客观的信息；第四，保证妇女的意见，以及少数民族、社会排斥人群的意见在回应中有所体现；第五，鼓励这些群体的组织来提供自身的回应；第六，尽可能广泛地宣传咨询的结果。

可以看到，咨询与政策评价准则涉及了政策中公民参与的一些关键技术环节，如时间、信息可及性、沟通有效性、反馈性等，这些技术性程序，在有政策参与意向的情况下，是提高参与有效性的关键环节。

**3. 志愿准则（Volunteering Code）**

志愿准则于 2001 年发布，2004 年进行修订。志愿准则强调政府以及志愿和社区组织应充分考虑它们的决策对志愿者所可能产生的影响。主要的原则包括：

（1）选择：志愿活动须是志愿者的自由选择。对参与志愿活动的鼓励行为不应变成任何形式的强制或强迫。参与志愿活动的自由亦意味着人们有不参与志愿活动的自由。

（2）多样性：不论年龄、种族、性取向、信仰等背景，人人都可以参与志愿活动。社会排斥的障碍可以通过技能、经验、自信以及在帮助别人时获得的接触来克服。

（3）互惠：志愿者不计报酬作出贡献，但也应在其他方面获益以使其付出获得价值。志愿时间与技能的给予应被视作建立一种互惠关系，志愿者也从中受益。志愿者所期待的收益包括一种价值实现感，有用的技能、经验、联系、社交、乐趣以及融入组织的生活。

（4）认同：志愿者应该得到公开认可。对志愿者的贡献作出明确的认可，对在志愿者、组织以及政府政策和实践之间构建公平关系起着至关重要的作用。

为实现上述目标，政府承诺的责任包括：第一，审核所有对志愿活动存在潜在影响的法律和法规提案；第二，努力减少现存的障碍，包括志愿活动的募捐障碍；第三，增强志愿活动的价值意识，为志愿者提供机会；第四，鼓励对志愿者更好招募和管理的实践；第五，更好地收集志愿活动的资料；第六，确保志愿者参与政策制定的咨询过程。

相应的，志愿组织承诺：第一，改善志愿者的管理和招募工作；第二，对志愿者进行更好的培训和支持；第三，帮助志愿者找到合适的岗位；第四，向志愿者表达感谢和认同；第五，促进志愿活动的收益。

志愿准则可以视为政府和志愿组织共同对志愿者及其志愿行为的承诺，双方协同创造良好的条件，保护志愿者权利，促进志愿行为。

4. 黑人和少数民族志愿及社区部门组织准则（Black and Minority Ethic［BME］Voluntary and Community Sector Organizations Code）

黑人和少数民族志愿及社区组织准则于 2001 年发布，它承认了黑人和少数民族志愿与社区组织在创建更好社区上所起的重要作用。该准则强有力地阐明了黑人和少数民族组织应是咨询和政策评价过程中不可缺少的一部分。

它的基本原则是：

（1）政府对黑人和少数民族志愿及社区组织的基础设施提供支持以使其有效地工作。

（2）政府必须充分利用黑人和少数民族部门的专家意见，确保他们的各种观点在有效的咨询当中得到倾听和理解。

（3）尽可能地将黑人和少数民族组织囊括进地方 COMPACT 的发展中。

为达到上述目标，政府部门的承诺包括：第一，承认黑人和少数民族组织的独立性及其对机构、政策和实践提出异议的权利，以作为实现种族平等目标的一个组成部分；第二，在政策发展和实施中向黑人和少数民族组织进行合理的咨询；第三，在各政府部门确立种族平等的战略及目标；第四，向黑人和少数民族组织提供获得政府基金项目的合理公平的机会，并考虑对其能力建设提供资金支持的可能性；第五，确保黑人和少数民族组织积极参与当地服务规划以及当地社区战略的评价和发展中；第六，要求对政府项目竞标的所有合作伙伴论证对黑人和少数民族社区的有效协商以及黑人和少数民族社区的参与。

黑人和少数民族部门的承诺包括：第一，在更广泛的志愿及社区部门中扮演更全面和活跃的角色，积极工作以促进种族平等，消除社会排斥；第二，在政府支持下，建立一个反应及时和具有责信的区域结构；第三，鼓励黑人和少数民族部门内部多元群体的合作；第四，向政府反映黑人和少数民族部门关心的事；第五，确保对黑人和少数民族组织的适宜组织和有效管理；第六，对员工和信托人提供质量标准、最好的实践措施，以及其他有效的培训；第七，努力确保黑人和少数民族组织的开放性和活力。

可见，黑人和少数民族志愿及社区组织准则主要针对黑人与少数民族这一群体，对其在政策参与、获得公共资源等方面的公平机会作出了特别的强调，同时也督促该群体内的自我发展和能力建设，促进更积极参与。

5. 社区团体准则（Community Groups Code）

社区团体准则在 2003 年发布。准则概述了各种路径，以保证社区团体的技能和经验能够对政策和服务发展与提高增加价值，尤其是在地区性的水平上。

它的基本原则是：

（1）社区团体具有特殊的，同更广泛的志愿部门不同的视角。

（2）如果有更多的响应时间，更简洁的信息可及性以及更多的资金支持，使更多人参加其中，那么同社区团体的协商将变得更加有效。

（3）社区团体应该一直被包含在地方 COMPACT 的发展中。

（4）社区团体通过其在邻里层次上对于个人和社区的支持工作，帮助建设社会资本和社区凝聚力。

（5）社区团体应该被予以资源，从而在服务计划和提纲中扮演更重要的角色。

为此，政府和社区部门联合承诺：第一，保证政府资助的特定国家伞状组织支持社区团体；第二，作为合作伙伴工作，来推广良好的实践（包括推广本准则）；第三，促进社区组织的发展。

其中，政府的关键责任主要包括：第一，给社区团体提供更好的信息通路；第二，考虑部门在政策以及服务发展和提供中的需求；第三，帮助社区团体获得资金资助，鼓励资产的社区所有制；第四，将中央政府和地方政府融入社区部门基础设施的建设之中；第五，鼓励社区团体融入地方社区战略和地区 COMPACT 的发展之中；第六，意识到新规制对于社区团体的影响并且努力保持其相适性；第七，鼓励社区设施例如邻里网络中心的更好利用。

社区部门的关键责任包括：第一，监督和评估其自身的花费；第二，鼓励作为合作伙伴工作并且尽可能融入地方社区；第三，对于它们代表的社区利益保持开放；第四，作为信息进入社区以及社区信息传出的双向信息通道；第五，在适当的情况下同志愿组织一起工作。

另外，更广泛的志愿部门也在社区工作中承诺下来责任；第一，使多样性的社区组织获得倾听和支持；第二，同社区部门进行协商，尽力不代其发言；第三，努力消除社区组织参与规划和政策发展过程中的障碍；第四，保持对更广泛部门内不同利益以及潜在利益冲突的开放态度；第五，让社区组织参与到组织管理和规划中来；第六，鼓励社区团体成员承担领导角色。

社区团体准则与前述四项准则略有不同，社区部门与志愿部门是一个交叉但不同层次的概念，社区部门更多地指社区之中的各种志愿团体，它们数量繁多、形式灵活，大多数规模较小；更广泛的志愿部门，包括伞状组织、联合体等，构成对社区基层组织的有力支持，双方各有侧重，协同工作。本原则其中有一条特别强调了政府资助的特定国家伞状组织支持社区团体，正是这个意义。

总体上看，志愿准则、黑人和少数民族志愿及社区部门组织准则、社区准则，由于缺乏像资助和政府购买原则那样有力的资金纽带，以及咨询和政策评价原则的制度性参与路径，在实践中显得比较原则一些，但是它们提出的理念，作为伙伴关系中提起注意的方面，仍然是非常具有意义的。

### 7.3.3　地方 COMPACT 及政府各部门实践

地方合作协议的指导方针是于 2000 年发布的，目前，95% 的地方政府已经签署这一协议，其中 60% 的地区已颁布实施。

地方合作协议的内容包括：寻找和利用资源和外部建议；加强政策间的联系；基金和支持；保持募捐和宣传推广的连贯性；咨询；合作；加强联系；等等。

另外，COMPACT 只是政府与志愿及社区部门发展伙伴关系的原则，具有长远性和战略性。以政府购买公共服务为核心，政府部门还要同志愿及社区组织签订更具体的协议，或者购买合同。COMPACT 对购买合同起到原则指导作用，也是志愿及社区部门可以与政府协商洽谈的一个依据。

### 7.3.4 COMPACT 增补（COMPACT – PLUS）

由于 COMPACT 在实践中存在种种不足，2005 年，在具体负责 COMPACT 实施的内政部的动议下，COMPACT 的修订版本——COMPACT – PLUS 出台了。与 COMPACT 相比，COMPACT – PLUS 至少有三点重要变化：

第一，版本更简洁，原则更具有操作性。COMPACT 的五项规则每一项都有专门的一本数十页的册子作为具体说明，操作中反而无法掌握，导致简单合同的重复。COMPACT – PLUS 对于每个原则只有一页纸的陈述，还有更简单的，制成明信片大小的卡片，便于人们更全面地把握各个核心原则。

第二，加强了规则的约束力。COMPACT 是不具有立法地位的政策，对于各级政府的约束力主要是靠配套资金来引导。COMPACT – PLUS 赋予这些原则更具有约束力的地位。

第三，成立 COMPACT 协调领导组，由政府和志愿部门等不同方面组成，使得 COMPACT 的工作机制更加完善。

COMPACT – PLUS 与 COMPACT 不具有强行替代关系，二者都是地方政府自身的选择。目前二者在英国并行不悖。曾经签署 COMPACT 的地区，如果新签署 COMPACT – PLUS，则原有的协议作废；如果不愿意签署新的协议，则可以依然按照 COMPACT 的原则工作；原来没有签署过 COMPACT 的地区，如果愿意加盟，也可以直接签署 COMPACT – PLUS，进行新体系的运作。

## 7.4　COMPACT 的运作机制

### 7.4.1　COMPACT 参与方和政府志愿部门协作机制

在国家层面上，COMPACT 由首相代表中央政府部门以及其他政府机构与代表志愿社区组织的 COMPACT 工作小组签署。内政部负责在政府内部促进 COMPACT 的实行；以志愿部门联合组织——英国全国志愿组织联合会（NCVO）为基础组建的更广泛的 COMPACT 工作小组，则负责在志愿组织内部促进 COMPACT 的实行。

在地方层面上，COMPACT 由各种地方公共机构和志愿部门联合签署，包括地方当局、地方战略伙伴、教育部门的学习和技能委员会、医疗保险方面的初级保险信托、应急服务部门，以及地方志愿和社区组织。

COMPACT 的落实，有一系列组织体系。至少包括四个层面：

第一，政府工作网络。各个部门内有专门的人员组成 COMPACT 协调领导小组，内务部具体负责政府部门内部的协调，这种协调也不是强制关系，而类似于信息咨询服务，内务部向各政府部门传递 COMPACT 相关信息和动态，在其他部门与志愿及社区组织协作中提供技能、建议方面的服务。

第二，志愿部门网络。志愿部门方面，由 NCVO 牵头组建了 COMPACT 工作小组，包括 12 个较有代表性的志愿组织的成员，代表志愿组织与政府签署协议，商榷有关事宜。COMPACT 工作小组的工作由三个次级群体协助：黑人和少数民族志愿及社区部门，社区群体，志愿者。

第三，COMPACT 年度会议。年度会议是政府与志愿部门之间的协作平台。年度会议有政府部门部长、地方政府、COMPACT 工作小组等不同方面共同参加。会议的目的在于：对国家和地方 COMPACT 的发展和实施进行评议；就行动计划达成一致意见以促进来年 COMPACT 的发展。这一会议制度是建立起政府与志愿部门之间协作的重要机制，双方通过会议协调原则，回去再各自在相应的部门推广、实施。

第四，地方平台。在地方层面，也有由地方自治政府、该地的志愿委员会、警察、全民医疗体系、其他志愿组织等共同组成的地方网络平台，作为地方 COMPACT 的实施机构。其中，志愿委员会是在 COMPACT 推行过程中发展起来的志愿组织的代言机构，类似在全国层次的 NCVO。这些机构建立途径不一，有些是自下而上联合起来的，有些开始是政府组建的，逐渐发展为独立的组织。

### 7.4.2  COMPACT 的动力来源

COMPACT 作为非法律性政策，之所以能够在全国开展开来，各个部门和地方政府响应比较积极，一方面是其原则对政府的工作具有良性意义，以及有较多元的协作平台促进，另一方面也与资金激励的后盾分不开。内务部负责 COMPACT 实施的人士归结如下：COMPACT 作为国家政策的效力，是通过"建议＋资金"的方式变得行之有效的。全国政府大量用于政府采购的项目和经费，通过资金转移的方式激励地方政府在 COMPACT 原则下实施的项目，是 COMPACT 推行的基本保障。尤其对于地方财政实力不十分雄厚的地区，能够拿到全国政府的项目资金，还是具有吸引力的。

### 7.4.3  COMPACT 纠纷处理机制

在 COMPACT 的纠纷处理上，主要的机制包括：第一，COMPACT 倡导组织，在志愿及社区组织感到政府部门或机构违背 COMPACT 协议或准则时提供帮助；第二，COMPACT 仲裁方案，由独立仲裁机构——有效争端解决中心（CEDR）运作，在某一方感到协议遭到侵犯时，提供一个解决争端的机会；第三，地方政府调查员，可以调查地方政府的舞弊情况。

## 7.5  COMPACT 的效果与反思

### 7.5.1  COMPACT 的实施效果

从其实施效果来看，有专家对地方 COMPACT 的五年实施进行了追踪研究。结果显示，在本来有政府和民间合作基础的地方，COMPACT 的推行起到了明显的效果增强的作用；而在本来没有合作基础的地方，即使文字上签署了 COMPACT，也并没有真正启动这一合作模式。这充分说明了制度自下而上演进的必要性。一个政策可以很大力度地在全国范围内推广开来，但是其绩效只有在与基层情况适应的基础上才能体现出来。

### 7.5.2　对 COMPACT 的批评

COMPACT 的效力也受到了专家的置疑，其中最主要的批评是认为其在实施中，从一套全面的合作伙伴的框架，蜕化为简单的购买"合同"。如前所述，资金激励是 COMPACT 推行的有力后盾，也是各部门和地方政府主动推行 COMPACT 的重要动力来源之一。也正因如此，研究者发现 COMPACT 变得过于以金钱为中心，其他的原则在实际上受到了很大程度的忽视。

同时，COMPACT 的购买被指出是不平衡的。例如 2001 年，整个志愿部门有 1/3 的资金来自于政府，但是只有 10% 的志愿组织享受到了它们。

COMPACT 推动者认为在其未来发展中，应努力关注资金以外的其他原则，以及政府在采购过程中为志愿组织提供更平等的机会。不过这种建议与现实具有一定的张力，一方面，资金原则最容易实际操作，也是各部门和地方政府的重要动力，其他原则比较笼统，难以量化，不容易纳入官僚体系的日常运作惯性，除非有更加具体的技术方案出台；另一方面，政府与志愿组织的长期伙伴关系建设很大程度上依赖信任资本，对于大组织和有合作基础的组织，就非常有利于进一步发展，而延伸到其他的、新的组织，会具有一定门槛和不确定性。不过英国的志愿部门联合体系非常发达，通过它们构建联合资金纽带，是 COMPACT 惠及小组织和更广泛领域组织的良好途径。

尽管有批评之声，COMPACT 的作用应该是受到肯定的。一位英国志愿部门的专家指出，不管它在实际操作中实施情况如何，"政府民间协作"这一理念的提出，具有非常重要的意义，它改变了整个社会对志愿部门的认知，这将对未来产生愈加重要的影响。

## 7.6 COMPACT 的简要分析

### 7.6.1 如何理解公共治理中的"伙伴关系"

20 世纪 90 年代以来，公共治理中的"伙伴关系"常常被提及。"伙伴关系"最经常被用于涉及政府与第三部门关系的时候，特别强调第三部门有着与政府相辅相成的关系，是政府部门不可忽视的伙伴。作为拥有悠久的志愿与慈善传统的英国，其"政府与志愿及社区组织关系协定"（COMPACT）在英格兰和威尔士最早将第三部门与政府的关系以国家政策的形式加以确立、推行。不过，考察英国社会的公共治理，可以发现"伙伴关系"的意义比政府民间协议要广得多。它可以说涉及公共治理的各个主体。我们至少可以发现以下的"伙伴关系"：

第一，政府与民间的伙伴关系。这是大家最为常用的伙伴关系的含义，具体体现为"政府与志愿及社区组织关系协定"（COMPACT），包括全国 COMPACT 和地方 COMPACT 两个层次。

第二，全国政府与地方自治政府之间的伙伴关系。英国各郡、市、区等的治理结构虽然模式非常多样，但其治理关系其实是非常清晰的。除了国家层次的政府机构，地方政府主要有全一制和两层制等模式，但无论哪种治理关系，都建立在地方自治的基础上。一些大的城市，比如约克市，实行全一制，市政府对城市治理负有全面责任，并直接面向全国政府；在一般郡中，设有两级政府，比如除约克市以外的约克郡，就设有郡级和市级两层政府，但是它们之间并没有隶属关系，是平等的地方自治体；有些地方还设有社区政府，形成三级体制。全国政府在全国设有九个区域办公室，它们不是一级政府，只是在该区域代表全国政府面对各地方自治体，是副首相办公室的九个职能机构；同时该办公室还设有地区协调组，协调九个办公室的工作。

这样，通过全国以区域办公室行使的代表权，和不同范围的地方政府之间的自治独立，构成地方自治与国家权力之间的协调。对于英国各级政府的关系而言，无论多少层级、设置如何，根本上只有地方与全国两个级别。地方是平等的自治体，全国政府的政策经立法形式获得确认的，成为"具有法律地位的政策"，在全国范围内发生作用；其他国家政策并不对地方政府具有法律效力，各地方自治体之间更不存在隶属或管辖关系，它们只对本范围内的选民负责，并在法律规范下活动。地方自治是政府与志愿部门的伙伴关系可能在全国各地真正开展的基础架构。

第三，地方治理中的战略伙伴关系。地方作为一种自治体，更意味着不同治理主体之间的互动。2001 年，为改善地方治理，全国政府提出"地方战略伙伴"（LSP）计划，将之作为一项国家政策。LSP 可以看作全国政府提出的一项旨在改善地方治理的政策，它强调了各地方治理主体之间消除界分，主张在地方层次将公共部门、私人部门、社区与志愿部门等不同方面联结起来，促进更和谐的治理模式。当然，这一政策同 COMPACT 一样，不是立法确立的强制性政策，而是一种多边的、促进性的倡议。它们虽然并不对地方政府具有任何法律约束性，但是作为一个国家级的政策主张，LSP 和 COMPACT 相辅相成，在整个社会对地方治理产生了方方面面的影响。

第四，政府各部门之间与公民的伙伴关系。在全国政府层次，英国各部门之间的协同是做得比较好的。内阁制使得各部长更多地在实质性决策中参与和协作。任何一项重要的国家政策，绝不可能仅出自某一个部门，而一定是由首相和各部长签署的；即使是部门的政策，也是经过通告各部而没有原则上的质疑的。这已经在制度上避免了各部门之间出现政策冲突、矛盾、各自为政的现象。2004 年，工党又提出"携手共建"（Together We Can）政策，旨在使得公共部门更好地磨合，而与公民一同携手建设。这项政策由内务部公民重建组具体负责落实，其中涉及很多政府采购、政府资助的项目，需要各政府部门之间更严密地衔接。这也是政府部门内部协调行动的重要机制。

除去上述明确的国家计划和国家政策，协同、伙伴等关系构建在不同部门、地区之间都可以发现。政府各部门之间、全国与地方之间、公共和私人及第三部门之间、政府与公民之间、公民与社区之间，都被赋予一种"伙伴"的含义。这一理念基于各治理主体在目标上的认同：活跃的公民、参与式的治理模式，是社会发展的最好途径。这不仅与英国社会悠久的志愿传统相符，更是工党执政的一个主打旗号。工党 2005 年的竞选纲领中，"赋权公民"就被作为基本原则之一高举出来，在其执政的过程中，"活跃公民"（Active Citizens）也体现为一项突出的国家政策。目前，内务部的活跃社区司已是一个非常核心的部门，下设活跃公民组、慈善组、志愿与捐赠组等，同整合信任及种族委员会、公民重建组等共同构成社区部的一部分。通过内务部的促进，公民参与和治理伙伴关系建设近年在英国形成一种氛围，使得长期以来作为"潜意识"形态存在的公民志愿行动和志愿组织上升到社会显意识层次。

### 7.6.2 政府和民间如何达成伙伴协议

为什么英国会出现政府与民间协议？从政府方面讲，政府是"权力"的代表，它受什么激励而与民间签订协议、作出承诺？从民间组织方面讲，志愿部门是一个非常松散、广泛、多元的领域，谁能代表志愿部门行动、与政府签署协议？这是我们需要关注 COMPACT 的两个核心问题。

**1. 政府为什么要与民间发展"伙伴"关系**

COMPACT 的源起虽然与志愿部门联合组织 NCVO 与工党执政的契机有关，但应看到这一合作有其重要的社会渊源，即长期的志愿传统在英国社会最基层积蓄了大量的社会资本，使得志愿组织成为社会中不可忽视的治理主体。

英国的志愿传统历史非常悠久，它们在社会服务、互助、倡导等诸多方面发挥着重要作用。英国互助互益性质的"友谊社"可以追溯到公元 55 年；至 12～13 世纪非营利医院、民办学校等民间公益事业蓬勃发展；1601 年英国出台了世界上第一部慈善法；19 世纪中叶到 20 世纪，志愿组织极大繁荣，直到 20 世纪福利国家兴起。二战之后，在对福利国家的质疑与反思中，志愿组织再次出现发展的高潮。在英格兰和威尔士地区，注册慈善组织达 18.9 万家，更广义言大约有 50 万到 70 万个志愿组织活跃在英国的慈善及其他非营利事业领域。约翰·霍普金斯大学的研究表明，1995 年时，英国志愿组织的支出约占 GDP 的 6.6%，如果把志愿者创造的价值也计算在内将高达8.7%～9.2%；同时，志愿组织的雇员占到非农雇员总人数的 6%，如把 600 万志愿者的服务时间也折合计入，志愿组织的雇员还将扩大一倍以上。近年政府强调对慈善组织的监管，原因正是因为"慈善"二字积累了太多的社会信任，正如英国人所言，你只要随便到街上，说自己是为慈善募捐，就会有人给钱，这就是英国的文化。因而政府需要加强对慈善的监管，以保护真正的慈善在社会中的信任资本。这在另一方面也体现了志愿慈善在英国拥有的社会资源，包括民间资产的流向，以及社会信任资本，这些有形与无形的资本，赋予了志愿部门非政治"权力"的影响力。英国的志愿部门自身所拥有的资源和影响力，是它们与政府平等对话地位的根本保障。

另一方面，1997 年英国工党执政以来，"赋权公民"就越来越明确地被提出来，工党将政府民间伙伴关系建设摆上重要日程，也是政府与民间伙伴关系协议首先在英国出现的原因。

第一，英国的治理结构以代议政府、地方自治为特点。英国是议会制民主的代表。学者的比较研究认为，议会制比总统制更有利于"导向稳定的民主"。在英国的议会制民主体制下，首相的权力相对总统制国家的总统要弱，通过公民参与恰能更好地获得政府的合法性。工党高举"赋权公民"的旗帜，也是与制度背景的激励分不开的。

第二，选举式民主政治的种种弊端已经使得选民的政治参与态度越来越冷淡，对选举的不信任、参与程度下降等现象出现，人们更倾向于自己通过志愿联合解决问题，而不是投一张选票影响政府的产生。投票率下降、政治参与热情降低，是很多民主国家开始面临的问题。资源隐于社会，公民对政治选举的参与不感兴趣，对民主基础的政府的影响是重大的。工党之所以提"公民重建"，也是重唤公民参与热情的一种努力。它体现了参与式民主在现代社会的重要性。

第三，英国 20 世纪末地方自治运动活跃，全国政府与地方的关系也是执政者必须认真考虑的方面，全国政府通过"赋权公民"、发挥志愿组织作用等举措，有利于更有效地影响和整合地方政府。

第四，工党 1997 年执政前已经长时间在野，再次当选后迫切希望做出与以往不同的鲜明的改进，在野的经历也使他们更多反省民众的认可基础，1990 年代"第三条道路"的提出，就体现了其关注公民社会的取向，从而其从一上台就积极寻求与公民和民间组织的结合点。

第五，志愿部门人员与政府机构人员之间的流动对政府的认知起了重要推动作用。例如在目前政府民间关系构建过程中提出过关键意见的一些官员，自身即有过在志愿部门工作的经历。前内政部长 David 是很多重要政策的始作俑者，他也是一个从志愿部门进入政府任职的人士。可见，政府对民间组织的理解和认知，是产生合作的一个前提。不同部门之间人员的流动，促进了政府与民间的共识。

总之，民主政治体制基础上对于选举的反思，参与式民主的发展，地方自治的演进，公民社会的传统及其影响下的公众认知，都是政府寻求与民间合作的基础。英国首先推出政府与民间的协议，与公民社会的发展阶段相适应，也是民主制度自身的发展完善。

**2. 志愿部门如何可能作为一个行动主体**

志愿部门是多元的、竞争的、自愿参与的，大大小小的志愿组织均相互独立，没有隶属关系。志愿部门如何作为一个主体与政府签署协议？这涉及英国志愿组织的联合机制。

全国 COMPACT 的签署，志愿部门是由包括 12 个大型志愿组织的负责人的 COMPACT 工作小组作为代表签订的。COMPACT 工作小组的基础，即英国全国志愿组织联合会（NCVO），工作小组的办公机构设在 NCVO 的办公室。

　　伞状组织及志愿部门内部的各种联合组织发达，是英国以及其他志愿部门发达的国家所必然具有的特征。在英国注册的 18.9 万家慈善组织中，2.7 万家是其他慈善机构的分支或下属部门，志愿部门组织之间的交叉、联合非常普遍，形式多样，构成多层次的体系，这种体系是志愿部门得以作为社会上一个部门作用和发声的基础。

　　所谓伞状组织，又称代言组织，是会员制组织，其会员中又有各种联盟、网络、伞状组织，联盟中再有联盟，网络再联网络，形成葡萄串似的结构，不过葡萄的珠、节等，并不隶属于伞状组织，它们之间是相互独立的、多元的、松散的关系，伞状组织只起到代表会员进行政策倡导、战略前瞻研究、促进第三部门法律政策环境建设等倡导性作用。除伞状结构外，志愿组织还可以形成松散的网络、计算机路由器一样的发散中心、多个类似组织的联盟、特许经营式的节点等等结合形式，从而构成一个多层次的志愿部门社会网络体系。

　　COMPACT 的发起组织者之一——英国全国志愿组织联合会（NCVO）是一个伞状组织。它是自下而上层层联合组建起来的，其结构是会员制，自身规模很小，但是有庞大的会员体系，NCVO 的主旨就是代表不同类型的志愿组织进行倡导，推进整个社会的公共利益。当然，类似的伞状组织不止 NCVO 一个，但是它是在实践中运作比较成功的几个有代表性的伞状组织之一，因而具有广泛的社会基础，也有足够前瞻的眼光看到志愿部门未来的发展方向，故而成功成为国家 COMPACT 的倡导者。

　　除了伞状组织和志愿部门联合体系之外，还有两个因素值得注意：一个因素是大型的慈善组织自身倡导能力强，本不需要 NCVO 的代表，特别是 NCVO 会员体系之外的组织，它们为什么会认可 NCVO 倡导的 COMPACT，并愿意遵守其承诺？英国社会长期积累的慈善文化就值得一提。大型慈善组织拥有雄厚的资金、广泛的社会基础、通畅的社会关系，它们可以直接对政府进行倡导，甚至比 NCVO 更为有效，它们对 NCVO 代表性的认可就相对较低。但是像 COMPACT 这样的协议，由 NCVO 牵头，各大志愿组织都予以了相当的认同和支持，使得 NCVO 作为志愿部门的代表得以具有相当的广泛性。大型组织之所以甘愿被代表，因为有一个理念：协议的原则是有利于志愿部门发展的，无论由谁来签署，都可自觉接受，为之承诺，不会因为没有体现自己的"功劳"而抵制，或者另占"山头"。也有一些大的志愿组织在 NCVO 之外再独立在协议上进行签署，这样一份协议可能成为几个机构联名签署的文件。无论如何，原则只要被大家认同，几乎不会有人因代表权的问题滋生分歧，这一点，体现了英国社会深厚的志愿精神和文化传统。

另一个因素是伞状组织依靠激励而不是强制获得代表性。伞状组织在志愿部门中的代表性是依靠自身的能力建设、吸引会员而积累起来的，因而这种纽带虽然是松散的，却是有效的。会员对伞状组织产生认同，基于它的服务、信息、政策影响力等方面的优势，所以会愿意接受它的一些规则、要求。NCVO 就是一个很好的例子，它开始会员数量不多，但是在实践中，由于它定位准确、研究深入、充分尊重会员的意见，在政策倡导和会员关系上都表现得非常成功，近年会员人数不断迅速攀升，这又反过来增强了它的实力，使志愿部门能更有效地发出整体的声音。此次 COMPACT 的倡导成功即大大加强了 NCVO 在志愿部门的公信力。英国志愿部门体系在历史上就是在这样的竞争中成长起来的。

继英国之后，很多国家推出了类似 COMPACT 的举措，例如欧洲各国的类似协议，加拿大的 Code，非洲的 ACAV，新加坡、韩国等国的政府民间协作原则等，不过英国是最早，也是推行力度最大的一个。

## 小　结

本章介绍了英国 1998 年工党执政时作为国家政策提出的政府与民间伙伴关系协议，即 COMPACT（《政府与志愿及社区组织关系协定》)。从性质上看，它是一个不具备法律强制效力的、内阁向各政府部门及地方政府建议实施的全国范围政策，其得以实践和推行主要依靠协议各方合作的需求动力和财政资金的激励机制。其实践效果也显示，COMPACT 的效应主要体现为在原有政府与民间合作的基础上，增强效应明显；而在本没有合作基础和意愿的地方，很难起到"启动"合作的效应。

COMPACT 的内容主要包括五个方面的准则，即资金与政府采购准则，咨询和政策评价准则，志愿准则，黑人和少数民族志愿及社区部门组织准则，社区准则。其中，政府采购和政策咨询是该机制的核心，在实际运作中，资金又是各个问题围绕的关键。志愿准则、黑人和少数民族志愿及社区部门组织准则，分别是对志愿者和特定群体的强调，社区准则在更基层的社区层次构成与广泛志愿部门协议的相互呼应。每一方面的准则均包括了政府和民间组织之间的合作原则及双方的各自责任与承诺。

COMPACT 的主要工作机制是政府内部和志愿部门内部各自形成网络进行工作，双方再通过联席会议和地方及社区工作平台相互协调。这一工作机制的效力得益于三个方面：第一，协议的形成本身是政府与民间志愿和社区部门之间广泛协商确立起来的，体现了各方的利益；第二，丰厚的志愿传统在英国社会积蓄起大量的社会资本，使得志愿组织成为社会中不可忽视的治理主体，是政府有动力与志愿及社区部门合作的基础，政府自身面临的困境、公民政治参与性降低，是促成政府与民间合作的契机；第三，伞状组织和志愿部门的联合体系，是民间组织可能作为一个"部门"，与政府协商和签署协议的前提，同时志愿部门内理念基础的相互认同与宽容，符合各自激励机制的志愿合作，也是民间"部门"形成的要素。

COMPACT 的最主要问题是在实践中蜕化为资金导向的"合同"，而忽视了真正的合作治理关系；其次是政府购买资金不平衡，不利于民间部门多元的和独立的发展。作为借鉴而言，在政府与民间的合作中，应更注意保持部门独立的、综合性的关系发展。

## 主要参考文献

1. Deankin Commission, *Meeting the Challenge of Change: Voluntary Action into the 21st Century* , London: NCVO, 1996.

2. Jemery Kendall, *The Voluntary Sector*, New York: Routledge, 2003.

# 第8章　非营利组织与社会公共服务的提供

英国是新公共管理运动的发源地，改革的内容广泛而全面，改革的重大举措包括雷纳评审、下一步行动、公民宪章、竞争求质量运动和合作政府运动等。新公共管理运动开始以来，社会公共服务的提供不再由政府独揽，而是逐步市场化和合同化，非营利组织逐渐成为社会公共服务提供的主要力量。通过非营利组织的参与，提高了社会公共服务提供的质量和效率，扩大了公众享有公共服务的选择性，降低了社会公共服务提供的费用，创新了社会公共服务提供的模式，取得了较好的效果。

## 8.1　历史上非营利组织在社会公共服务中的作用 ————

社会公共服务是指在社会发展领域中的公共服务，主要指以满足公众基本需求为主要目的、以公益性为主要特征、以公共资源为主要支撑、以公共管理为主要手段的公共服务，主要包括教育、医疗卫生、文化体育、社会福利和社会救助等内容。

英国是一个慈善传统悠久的国度，长期以来，非营利组织都是社会公共服务的重要支柱。早在12、13世纪，英国就出现了500多家民间慈善机构。1601年，英国颁布了世界上第一部慈善法，该法不仅划定了慈善机构的范围，强调了这类机构所具有的公益性、慈善性和民间性等特点，而且提出了政府鼓励和支持民间慈善事业的法律框架，制定了进行各种形式社会募捐以筹措公益资源的法律依据。该法对于英国非营利组织的发展起到了重要的作用。18 世纪以后，伴随英国工业化的进程，社会分化不断加剧，1834 年英国颁布了新济贫法，为救济那些没有钱的人或家庭提供了制度化的体系，也促进了非营利组织的发展和作用的发挥。英国最有历史名望的一些慈善组织都是在这段时期成立的，如：Barnado's、National Society for the Prevention of Cruelty to Children（国家防止虐童社团）、the Salvation Army（救世军）等。据说当时伦敦一地的慈善经费就超过许多欧洲国家的政府收入。19 世纪后半期也被认为是英国非营利组织发展史上的鼎盛时期。

近半个世纪，英国的政府公共部门、私人企业部门和非营利组织的地位、关系一直在不断发展变化。二战以后，随着福利国家政策的推行，通过推行"国有化"，将原来由许多非营利机构提供的社会公益服务接管成为政府公共服务，非营利组织的功能被弱化。20 世纪70 年代上台的保守党撒切尔政府，针对政府公共部门低效率和机构臃肿等问题，又开始大力推行"私有化"政策，非营利组织重又得到很大发展。1997 年工党重新上台，布莱尔政府推行公共部门"现代化"改革，重新定位政府公共部门、私人企业部门和非营利组织的关系，在改革中推行"政府与志愿及社区组织关系协定"（COMPACT）。这一措施极大地激励和促进了英国非营利组织的发展，加强了政府与非营利组织的合作。

## 8.2 英国的新公共管理运动与完善公共服务

英国是新公共管理运动的发源地之一，被公认为20 世纪70 年代发达国家行政改革的先驱。在行政改革过程中，出台了一系列改革和完善社会服务的政策和措施。正是这些政策和措施的实施，拓展了非营利组织提供社会服务的空间。这些措施主要包括民营化运动、公民宪章运动、竞争求质量运动、合作政府等。

### 8.2.1　民营化运动

英国是二战后最早推行全面社会保障制度的国家。长期的福利国家政策，使政府负担越来越重，国内生产停滞、经济衰退、国际竞争力下降、失业率居高不下，被讥笑为"欧洲病夫"。同时，"从摇篮到坟墓"的完善的保障措施，也使许多人不愿劳动、不思进取，宁愿躺在福利的"温床"上享受各种补贴。20 世纪 70 年代末开始，撒切尔政府认为，国有单位亏损严重，机制僵化，是国家的一大包袱，因此有必要大规模或彻底地重组公共部门。其主要措施是根据问题导向，制定解决的方案，凡是不应由政府实施的，取消或进行私有化；凡是不应由政府直接提供的，将运作权承包给民营部门，同时保持形式上的控制和责任；即使是当前无法进行民营化，也要权力下放，要么授权于执行部门，要么授权给地方政府，同时，这些机构承接这些职能也应受到竞争原则的制约。

### 8.2.2　公民宪章（The Citizen's Charter）运动

20 世纪 90 年代，为了完善公共服务的质量，继续推进改革，梅杰政府上台就发动了公民宪章运动，鼓励公共组织和公共机构制定、公布并实行一套明确的服务标准，这些服务标准总称为《公民宪章》，被认为是完善公共服务运动的标志性的规范文件。《公民宪章》具体包括六个原则：a. 制定绩效标准，以此为依据对实际业绩进行评估；b. 提供清晰明了的服务信息，包括实际绩效目标；c. 对接受服务的用户进行咨询；d. 礼貌待客，乐于助人；e. 随时准备改正错误，包括作出经济补偿；f. 保证物有所值。① 《公民宪章》使社会服务标准化、公开化，使服务变得更规范、更可测量、更透明，这为非营利组织参与社会服务的提供奠定了基础。

### 8.2.3　竞争求质量运动

在公民宪章运动开始不久，1991 年梅杰政府又发布了《为质量

---

① 英国文化协会：《法治与管理》2003～2004 系列第 1 期，第 20 页。

而竞争》的政府白皮书。白皮书确定了三个目标：一是使政府机构把精力集中在核心事务；二是在服务提供领域引入更多的竞争和选择；三是改善服务标准。其核心是引入竞争机制。与早期的改革相比，竞争求质量运动提出了"市场检验"的方法。所谓"市场检验"，是对内部和外部服务承担者按照市场规则进行比较，只要有可能，提供某一服务的政府部门就要与政府外的供应商进行竞争性投标。无论最后结果是外部承担还是继续由内部承担，通过市场检验可以保证服务以最佳方式提供。据统计，开展市场检验后，政府因此平均节约了约7%的成本。

### 8.2.4 合作政府

1997年布莱尔工党政府上台，他在肯定以往改革成果的同时，针对改革存在的过分强调竞争、忽视社会责任等问题，提出了合作政府的理念。在1999年出版的《现代化政府》白皮书中，提出了打造一个更加注重结果导向、顾客导向、合作并有效的信息时代政府。在政府和非营利组织的关系上，颁布了《政府与志愿及社区组织关系协定》（COMPACT），将非营利组织与政府的关系以国家政策的形式加以确立，明确了双方共同的价值、原则、承诺，并制定了合作方针。COMPACT奠定了政府和非营利组织合作的基础。

## 8.3 公共服务的供给模式

公共服务民营化已经成为各个国家行政改革的普遍模式，它强调将过去由政府直接提供的公共服务通过各种方式由私营部门（营利）和非营利组织来完成或两者合作承担，政府回归"掌舵"的角色而不是"划桨"的角色。在英国，为了推进公共服务民营化，以提高服务的质量和效果，增加服务对象和服务内容的选择性，在一些领域甚至通过立法来推动服务提供的变革。如1990年的《国民健康服务和社区照顾法案》（延至1993年3月生效）把市场机制引入国民健康服务中,提出了服务购买者和服务提供者的区分,签订合同成为对健康事务进行综合管理的首要机制。对于服务转包的政策提出要"从社区照顾的供给导向政策向需求导向政策转变;从政府机构性的服务向社区性服务转变;从政府全包型向综合经济型的多方照顾转变"。并将服务的转包程序界定为"由承包者陈述任务、签署协议(合同)、评估服务人口的需求、服务地点的选择、服务的规格质量效益的检查、协议的终止日期和服务的反馈方式"等。法案鼓励私营部门和非营利组织参与服务的提供。为了保证这个要求的落实,要求必须把 85% 的新拨资金用于购买非营利组织或私营部门的服务,而不能用于由政府直接提供的服务,这意味着政府必须和私营部门和非营利组织进行交易。根据服务项目和竞争程度的不同,公共服务主要有以下供给模式。

### 8.3.1 直接外包

在一些服务项目中,主要是内部项目,通常会将从前由内部单位负责的服务在未经招标的情况下就外包给外部机构。内部单位会被移交(至少部分移交)给新的雇主,而中层管理人员保持不变。这种做法的影响是消除内部系统所出现的一些僵化,如果员工希望被移交给新的雇主,那么他们就要在新雇主面前表现其能力。

### 8.3.2 内部交易

建立市场的最基本方式是在组织内部建立供应商—消费者关系。在 20 世纪 80 年代,这一观点在一些私营部门非常流行,因为这可以帮助一些不能直接接触到消费者的人了解他们的工作内容以及为谁而工作。随着价值链的确定,生产过程中的每一部分都要增加产品或者服务的价值,而价值链上的每一环节都可以被描述成市场关系。只有充分体会到供应商和消费者之间的关系,才能提供良好的服务或者体现物有所值。通过签署的合同,这一观点也被用到了公共部门,合同规定了所提供的服务的数量和质量。在地方政府中,这也被称为"服务等级协议"。

内部市场要求进行成本评估。以前，公共部门的管理者并不清楚服务的具体成本，他们可能知道一个部门或者单位所花费的资金数量，但对具体某一服务的成本却并不十分清楚。内部交易要求人们进行这种计算。即使没有竞争，了解成本也能使人们力求通过更低的成本获得相同的价值。

### 8.3.3　通过价格检验和制定标准进行内部交易

这种方式的一个变化就是签订内部合同，然后检查提供服务的成本，并假设如果服务是由其他机构所提供的，情况会是如何，然后将两种情况进行对比。虽然可能没有正式的竞争，但这种对比也是很有意义的。和外部机构进行价格检验能够导致很多的改变。例如，如果要将人事部门的招聘小组和聘请招聘机构的成本进行比较，那么就需要比较内部招募一个员工的成本以及招聘机构为此提出的报价。然后，需要将用人部门的成本统计在整个活动中，同时体现使用内部人事部门和外部机构之间的成本差异。

下一步是将内部成本和外部价格进行比较。在这项工作开始之前，通常需要讨论成本的分配情况。例如，一个中央政府培训部门将其成本和将培训业务外包进行对比。该部门的一项重要成本是为租用伦敦中心地区办公室所支付的昂贵租金，因为在房地产快速发展时期已经签署了租赁协议。由于不能腾出这所房子，也不能就租金进行讨价还价，所以该部门处于不利的竞争地位。同样地，人们经常反对为中央部门追加资金。由于在越来越多的服务项目中采用了内部市场制度，这些成本变得越来越显而易见，资金花费所换来的内容也越来越明显。因此，人们通常会对成本置疑：率先进行对比的人们会怀疑他们从他人之处得到的服务的成本和价值，而这些服务供应机构也会相应向它们的内部供应商提出同样的问题。和外部供应机构进行质量对比也能起到一定的作用。有些时候，服务的内部消费者坚信外部供应机构能提供更好的质量，因此对其进行验证是非常值得的。

### 8.3.4　在选择供应者方面的有限自由

在公共服务提供者和消费者的关系中，消费者有权在一定限度内选择其他供应商。例如，一个组织内部可能有打印部门，但需要进行打印的人们可以在一定的打印预算内货比三家。在社区护理领域，人们可以在既定预算内选择护理机构。一旦进行价格对比，人们开始进行真正的竞争，它们会面临更大的压力。由于面对着丢掉工作的风险，各个机构的负责人必须认真将其成本和竞争价格进行对比。

将预算转移到交易中的消费者一方改变了权力关系。以财务部门为例，如果将资金分配给会计，生产线经理没有权力，那么会计将处于非常有利的位置。这种位置在私营部门是难以想象的：这名会计来到公司，宣布自己被任命为会计，明确自己的工作内容以及向消费者的收费水平。消费者—服务提供者关系一旦确立，而且消费者控制会计工作预算，那么这种关系就会发生改变。这种改变的幅度很大，服务提供者甚至可能开始向消费者推销自己。这种情况在教育服务领域就真实地发生了。支持服务预算移交之后，教育部门官员制作了漂亮的手册，并到学校里进行推销。一些学校惊奇地发现从前傲慢的管理者现在将自己变成了卑微的推销员。提供服务的方式也根据消费者的需要发生了改变。例如，当消费者需要的时候，支持人员更加可能出现在现场，而不是待在总部的办公楼里。

### 8.3.5 全面服务的竞争

更加彻底的一步是将全部服务项目都用于招标。消费者—服务提供者关系一旦确立，消费者就开始以招标的方式寻找服务提供者。他们之所以可能这样做，是因为他们被告知应该这样做（如果是地方政府，那么就是根据法律规定；如果是中央政府，则是根据部门法令），或者是因为他们认为这样做能够降低成本。如果全部服务都用于招标，那么竞争中可能就会出现"突然死亡"，因为内部单位只有一次保留自身工作的机会，除非它们能将成本降到竞标中可能出现的价格水平上。由于多数服务项目都属于劳力密集型行业，这意味着降低人工成本。虽然欧盟已经作出了相关规定，当工人的工作被移交给新的雇主时，对公司在中标后降低员工待遇条件的幅度作出了限制，但价格方面的竞争压力依然很大。虽然并不知道竞争对手可能报出的价格，至少在第一次的时候如此，内部单位能够通过招标组织了解已经公布的数额，并可能降低成本。

### 8.3.6 购买者自由选择供应商

在极端的情况下，所有的预算都由消费者支配，不需要对内部供应商作出任何承诺，也不需要进行阶段性的招标。预算控制者只是在需要的时候选择将金钱花费在什么方面。比如，当预算支配权从教育管理机构移交到学校，这种方法发挥了作用。一旦购买者完成了自由选择，他们可能选择通过签署长期合同执行他们的选择，但如何购买取决于他们的决定。

## 8.4 政府的资金支持

英国政府采购的管理体制比较松散，政府采购的相关法律依据及规定大都散见于各类具体法律法规之中。英国中央各部的预算部门和地方政府都拥有自行采购的权力，独立承担本部门、本地区的采购事务，然后由财政部作为政府采购的贯彻、调节和牵头机构主要负责管理。英国的一些采购代理机构和采购行业协会也对政府采购的实施进行协助。

英国政府支持非营利组织参与公共服务的提供。在英国人看来，政府与非营利组织有一个共同的理念，即公平社会、强大社会和人人得机会，政府认识到非营利组织能够为该理念作出巨大贡献，因此，许多非营利组织都和政府建立了经济往来关系。为了使非营利组织能够更多地参与公共服务的提供，为非营利组织提供机会，帮助它们设计参与投标的方案，有关部门还为此制定了相关的规定和办法，规定了非营利组织参与公共服务的程序，还为非营利组织参与公共服务的提供制定了一系列格式文本，供非营利组织参与公共服务的投标中参考。

### 8.4.1 政府和非营利组织在经济交往中的职责

许多非营利组织和政府建立了经济往来关系，这些经济往来一般有两种方式，一是通过经过批准的投资渠道，二是通过公共采购方式获得公共服务的合同。在非营利组织和政府的经济交往中，在签订合同之前就明确了双方的职责。

### 1. 政府的主要职责

一是支持。政府在可能的情况下为非营利组织提供机会，促进它们的方案设计。二是引导。政府设计有关的表格，使得非营利组织能够充分了解信息，并能对申请表格的内容充分理解。三是尊重。尊重非营利组织的独立性。四是付费。政府承认非营利组织在提供特别服务时有与企业一样收取一定费用的权利。五是监测。政府要根据标准对非营利组织承担的公共服务进行监测，以确保投资的收益。六是评估。对合同的成果进行评估。

### 2. 非营利组织的主要职责

一是资格。非营利组织在申请公共服务项目合同的时候，要确保具备必要的资格。二是尊重。非营利组织要尊重所承担的公共服务任务，遵守有关的要求并承担相应的保密义务。三是责任。非营利组织要有承担责任的准备。四是财务。非营利组织要建立良好的财务管理系统。五是透明。一般情况下，非营利组织要按要求提交相关的报告，报告内容要诚实守信，公开透明。

### 8.4.2　政府和非营利组织在经济交往中合作的原则

政府和非营利组织在经济交往中遵循以下原则。一是关注成果，应当把取得的成果作为投资获得成功的关键指标。二是建议性和均衡性，程序应当尽量简约，而且要和投入的金钱数额成比例。三是连贯性和协调性，投资人和采购人应当努力让投资与采购链部分联合或标准化，将这些组织的负担降到最低水平。四是及时性，允许有进行计划、决定和实施的时间，以真正发挥效力。五是透明度和责任，允许作出关于优先消费的明智决定，允许让政府和非营利组织借鉴先前工作经验。六是讨论和对话，这有助于建立信任，找出并克服困难，不至于让问题影响到成果的交付使用。七是换位思考，理解对方的需要和要求应当有助于避免出现问题、促进成果的产出。

### 8.4.3 非营利组织参与公共服务提供的一般程序

非营利组织参与公共服务提供一般有如下程序。

**1. 参与方案设计**

通过让非营利组织参与方案的设计，政府和非营利组织均能获益。对政府而言，通过非营利组织参与公共服务方案的设计，可以扩大参与度，使得方案更切合实际，更具实效。对非营利组织而言，通过参与方案的设计，可以充分表达其诉求，影响公共政策，加强非营利组织之间的联系，促进非营利组织的成长。

英国政府鼓励非营利组织积极参与公共服务方案的设计，还在三个方面为社会组织提供实质支持，这三个方面是：a. 项目投资。政府支付特定的项目和服务的费用，这通常以合同或授权的方式进行。b. 发展投资。政府对非营利组织特别是新设立的非营利组织的能力建设提供支持，使这些非营利组织能提高参与方案设计的能力，这种支持通常以授权或贷款的方式进行，而提供中长期（5~10 年）的低息或无息贷款是常用的方式。c. 战略性投资。使得非营利组织更加注重战略性，并认识到其工作的重要性，这通常以授权的方式进行。

政府承诺在任何可能的情况下为非营利组织提供机会，促进它们参与方案的设计。这些方案应该在以下几个方面有所帮助：一是尽最大努力解除所交付方案对非营利组织的风险；二是使所交付的方案更加切合实际；三是方案要扩大参与度，从而允许较小规模的组织能够参与一些项目的竞争；四是方案要方便非营利组织参与；五是对非营利组织进一步指导，确保方案原则的贯彻执行。当然，方案的设计还应考虑到方案的成果如何最大限度地保持下去，同时对非营利组织的长期发展也有利。在英国，许多地方的政府和非营利组织建立了合作关系，很多方案是通过各地政府和非营利组织合作来实现的。

**2. 申请和投标程序**

在英国，人们非常重视申请和投标的程序，认为恰当的申请和投标程序意味着这些组织尽最大能力实现方案的目标，意味着各种资源都集中在交付成果而不是申请或投标过程本身上。对非营利组织而言，处理得当的申请或投标程序能够使它们获得机会，如果这些组织有足够的时间进行申请，那么它们将能作出综合各种信息的、考虑周到的申请或投标，而不需要在申请过程中花费不相称的资源，走弯路，增加交易成本。对政府而言，恰当的申请和招标程序会使政府知道被挑选的组织是最能够实现预期目标的组织，而费用则集中在取得成果而不是申请程序上。

非营利组织需要意识到机会所在，还要了解申请和招标的程序，如时间、标准等。在申请的时候，非营利组织要首先保证它们是合法机构，它们提出的申请要符合方案目标的要求。非营利组织还要意识到参与申请和投标的机构可能很多，有一定的竞争性，非营利组织需要制定明确的责任范围，并会适当分配成本。政府应当提供机会，采取各种积极有效的方法，鼓励非营利组织申请或成为公共服务的提供者。积极有效的方法可能对于那些以前没有经验的非营利组织尤其重要，这些组织包括黑人和少数民族组织、宗教团体和社会团体等。

在申请和投标阶段，政府做了以下工作：一是在信息和表格方面，各部门和各机构都考虑采用标准的提问或使用同样的申请表，保证了信息的充分和表格的清楚易懂，这使非营利组织能够通过综合各种信息，作出是否申请和投标的决定。二是政府根据有关标准，就申请表信息征求相关方的意见，这关乎决定谁会获得投资或者赢得合同。三是承认非营利组织在提供特定服务时获取一般管理费用等行为属于合法行为。就采购而言，非营利组织不能获得特惠待遇，但是有权利在竞争中决定自己的价格。四是及时将决定通知送达申请或投标人。决定的通知需要及时送达，以便让非营利组织能及时开展有关准备和实施工作。

3. 产品（成果）交付

在这一阶段，政府和非营利组织创造一种积极激励的方式，确保能够取得尽可能好的产品和成果。非营利组织清楚合同的明确要求和时间，充分认识承担任务的困难和风险，并承担这些风险。同时，按规定的时间和标准进行公共服务（产品）的提供。政府则要向非营利组织解释有关条款，并就有关问题继续进行谈判。还要对合同可能出现的问题保持警惕，并预先制定一套控制变动的简单、统一的程序，以确保公共服务的有效供给。

**4. 支付报酬**

英国政府提倡非营利组织要建立良好的财务管理系统，非营利组织则应该了解支付的条款。对非营利组织提供的服务，政府有义务按时支付相应报酬，而不拖欠支付。

**5. 成果监测**

对非营利组织参与公共服务的提供，需要对其成果进行监测。通过对成果的监测，使非营利组织在服务提供过程中专注于成果而不必在各种报告上浪费时间。为了保证成果监测的准确，非营利组织要做到诚实、透明，政府则需要考虑成果监测的技术，使得在保持监测有效性的同时，不增加非营利组织的负担，并且尽量降低成果监测的成本。

在非营利组织参与公共服务提供方面，英国对管理过程非常看重，认为恰当的管理过程能将不利影响降低到最低水平。对非营利组织而言，可以帮助这些组织履行好职责，并对这些组织的稳定发展提供支撑。

### 8.4.4 非营利组织参与公共服务提供的领域

英国财政部于 2000 年出版了《公私伙伴关系——政府的举措》，该文件从三方面解释了公私伙伴关系："在国有行业中引入私人部门所有制；鼓励私人投资行动，根据这一计划，公共部门通过合同长期购买商品或服务，利用私人部门的管理技术优势，同时受益于私人的财力支持以巩固公共项目；扩大政府服务的出售范围，从而利用私人部门的专业技术和财力开发政府资产的商业潜能。"

公私伙伴关系作为一种概念范畴，在学术研究和政府实践中都越来越受到重视。到目前为止，在英国实施的大部分这类形式中，私有部门作为合作伙伴根据长期合同为公有部门提供服务。在超过 400 项类似私人控股的合同中，累计资本金额超过 190 亿英镑，并涉及包括卫生、教育、交通、安全、信息技术、环境保护和政府供给在内的许多领域。① 之所以如此，是由于公私合作模式能够充分发挥公共部门、私人部门以及民间组织的比较优势，集三者之长。

非营利组织是公共服务的重要提供者。据统计，公共部门为非营利组织每年提供的资金达 66 亿英镑。② 这些资金支持有助于非营利组织在社会中充分发挥作用，主要包括如下领域：

（1）利用专门知识并贯彻执行政府政策；

（2）促进平等性和社会凝聚力，减少贫困，提高生活质量；

（3）建立社会资金，包括发展、支持、授权服务的使用者、志愿者和社区；

（4）为志愿行动提供各种机会，使个人参与公共生活；

·（5）为解决棘手的社会问题找到有效的解决方案；

（6）确定新的需求和满足现存需求的更好方式；

（7）提供高品质的服务，弥补或补充公共服务；

（8）代表政府和公共部门机构交付公共服务，通常采取比其他部门更加积极响应、有效的方式。

---

① 〔英〕迈克尔·吉拉尔德：《论公私合作关系——公私合作并非私有化》，《国外社会科学文摘》2002 年第 3 期。

② 仅适用于英国的数据。选自英国志愿捐助者部门年鉴，NCVO，2004。

# 第9章　英国地方政府支持非营利
## 组织发展的举措

英国的非营利组织有着悠久的发展历史，在这一历史进程中，政府和非营利部门的关系构建，特别是政府对非营利组织的政策性支持和具体的扶持措施，对英国的非营利部门的发展起到了巨大的影响。本章从地方的层面，梳理了当今英国地方政府对非营利组织的政策和具体支持措施。第一节介绍自 1979 年到现在英国地方政府与非营利组织关系的历史变迁；第二节分析影响现阶段地方政府与非营利组织关系的政策背景；第三节选取英国几个有代表性的针对非营利部门的支持项目并结合其在地方实施的案例进行了阐述。通过这几部分的分析和介绍，本章将帮助读者了解英国的地方政府如何在中央政府的政策指导下积极构建和非营利组织的合作伙伴关系，并且采取一系列措施来支持非营利组织的发展，以发挥非营利组织在社会、经济、环境建设中的巨大作用。

## 9.1　英国地方政府与非营利组织关系的历史变迁 ————

英国的非营利组织①一直以来都在寻求和政府的一种伙伴关系，

---

① 英国的政府文件和学术著作常用"志愿和社区组织"、"志愿组织"、"志愿和非营利组织"、"慈善组织"、"第三部门"等词语来概括"非营利组织"或"非政府组织"。为了和书名及上下章统一，本章统一用"非营利组织"一词。

在 19 世纪后期非营利组织就积极主动地建立和政府的伙伴关系，到了 20 世纪后期政府在构建这种伙伴关系中居于主动并成为构建伙伴关系的推动力量（Lewis，1999）。在过去的 30 年间，英国的地方政府与非营利组织的关系经历了从非营利组织参与公共服务的提供到政府与非营利组织全面合作的变迁。在这一变迁过程中，贯穿始终的一个重要前提是非营利组织在为地方、为社区提供公共服务（如住房、社会服务、环保服务、社区服务、经济振兴等）这一领域中有着愈来愈重要的地位。

### 9.1.1　1979～1997 年：政府采购下的关系

在 1979～1997 年近 20 年间，英国政府与非营利组织的伙伴关系在地方政府实施的"地方振兴"计划中体现非常明显。在实施"地方振兴"计划过程中，这种伙伴关系对于各方都是有益的。对地方政府来说，这种伙伴关系使政府能通过参与"地方振兴"计划的非营利组织来了解地方和社区的意见和需求；对非营利组织来说，参与实施"地方振兴"计划赢得了项目资金，这种伙伴关系使非营利组织获得了收入。

英国地方政府和非营利组织在 1979～1997 年这近 20 年间伙伴关系的构建在很大程度上受到了撒切尔夫人所领导的保守党政府的"新公共管理"浪潮的影响。"新公共管理"为地方政府和非营利组织的关系引入了市场机制和契约机制。在这种机制的约束下，地方政府和非营利组织的伙伴关系实质上是政府购买非营利组织的服务的关系——非营利组织的功能定位是公共服务的提供方，政府的职能定位则是制定政策。有批评指出这种伙伴关系只不过为地方的公共服务引入了市场规则，并非真正意义上的"伙伴"关系（Mackintosh，1992）。

### 9.1.2　1997 年以后：政府与非营利组织的全面合作关系

英国工党在 1997 年的大选中获胜，执政以后工党对保守党政府时期的政策进行了全面改革。工党政府早期的一个重要改革就是提出了构建整合型政府（Joined-up Government）以应对复杂的社会、经济问题的方针。工党认为，非营利组织能发现需要满足的社会需求，能打破传统的中央政府条块分割，能超越地方政府官员的专业知识局限性，因此非营利组织在构建整合型政府的过程中能发挥重要作用。工党认为非营利部门不仅仅能有效地为公众和社区提供公共服务，还能促进社会包容、提高社会的凝聚力。英国内务部（Home Office）1998 年的一系列文件指出，地方政府和非营利组织的伙伴关系对于创建和支持积极活跃的社区具有十分重要的意义，能有助于公民参与民主进程，并使政策制定的方式从"从上至下"转变为"由下至上"。在这样的指导思想下，英国内阁办公室在 1999 年指出政府和非营利组织的伙伴关系是实现地方政府现代化和发展有效的公共服务的一个重要前提。而这种伙伴关系的内涵，除了 1979~1997 年的保守党时期的政府购买非营利组织提供的公共服务之外，还包含了一个全新的领域，即非营利组织参与和公共服务相关的公共政策的设计。

与 1997 年之前的保守党政府相比，政府与非营利组织的全面伙伴关系在现任政府的政治主张中的地位提高了。实际上，这种新的伙伴关系的精髓和灵魂就是工党的核心政治主张"第三条道路"（Third Way）（Ross and Osborne, 1999）。工党在 1997 年大选之前就政府与非营利部门伙伴关系的征求意见稿中指出："和志愿部门的伙伴关系是工党在全社会推进社会凝聚力建设政策的核心内容。"①

## 9.2 影响现阶段英国地方政府与非营利组织关系的政策背景

1997 年 5 月布莱尔领导的工党开始执政，在随后的两年里，在

---

① 原文为"partnership with the Voluntary Sector is central to Labour's policy of achieving social cohesion in a one-nation society"。

建设整合型政府的战略方针的指导下，工党政府相继推出了一系列与非营利组织密切相关的"横向型"政策性举措，推动了政府和非营利组织的全面合作伙伴关系的形成。1997 年政府宣布的"新地方振兴计划"（New Commitment for Regeneration）强调了非营利组织参与地方振兴的重要性；1998 年 11 月布莱尔首相代表国家正式签署了《政府与志愿及社区组织关系协定》（COMPACT），将政府与民间的伙伴关系作为一项国家政策确立下来；1999 年 1 月布莱尔首相宣布在中央政府内组建一个专门负责非营利组织事务的部门，即后来成立的隶属于内务部的活跃社区司（Active Community Unit），旨在协调各职能部门，实现对非营利组织的政策由基于不同职能部门的"纵向型"向跨部门的"横向型"转变。

### 9.2.1　指导原则 COMPACT

英国在 1998 年出台了规范政府和非营利部门间关系的 COMPACT，这一开创性的举动表明英国的政府和非营利部门的关系进入了全面合作的一个全新阶段。从此 COMPACT 这一创新性的政策成为重构政府和非营利组织关系的指导原则。

COMPACT 的理念起源于 1995 年 Deakin 委员会的报告《未来的志愿部门》（Future of the Voluntary Sector）和工党 1997 年的政策报告《共建未来》（Building the Future Together）。Deakin 委员会的报告建议政府和非营利组织分别派出代表，就双方未来关系的基本原则达成一致。工党的政策报告《共同开创未来》采纳了这一建议，指出政府和志愿及社区部门有必要出台一个关系协定，作为双方的伙伴关系的一个基础。随后工党政府任命了一个部长级工作组负责监督 COMPACT 的制订。在咨询了中央政府的职能部门和多达 25000 余家非营利组织后，英格兰地区的 COMPACT 于 1998 年 11 月正式推出，威尔士地区和苏格兰地区也在当年出台了类似的协定，北爱尔兰地区则于 2001 年出台了 COMPACT。

COMPACT 认可了政府和非营利部门共同的价值观，规范了双方合作的原则以及各自应当承担的责任。COMPACT 指出健康的志愿与社区部门是民主社会的必要组成部分，政府和志愿与社区部门在公共政策和服务的制定和实施中发挥着互补的作用，双方作为伙伴协同工作将获得更好的公共政策与服务，以及更好的社区治理效果。为了使 COMPACT 更具有操作性，英国在 2000～2003 年期间先后出台了 COMPACT 的五个守则，分别规范政府采购、政策咨询、志愿行为、社区治理、黑人与少数民族五个方面的内容。COMPACT 虽然不具有法律效力，但它是规范政府和非营利部门关系的一个框架型文件，是一项国家政策，中央各部、非部门公共体（Executive Non-Departmental Public Bodies）和非营利组织、志愿组织和社区组织都要遵守。

1998 年出台的 COMPACT 主要关注的是中央政府和大型的国家级的非营利组织的伙伴关系。很快人们意识到地方政府和地方的非营利组织的关系也应该纳入这个关系协定，并且一旦地方政府和地方的非营利组织的伙伴关系以 COMPACT 的形式规范下来，将有助于工党政府的"地方政府现代化"和"活跃社区"的目标的达成。于是政府的部长级工作组和非营利组织的有关代表决定把 COMPACT 的范围延伸到地方。然而这一过程却非常艰难。第一部地方 COMPACT 1999 年在英格兰的多赛特（Dorset）县推出。到 2000 年，英格兰 75% 的地方政府知道 COMPACT，但只有 9% 的地方推出了地方版 COMPACT，有 55% 的地方政府仍在与当地的非营利组织就地方版 COMPACT 进行讨论（Sykes and Clinton, 2000）。截止到 2006 年 2 月，英格兰 99% 的地方推出了或正在积极制定地方版 COMPACT。地方版 COMPACT 规范地方政府、公共部门和地方的志愿和社区部门间的伙伴关系，它明确了双方在很多地方工作领域的合作，例如社区组织和警方一道打击反社会的行为、社会服务主管部门和非营利组织合作开展社会服务等。

### 9.2.2 新地方振兴计划（New Commitment for Regeneration）

早在 20 世纪 80 年代，保守党领导下的英国政府就制定了地方振兴计划（Area Regeneration）。这个计划的一个显著特征是强调公私部门的伙伴关系，另外也引入了政府和非营利组织的伙伴关系的元素。在这个时期，政府与非营利组织的伙伴关系实质上是非营利组织参与地方振兴计划的具体实施，但非营利组织并不参与政策制定的过程。

1997 年工党政府在总结保守党执政时期地方振兴计划实施的经验和教训的基础上推出了更具战略性思维的新地方振兴计划（New Commitment for Regeneration）。新地方振兴计划具有以下几个特点：

（1）振兴的内容从经济振兴延展到经济、社会和环境三位一体的振兴；

（2）针对的地域更广泛，涵盖直辖市、市、县等各级地方政府；

（3）资金来源既有国家主流预算和大型项目经费，又有地方振兴专项预算和专项活动经费；

（4）中央政府作为合作伙伴之一纳入到新地方振兴计划；

（5）探索国家政策在地方执行的灵活性，以鼓励地方的创造性和地方创新。

新地方振兴计划和保守党执政时期的地方振兴计划的主要区别在于对非营利组织的功能定位有所不同。首先，它肯定了非营利组织参与地方振兴的重要性，它指出了非营利组织要成为真正意义上的执行和实施新地方振兴计划的伙伴，而不能跟以前一样，只做地方振兴项目纸面上的伙伴。它还指出了以前的地方振兴计划中，地方政府主导的从上至下的专项预算制定模式使社区的参与边缘化。其次，新地方振兴计划强调了非营利组织不仅仅要承担提供公共服务的职能，还要发挥在地方振兴政策制定和公共服务管理中的作用。在政策制定过程中，非营利组织能充分调动社区的参与并且保证弱势群体以及少数派的意见也能反映到决策部门，可以影响地方振兴相关政策的方向和内容。

新地方振兴是一个宏大的计划，它涵盖了所有的政策领域，要求所有参与部门作为伙伴协同工作，触及了参与各方的自身核心业务，它还改变了中央政府和地方政府、地方非营利组织的传统关系。因此新地方振兴计划的实施也给各方提出了巨大挑战，地方政府、地方的非营利组织、社区、地方发展机构①只有充分认识挑战并齐心合力协作才能发挥自身优势，使新地方振兴计划真正惠及社区。

### 9.2.3 地方政府改革

为了实现构建整合型政府的目标，工党政府对地方政府进行了所谓地方治理现代化的改革，其核心内容就是让公民在地方事务和公共服务领域有更多的发言权和选择权。在地方治理现代化的改革中，地方政府面临的一大挑战是如何让公民参与决策过程、如何满足公民日益提高的对公共服务的期望和需求。在这一背景下，各种促进"伙伴关系"建设的机构应运而生。

2001 年政府在《街道振兴国家策略》（*National Strategy for Neighbourhood Renewal*）和《社区规划指南》（*Community Planning Guidance*）草案中提出了"地方战略伙伴关系"（*Local Strategic Partnership*）在地方治理改革中的作用以及在制定社区的可持续发展战略中的作用。"地方战略伙伴关系"是在地方建立的一种协调机制，以便地方的公共部门、私营部门、社区和非营利部门能充分合作，各部门开展的工作和提供的服务能有效互补而不是互相冲突。政府要求英国的各个地区都要在行政区域内成立跨部门的"地方战略伙伴"协调机构，以提高当地的治理水平和居民的生活质量，并使得当地其他的基层伙伴关系能在这一协调机制内得以构建。"地方战略伙伴关系"的主要职责是制定当地的街道振兴策略，协助地方政府制定社区发展战略，梳理地方的各种计划、新方案和伙伴关系使得公共服务更有效地满足当地的需求。

为了促进地方的非营利组织通过"地方战略伙伴关系"协调机制积极参与地方的街道振兴和社区振兴，2001 年英国中央财政出资

---

① 地方发展机构（Local Development Agencies）指的是作为地方政府和地方非营利组织的中间机构、负责支持和培育志愿和社区行动的多个非营利组织。

3600 万英镑设立了面向 88 个最贫困落后地区的为期三年的"社区赋权基金",主要用于非营利组织开展外展、调查研究活动来了解当地的问题、收集居民的意见和想法,为"地方战略伙伴关系"协调机构选择来自困难社区和街道的非营利组织代表,以及为参与"地方战略伙伴关系"的各方提供培训等等。由于担心"地方战略伙伴关系"会分散地方政府和地方非营利部门的注意力,影响制定和实施地方版 COMPACT 的进程,政府后来又引入了"地方战略伙伴关系"积分制,只有制定了地方版 COMPACT,当地的"地方战略伙伴关系"才能获得中央财政的支持资金。

在随后的 2004 ~ 2005 年间,英国政府又在 21 个地区推行了"地方协议"(Local Area Agreement)的试点,即每个地区的社区和地方服务的提供者(包括地方政府、"地方战略伙伴关系"协调机构、警察、卫生部门、非营利组织等)要认同一个为期十年的社区规划。该社区规划需要在"地方战略伙伴关系"协调机制下起草制定,要体现政府设定的目标以及社区发展战略,社区规划往往关注诸如儿童、青年、老年人、社区安全、卫生等话题。

无论是"地方战略伙伴关系"还是"地方协议"都体现了工党政府推行的地方政府改革的核心要义,即权力和资源从中央向"一线工作者、地方民主结构、地方消费者和社区的组合体"的战略性转移(Corry and Stoker, 2002)。各种各样的政策在地方实施的过程中,地方政府再也不是一家独大,而是伙伴关系中的一员。有趣的是,英国很多关于地方公共服务的学术著作也越来越多地用"地方治理"一词来取代"地方政府"一词。

虽然"地方战略伙伴关系"和"地方协议"具有很多优点,例如建立信任合作的文化、地方赋权、提高公共服务的质量,但二者也给地方的非营利组织带来了挑战——这就是非营利组织如何在参与"地方战略伙伴关系"和"地方协议"的过程中,既和有关各方为了社区的共同利益达成共同目标并加以实施,又保持自身的独立性,并按照本机构的宗旨为某一群体的利益进行倡导。

## 9.3 英国地方政府对非营利组织的支持

在 COMPACT 的指导下，英国中央政府出台了一系列对非营利组织的支持项目。地方政府也逐步采纳了 COMPACT 的原则并先后制定了地方版 COMPACT，在这一背景下，中央政府对非营利组织的支持项目在地方得以很好地落实。由于篇幅限制，本节选择几个有代表性的支持项目并结合其在地方实施的案例进行阐述。

### 9.3.1 "能力建设者"（Capacitybuilders）项目

2002 年英国财政部开展的"志愿和社区部门在提供服务中的作用"的跨部门评估发现非营利组织的能力有待提高，对非营利组织进行能力建设符合非营利部门和政府部门双方的共同利益。于是在 2004 年政府和非营利部门共同推出了名为"转变"（ChangeUp）的项目，这是一个跨政府职能部门的针对一线非营利组织的能力建设项目，旨在提高政府为一线非营利组织提供的服务的质量和可及性。项目对一线非营利组织的支持包括六大方面：财务、治理、信息技术、绩效管理、志愿者活动、人力资源。政府在 2004～2006 年间在该项目上共投入了 8000 万英镑，建立了 6 个国家级服务中心，支持了 100 多个地方联盟在当地负责该项目的实施。

在总结转变项目成功经验的基础上，英国政府在 2006 年 4 月正式公布了"能力建设者"（Capacitybuilders）项目以进一步加强非营利组织的能力建设。该项目的愿景是让每一个非营利组织在需要支持和帮助的时候都能获得高质量的支持，具体的服务则包括各种专题的信息、建议、指导和培训。英国政府在 2006～2008 年间已经为"能力建设者"项目投入了 7000 万英镑的资金，最近还给该项目在 2008～2011 年间的运作提供了 8850 万英镑的预算资金。"能力建设者"项目还积极寻求政府以外的资金来源，以扩大项目的规模。2007 年"能力建设者"项目开展了对前三年项目的回顾和评估，在此基础上制定了其在 2008 ~ 2011 年期间的五大战略目标：

（1）提高针对志愿和社区组织的硬件支持的质量；

（2）向各利益相关方展示为一线非营利组织提供服务的益处；

（3）确保所有的非营利组织有均等的机会获得主流的支持和服务，在必要的时候定向安排资源；

（4）发展并影响资金支持模式，使得对非营利组织的支持可持续；

（5）和公共部门合作。

在这五大战略目标的指导下，"能力建设者"项目重新规划了四个子项目，分别是国家支持服务项目、地方联盟支持项目、提高可及性项目和社会企业项目。国家支持服务项目主要为国家级服务中心提供资源、资料和典型案例，以便它们能更好地为一线非营利组织提供服务。在接下来的三年里，国家支持服务项目要在九个领域里搜集资源、资料和典型案例，分别是倡导、合作、平等与多元化、增加收入、领导力与治理、市场与沟通、志愿者行动、绩效管理、回应社会变革。地方联盟支持项目面向在地方实施"能力建设者"项目的 100 多个地方联盟，为它们提供工作经费和设备更新费，并奖励地方联盟资助的优秀项目。提高可及性项目旨在支持非营利组织挑战歧视，项目为在边缘化社区（如存在失业、住房条件恶劣、犯罪率高、家庭矛盾多等问题的社区）工作的非营利组织提供额外的支持。该项目还优先支持由黑人或少数民族成立的非营利组织，以及在黑人、少数民族、难民、移民社区和闭塞的农村地区开展工作的组织。社会企业项目专门支持地方的社会企业网络和其他非营利组织之间的协作和最佳实践的分享，从而找到满足地方需求的最好办法。项目将资助一些新的导师辅导计划、开发新市场等项目。

## 伦敦市实施"能力建设者"
## （Capacitybuilders）项目的案例

"能力建设者"项目在伦敦市的实施由伦敦地方联盟（London

Regional Consortium）负责，伦敦地方联盟由伦敦市政府推动成立，成员包括伦敦的公共部门和非营利部门的代表以及伦敦市的出资方代表。伦敦地方联盟下设十个专题组，每个组负责"能力建设者"项目的一个专题。

在中央政府推出"能力建设者"项目的前身——"转变"（ChangeUp）项目时，伦敦地方联盟就开始实施该项目。除了"转变"项目规定的对一线非营利组织的财务、治理、信息技术、绩效管理、志愿者活动、人力资源六大方面的支持以外，伦敦地方联盟还根据地方的情况增加了五个领域的支持，即建议、街道、奥运会、办公场所、社会企业。2004～2008 年间，伦敦市的"转变"项目资金达到近 1300 万英镑，项目取得了显著成效，市级、区级和更基层的以"伙伴关系"形式的合作明显增加，地方联盟的专题组提供的各种支持使一线非营利组织受益，并且还收集了伦敦各区镇的大量数据，为以后的项目设计提供了很好的依据。

2006 年 4 月英国政府正式公布了"能力建设者"项目，当年伦敦市就推出了该项目在伦敦实施的计划书。随着"能力建设者"项目国家级 2008～2011 年策略的推出，2008 年伦敦市又结合地方情况推出了伦敦"能力建设者"项目实施的计划书。该计划书在总结伦敦市在过去的四年间执行"转变"项目和"能力建设者"项目的经验，重申了支持非营利组织对优化伦敦市的公共服务，促进伦敦人健康、富裕和高质量的生活的重要性，提出了到 2014 年伦敦地方联盟从 12 个领域（建议、沟通、平等、信息技术、增加收入、街道、奥运会、办公场所、社会企业和社会企业家、环境可持续发展、志愿者行动和治理、人力资源）支持非营利组织的远景目标，制订了详细的 2008～2011 年实施"能力建设者"项目的计划和工作指标，还明确了项目的督导和评估规划。

### 9.3.2 "草根赠款"（Grassroots Grants）项目

工党政府认为在社区层面工作的非营利组织能充分调动社区的参

与、反映弱势群体的诉求，从而有效创建积极活跃的社区、促进社会包容、提高社会的凝聚力。在这样的指导思想下，政府出台并实施了三个大型的项目专门支持社区组织的发展，即"社区资产"项目、"草根赠款"项目和"社区建设者"项目。"社区资产"项目提供资金重新整修一些地方政府部门的闲置房产，然后将其转交给地方的非营利组织所有，作为非营利组织为社区开展活动的场地，从而改善非营利组织办公场所的条件并增加社区活动的场所。"社区建设者"是由第三部门办公室（Office of the Third Sector）和社区与地方部门部（Department of Community and Local Government）在 2008 年共同启动的总额为 7000 万英镑的项目，该项目支持为社区居民提供活动场所、开展社区服务、支持社区组织的非营利组织，项目为这些非营利组织提供资助以及业务上的指导。"社区资产"项目和"社区建设者"两个项目分别由第三部门办公室和社区与地方部门部共同委托的两个不同的第三方机构来直接管理。

"草根赠款"是专门针对社区组织的总额达 1.3 亿英镑的资助项目，其中 8000 万英镑是给社区组织的小额赠款，另外 5000 万英镑则是给地方的基金会的奖励，以扩大地方基金会的本金规模。政府出资 1.3 亿资助社区组织的想法最早是在 2007 年 7 月英国内阁办公室和财政部出版的《第三部门在未来社会和经济振兴中的作用》报告中提出的。在随后该报告的政策咨询过程中，政府广泛征询了第三部门的意见，了解到小型的非营利组织往往难以获得资金来开展工作。在 2007 年 12 月第三部门办公室将该项目命名为"草根赠款"，并宣布委托社区发展基金会作为项目的国家级合作伙伴，负责项目的具体实施。"草根赠款"项目从 2008 年 1 月正式启动，分三个财政年度实施，至 2011 年 3 月结束。

"草根赠款"项目旨在资助那些小型的、微型的、主要由志愿者参与的社区组织，使它们能充分发挥自身的优势和作用，以解决其所在社区的种种问题特别是反映弱势边缘群体的诉求。为了体现向这类草根组织的倾斜，项目规定只有年收入低于两万英镑的社区或志愿组织才能申请项目的小额赠款，赠款可以用于购买硬件设备、开展活动、培训志愿者、支付员工报酬等，但严禁用于开展政治活动或宗教活动。为了方便社区组织申请赠款，社区发展基金会将该项目的8000万英镑小额赠款分配到地方，由63个地方基金会作为项目在地方的执行机构，负责"草根赠款"项目在各地区的实施。另外，这63个地方基金会的一大任务是根据项目设定的指标向企业或个人募集资金充实自身的本金，在达到筹资的指标后将从"草根赠款"项目获得政府配套资金的奖励，奖励的资金也用于扩大基金会的本金规模。奖励的比例是2：1（即从企业或个人募捐的金额是政府配套资金的两倍），但在少数地方，这一比例是1：1或3：1，具体由第三部门办公室根据每个地区的情况来决定。政府希望通过这种机制激励企业和个人向地方的基金会积极捐款，使得63个地方基金会在三年后能获得总额约为1.5亿英镑的本金以及本金的投资收入。这就保证了地方基金会在2011年小额赠款项目结束时仍有充足的资金来继续支持本地的草根组织在社区层面的工作。

### 埃赛克斯（Essex）市实施"草根赠款"项目的案例

"草根赠款"项目在埃赛克斯市的实施由埃赛克斯社区基金会负责。埃赛克斯社区基金会成立于1996年，一直致力于在埃赛克斯市募集捐款并资助本地的慈善组织和社区组织。

"草根赠款"项目的国家级执行机构——社区发展基金会给埃赛克斯市分配了200万英镑的小额赠款额度和500万英镑的本金扩容指标（其中165万英镑是政府提供的配套奖励，即埃塞克斯社区基金会完成了330余万英镑的向企业和个人筹资的指标后，项目将向埃赛克斯社区基金会支付165万政府配套资金）。2008年7月，埃赛克斯社区基金会按照项目的要求制定了简单快捷的申请程序，鼓励本地区的年收入在两万英镑以下的并且有一年以上社区工作经验的小型社区组织申请总额不超过5000英镑的小额赠款。为了方便基层的社区组织，申请表格的语言简洁明了、通俗易懂。申请表格中明确说明了什么样的组织可以申请赠款，什么样的组织不能申请赠款，赠款用于支持什么样的活动，赠款不能支持什么样的活动，如何申请，等等细节。社区组织递交了申请后，埃赛克斯市社区基金会会在两周内完成评估并作出是否资助的决定。

截止到 2008 年 12 月，埃赛克斯市的"草根赠款"项目共为 133 家当地的志愿和社区组织提供了逾 50 万英镑的小额赠款资助，项目覆盖了埃赛克斯市城市和农村的许多社区。例如，Basildon 区的瑜伽协会获得了 4984 英镑的赠款来继续开始针对社区青少年和成人（包括残疾人）的瑜伽课程；名为 Stock Cares 的社区组织获得了 4450 英镑的赠款用来支付驾车送本社区的老人和残疾人去医院看病的志愿者的汽油、保险等费用；Harlow 社区的一家帮助难民、移民和少数民族融入社区的组织获得 5000 英镑的资助用来支付其员工和志愿者的费用。

为了完成 500 万英镑的本金扩容指标，埃赛克斯社区基金会除了通过新闻媒体鼓励本地的企业和个人积极捐款以外，还在网站上开通了网上捐款，极大地方便了个人捐赠。

### 9.3.3　针对社会企业的支持

近些年来，社会企业受到了英国政府越来越广泛的关注和支持。政府承认社会企业不仅能提供高质优价的公共服务，还能有效解决社会问题和环境问题。英国中央政府在 2002 年首次推出了支持社会企业发展的政策性文件——《社会企业：一项成功战略》。2006 年内阁办公室制订了新的政策文件——《社会企业行动计划：登上新高度》，文件重申了政府支持社会企业的承诺，提出了一整套具体的支持方案，从四个方面来支持和推动社会企业的发展，即培育社会企业文化、为社会企业的成立和发展提供正确的信息和建议、增加社会企业的融资渠道、帮助社会企业和政府有效合作。该行动计划规定中央政府从 2007 年 4 月开始为地方的区域发展局（Regional Development Agencies）提供专门的资金，以改进"商务联系"

（Business Link）网站，为社会企业提供更好的商务支持。为了确保社会企业对其所在地的商务支持满意，该行动计划还规定了所有的区域发展局的职责，具体包括：在地方推广优秀典型、提供针对社会企业的商务支持并提高此类服务的可及性、支持社会企业员工的技能发展。

一家名为 Rocket Science 的机构在 2006 年下半年在英格兰九个地区就地方政府对社会企业的支持开展了专项研究，发现这九个地区都在积极落实国家的 2006 行动计划，并产生了多种多样的具体支持措施，归纳起来有六大类。

（1）每个地区都制订了地方的社会企业发展策略或计划，并且大多数地方的计划都是由社会企业和区域发展局通过合作共同制订的。

（2）通过培训等方式加强主流支持机构的能力，特别是"商务联系"网站的能力，以便为社会企业提供更有效的商务支持和服务。

（3）在区域发展局的工作计划中或者地方的经济发展策略中引入对社会企业支持的指标。

（4）为处于创业阶段的社会企业或者被地方政府认定为优先业务领域的社会企业提供资金支持，并且在资金的分配中引入质量标准。

（5）制订符合社会企业需求的"一条龙"商务支持方案，明确每个步骤的服务内容和标准。

（6）根据不同类型的社会企业的不同需求，开发并提供细分的商务支持和服务项目。

## 谢菲尔德（Sheffield）市支持社会企业的案例

谢菲尔德市的政府部门充分意识到社会企业在当地经济、社会发展和环境建设中的重要作用，采取了很多措施来扶持社会企业的发展，其中就包括通过政府采购来支持具有成熟和可持续商业模式的社会企业。

谢菲尔德市政厅实施了一项可持续政府采购的策略，目标是该市10%的公共服务要通过政府购买服务的形式由社会企业或者其他非营利组织来提供。为了让更多的社会企业能够注册登记为服务提供商，谢菲尔德市政厅还简化了资格审查表格。这一举措消除了社会企业参与政府购买服务的障碍，使其能够与其他组织或商业机构同台竞技，争取政府的购买合同。

以谢菲尔德市购买一家名为 Green Estate 的社会企业的服务为例，谢菲尔德市政厅在 2005 年与 Green Estate 公司签订了一份为期三年、总金额为 150 万英镑的合同，委托其转变和管理谢菲尔德市110 余处废弃地块。谢菲尔德市是一个快速发展的城市，城市中有很多废弃的土地，上面有一些空置或已经被拆除的建筑物。这些缺乏管理的公共空间既不美观，又对当地的社区存在负面的社会影响。Green Estate 公司的专长是把这类废弃地块转化为和环境相协调的、有正面社会和经济效益的社会公共空间，Green Estate 公司还强调社区在转化公共空间过程中的参与。在合同签订之前，谢菲尔德市政厅了解并肯定了 Green Estate 公司的社会价值——这家社会企业为弱势群体提供培训，把自身的赢利投入到谢菲尔德市的绿地和公园的管理中，促进社区参与，提高社区居民对公共空间的主人翁意识等。合同签订后，Green Estate 公司会同谢菲尔德市有关政府部门一道调研，掌握了每块废弃土地的转化需求，然后公司拟定了转化这些废弃地块的最佳方案。在合作的过程中，双方建立了坦诚友好的合作关系。

这份政府采购合同的实施使谢菲尔德市政厅、Green Estate 公司以及当地的社区和居民都受益匪浅。政府部门用合理的价格购买到服务，达到了提高公共服务效率和水平的目的；Green Estate 公司则获得了营业收入，确保其可持续发展；当地的居民有更多的就业机会，拥有了更美丽、更安全和更符合社区需求的公共空间。现在，Green Estate 这家社会企业已经成为谢菲尔德市政厅实现其环境政策的一个重要合作伙伴。

## 结　语

　　上面三个小节的分析表明英国的地方政府在中央政府的政策指导下正在积极构建和非营利组织的合作伙伴关系，并且采取了一系列措施来支持非营利组织的发展，以发挥非营利组织在社会、经济、环境建设中的巨大作用，并有效促进公民参与，提高社区的活力。

　　在地方政府构建和非营利组织的合作伙伴关系中，地方的《政府与志愿及社区组织关系协定》（COMPACT）是一项核心内容，其制定以及实施的效果决定了地方政府对非营利组织的支持程度。地方版 COMPACT 的制定和实施也是一个地方政府和当地的非营利部门建立互相信任的过程，在这一过程中，双方要在一些价值观上达成共识，地方政府还要向非营利组织开放资源和权力。

　　英国的地方政府和非营利组织关系的历史变迁，特别是工党政府时期的政府和非营利组织关系，充分体现了政府和非营利组织的关系是执政党政治主张和公共管理模式的反映。

# 第10章 英国非营利组织的运作和
# 志愿者参与实践

## ——以英国全国志愿组织联合会（NCVO）为例

历史地看，英国非营利组织的发展比较快而且也相对比较成熟，在英国社会中起着相当重要的作用，它们帮助解决困难的社会问题，占据了一个与政府和私人部门企业分离的空间。[1] 与其他发达国家略有不同的是，英国对非营利组织一般不用"非营利组织"或"非政府组织"这样的概念，使用最多的是"慈善组织"或者"志愿者组织"。[2] 在此意义上，了解英国志愿组织的运作，也就能较好地了解英国非营利组织的运作和志愿者的参与实践。而在实践中，英国志愿部门的活动复杂而多样，包括了众多不同规模和类型的组织。一些组织是联邦制，一些组织是垂直型，一些组织是科层制，其他则是集体、合作、网络或者联盟型的组织。一些组织在互助的基础上开展活动，一些组织试图提供利他性的服务，一些组织专为其会员提供服务，其他组织则关心倡导问题。[3] 地方性组织往往通过志愿服务理事

---

[1] Adrian Sargeant, Stephen Lee, "Trust and Relationship Commitment in the United Kingdom Voluntary Sector: Determinants of Donor Behavior", *Psychology&Marketing*, Vol. 21 (8), August 2004, pp. 613 – 635.

[2] 王名：《对非营利组织开展国际科技合作相关政策法规的建议》，来源：中国社会组织网，http://www.chinanpo.gov.cn/web/showBulltetin.do? type = pre&id = 15662&dictionid = 1500&catid = 15005。

[3] Geoff Poulton, *Managing Voluntary Organization*, John Wiley&Sons, 1988.

会（Council of Voluntary Service）等中介网络，或者志愿组织联合会（Council of Voluntary Organizations）等全国性机构联系在一起。

在邦联制下，英格兰、苏格兰、威尔士、北爱尔兰都分别成立了自己的大型伞形组织，对志愿组织进行管理和服务。英格兰有全国志愿组织联合会（NCVO），苏格兰也有志愿组织联合会（SCVO），威尔士和北爱尔兰则建立了志愿行动理事会，即威尔士志愿行动理事会（WCVA）和北爱尔兰志愿行动理事会（NICVA）。这四个国家层面的伞形组织是姊妹组织，具有类似的组织结构和功能，其中，NCVO是英国目前最有影响的志愿组织联盟，甚至在欧洲都比较有影响。因此，本章选择以 NCVO 为例对英国非营利组织的运作和志愿者的参与实践进行论述。写作分为六个部分：第一部分简要介绍英国志愿组织的发展尤其是 20 世纪 90 年代以来的发展情况；第二部分介绍 NCVO 的历史与现状；第三部分介绍 NCVO 的主要功能和工作；第四部分讨论 NCVO 在志愿者参与实践上的主要作用和特点；第五个部分介绍 NCVO 针对志愿组织的可持续发展提出的战略规划；在最后，对 NCVO 的经验及其对中国志愿组织的发展的启示意义作简要讨论。

## 10.1 英国志愿组织的发展概况

世界各国对慈善团体或志愿性组织赋予的定义各不相同，存在"志愿部门"、"慈善组织"、"非营利组织"、"独立部门"、"第三部门"等等称谓。在英国，志愿部门的活动也没有单一的分类标准。英国慈善救助基金会使用 14 种名词对志愿部门活动进行了概括，包括动物、艺术、社区进步、教育、就业、一般福利、住宅、国际救援、医疗与健康、环境保护、休闲娱乐、宗教与心灵改造、青少年发展等内容。而在英格兰和威尔士慈善委员会登记的组织是由内陆税务局（Inland Revenue）认定，即所谓的注册的慈善团体。它们采用的分类标准是依据 1601 年的《济贫法》前言所作的规定，其志愿性服务仅仅局限在救助穷人、宗教改革、教育改革以及社区其他福利。此外，英国现在不单单讲"志愿组织"，在正式法律文件中还必须加上"社区"，登记为"志愿和社区部门"（Voluntary and Community Sector）。因此，实际上，英国的志愿组织也就是志愿和社区组织（Volunteer and Community Organizations，简称 VCOs）。本章把此类组织统称为志愿组织（Volunteer Organization，简称 VOs）。

作为老牌发达资本主义国家，英国有着非常悠久的志愿传统。早在公元 55 年，英国就出现了具有互助互益性质的"友谊社"，而到 12 世纪~13 世纪，在英国开始出现了正式的志愿活动，非营利医院、民办学校等非营利公益事业得到了蓬勃发展。到 1601 年，英国制定了世界上第一部慈善法《济贫法》，以法律形式正式确立了政府对非营利慈善事业的支持。不过，直到 19 世纪英国志愿者活动才获得了真正的进展。当时，正处于工业革命时期，社会需求逐渐增加、人口急剧增加，自由经济得到发展，诸多因素促成了英国公民自我协助观念的不断成长。同时，公众对政府极其不信任，也最终促成英国公民社会组织的发展。进入 20 世纪以后，随着政府越来越难以满足不断增加的公共服务需求，非营利组织在国际经济和社会中不断成长，其作用范围从作为公共部门的补充转向了与政府合作提供服务。政府将过去传统上由公共部门提供的服务和活动转移给了私人部门。此时，在英国出现了大量以非营利慈善为宗旨、以公益服务为主业、以志愿参与为特征的非营利组织，它们在社会公益服务的供给上发挥重大作用，形成了英国社会政府公共部门与非营利组织共同推进公共福利的繁荣景象。到 1948 年，英国宣布建成世界上第一个福利国家。

第二次世界大战以后，英国工党政府上台，通过推行"国有化"，将原来由许多慈善机构提供的社会公益服务接管成为政府公共服务，慈善组织功能被弱化。到 20 世纪 70 年代，在位的保守党撒切尔政府，针对政府公共部门低效率和机构臃肿等问题，开始大力推行"私有化"政策，在 70 年代末开展了培养积极公民的"好邻居运动"（Good Neighbor Campaign），从而使得慈善组织又有了很大发展。[①] 1979～1997 年期间，由于受到保守党政府的政策与意识形态的影响，公民社会组织与政府之间的关系受到了很大破坏。当时的政府迷信于市场竞争的万宁丹，地方政府的公共服务供给往往通过竞标方式来办理契约外包。这种方式受到了不少争议。有人认为，公民部门如果能够参与竞标，也可以提供良好的社会服务。有人则认为，如此一来将会使得公私部门的界线变得越来越模糊。非营利组织接受太多契约外包的公共服务供给，可能会伤害非营利组织基本的使命与价值。1997 年，在英国志愿研究所的委托下，由内政部和英国慈善救助基金资助，BMRB 国际曾对英国全国的志愿活动进行过一次调查。这次调查显示：在 1991～1997 年间，志愿活动的水平已经缓慢下降，从 1991 年占成年人口的 51% 下降到 1997 年的 48%。更多的退休人员参加志愿活动，但是年轻人参加志愿活动的比例下降；志愿活动的组织实践得到了提高，然而，70% 的志愿者仍然对其参与的志愿活动的组织方式表示不满意。[②]

1995 年，工党政府重新上台。布莱尔政府开始推行公共部门"现代化"改革，重新定位了政府公共部门、私人企业部门和非营利组织的关系，特别强调国家和志愿部门之间的新型关系。同年，英国政府出版《英国志愿服务策略大纲》（*an Outline Volunteering Strategy for the UK*），该书提出了 81 种策略建议，以提升支持志愿性服务，包括提供一个有效能的机制，帮助各地方政府的志愿服务工作的推动与进行，并且强调在各种不同层面，发展各种不同的志愿性服务行动。到 1998 年，英国实行 COMPACT，着重提高志愿和社区部门的能力。在这些政策的支持下，公民社会在英国不断复兴。[③] 有数据显

①  Justin Davis Smith, *Volunteers: Making a Difference*? Edited by Harris& Colin Rochester, Voluntary Organisations and Social Policy in Britain, published by Palgrave, 2001, p. 185.

②  "1997 National Survey of Volunteering in the UK", http://www.ivr.org.uk/researchbulletins/bulletins/1997-national-survey-of-volunteering-in-the-uk.htm.

③  Barry Knight and Sue Robson, "The Value and Independence of the Voluntary Sector", CENTRIS. http://www.bctrust.org.uk/pdf/Value-Indep-Voluntary-Sector.pdf.

示，1995 年，英国只有 50000 个活跃的慈善机构，到 2005 年 7 月，英国已经有 169247 个活跃的慈善机构。正规的志愿者活动也在增加。而据内政部 2004 年的一项调查显示，估计有 42% 的英国人经常参与志愿活动，并且在 2003～2004 年期间至少参与了一次志愿活动，比 2003 年的 39% 提高了 3 个百分点。此外，志愿和社区部门对公共服务供给的参与已有了很大提高。[①] 2002 年，英国 153000 个一般性慈善机构的总收入（毛收入）达到 208 亿英镑，拥有约 701 亿英镑的资产。而到 2004 年 3 月，一般性慈善机构雇佣了大约 569000 个带薪工作人员，占英国全部的 2%。[②] 截至 2005 年，志愿和社区部门的总收入达到 208 亿英镑，其运行支出达到 204 亿英镑，有 56.9 万带薪雇员，为英国 GDP 贡献了 72 亿英镑。另有一个调查显示，在过去 10 年里，英国带薪的志愿部门工作者增加了 26%，2003 年为 567000 名，2005 年则达到了 611000 名。2003 年，至少每个月从事 1 次志愿活动的人占到 28%，2005 年上升到了 29%。此外，2003 年至少每年从事志愿活动的人占到 42%，2005 年的比例则为 45%。[③] 可见，志愿组织在英国公共服务供给上发挥了越来越大的作用，影响着英国公民社会的繁荣与发展。

## 10.2　全国志愿组织联合会（NCVO）：历史与现状

充满活力的志愿和社区部门，往往需要强大的声音和最好的支持。中介组织或者联盟组织在为志愿社区组织进行倡导和代表上就发挥着积极作用。英国的中介组织类型包括两种，一种是独立型，一种是综合型。所谓独立型中介组织，会员同质性相当高，基本上是为了某种

①　*The Shape of Civil Society to Come*, Published by the Carnegie UK Trust, October, 2007.

②　Stuart Etherington, " Public services and the future of the UK voluntary sector ", *International Journal of Nonprofit and Voluntary Sector Marketing*, Volume 9, Number 2, May 2004, pp. 105 – 109 (5).

③　Oliver Reichardt, David Kane, Belinda Pratten & Karl Wilding, *The Civil Society Almanac 2008*, *Summary*, Published by NCVO, February 2008.

特殊服务而结合在一起的。而综合型的中介组织范围很广，即把各种不同的服务整合在一起，会员性质也各异。按照这种分类，NCVO 属于综合型的中介组织，它在英国志愿组织的联盟中发挥了积极的作用。

### 10.2.1 NCVO 的历史发展

NCVO 创立于 1919 年，是英格兰最大的志愿社区组织的伞形组织。其创立人是爱德华（Edward Vivian Birchall），他在历史上对英国志愿组织的发展有很大的影响。爱德华 32 岁英年早逝，在临死的时候，他留下 1000 英镑遗产，托付自己的朋友格兰迪（S. P. Grundy）用这笔钱成立了英国全国社会服务联合会（National Council of Social Services，NCSS）。经过 60 年的发展后，1980 年 4 月 1 日，英国全国社会服务联合会更名为全国志愿组织联合会（National Council for Voluntary Organisations，NCVO）。当时规定 NCVO 有三个目标：一是扩大志愿组织对社会问题的参与；二是成为志愿组织的资源中心；三是保护志愿组织的利益和独立性。在 20 世纪 80 年代，NCVO 曾被认为是政府的附属。但是从 20 世纪 80 年代末开始，NCVO 逐渐被看作与公共部门和私人部门平等、独立的合作伙伴。发展到今天，NCVO 已经成为英格兰志愿组织的"代言人"，积极推进了志愿部门在英格兰社会中的地位。

从价值诉求来看，NCVO 追求"独立性"、"创新性"、"合作性"、"包容性"以及"激情"。在独立性上，NCVO 尊重志愿和社区组织的独立性，支持这些组织作出自己的决定，采取自己的行动。NCVO 是志愿和社区组织一个强大而独立的声音。在创新性上，NCVO 相信志愿和社区组织在获取目标的方法上是创新的，NCVO 会竭力在所有工作中积极创新。在合作性上，NCVO 相信，志愿和社区组织如果一起努力就是最强大的，而且它们的未来会受到合作工作的影响，合作将是它们工作的关键方式。在包容性上，NCVO 尊重所有志愿和社区组织的多样性，尊重社会的多样性，努力在各个层面的工作中实现包容性。在激情方面，NCVO 相信志愿行动建立在对个体和社区作出积极影响之上。NCVO 将充满激情地支持志愿和社区组织。

### 10.2.2　NCVO 的会员制

伞状组织在志愿部门中的代表性是依靠自身的能力建设、吸引会员而积累起来的，因而这种纽带虽然是松散的，却是有效的。NCVO 是典型的综合型中介组织，它通过自下而上的层层联合组建起来。NCVO 下面又有很多不同的联盟，比如儿童照顾联盟、老人照顾联盟等等，再其下才是个别的机构。这些个别机构自身规模很小，但是由于有庞大的会员体系，许多会员本身又是伞状组织，从而形成葡萄串一样的结构。

**1. 会员组织管理**

NCVO 是会员制组织，会员在领导和发展联合体的工作中起着重要作用。基于服务、信息和政策影响力等方面存在的优势，会员对 NCVO 产生了强烈认同，愿意接受它的一些规则和要求。NCVO 为会员提供定制服务，满足小型志愿和社区组织，以及大型志愿和社区组织的需求。此外，还为公司和公共部门组织（公司和公共部门成员），以及英国以外的组织提供服务（国际会员）。一旦加入 NCVO，会员组织至少能够通过电子简报了解到志愿部门每月发生的事情，通过双月刊 *Engage* 了解志愿部门发生的大事，可以对政策、可持续融资、领导力、人力资源等问题进行专门服务，还可以通过集体力量进行协商从而为会员组织争取到折扣，节约成本。

NCVO 对入会成员收取会费，会费根据年收入来计算。会员组织的规模越小，其提交的会费就越低。此外，由于 NCVO 会员的多样化，因此会员费标准也多样化。按照会员年收入的规模，NCVO 的会员组织分为四种类型，分别是：a. 年度收入低于 10000 镑的组织，这种组织可以获得"社区会员"资格；b. 年收入在 10000 ~ 50000 镑的小型组织，这种组织可以获得"社区增补会员"资格；c. 年收入在 5 万 ~ 100 万镑的组织，这种组织可以获得"完全会员"资格；d. 年收入在 100 万镑以上的组织，这种组织可以获得"超额会员"资格。不同类型的组织需要缴纳的会费不同，享受的服务也不同（见表 10 - 1）。当然，会员组织也享有基本相同的服务，主要包括三项：

表 10-1　NCVO 的会员组织管理

| 会员组织类型（年度收入） | 会员资格条件 | 会员收费情况 | 会员收益 |
|---|---|---|---|
| 低于 10000 镑（社区会员） | 这些组织不一定是要登记著的慈善组织，但应是在英格兰的志愿或社区群体，不是为了营利目的而成立的。 | 提供免费的、电子的组合服务，通过电子邮件发送信息，成为社区会员。 | 1. 获得节约时间、金钱的信息，变得更有效（包括免费的法律信息服务，在线服务，出版物 30% 的折扣，每月电子公报）。<br>2. 获得节约钱的独特的会员折扣，包括获得计算机软件、IT 支持、保险、设施等等。租用 NCVO 的会议设施，20% 折扣。<br>3. 变成一个超过 5000 个志愿组织的强大社区的一员。与你的同行和主要的决策者们一道进行你们想要进行的改变。包括免费的网络；有机会对政府政策法规进行评论等等。 |
| 低于 50000 镑（社区增补会员） | 适合于收入低于 50000 镑的小型组织。不需要是登记的慈善机构，但是必须是在英格兰的志愿或社区群体，不是为了营利目的的而成立的。 | 费用（包括附加税）从 42 镑（包括一个较低比率的附加税）起，包括：(1) 44 镑：年费；(2) 42 镑：直接借记付费。 | 1. 获得节约时间、金钱的信息，变得更有效（包括免费的法律信息服务，在线服务，出版物 30% 的折扣，每月电子公报）。<br>2. 获得节约钱的独特的会员折扣，包括获得计算机软件、IT 支持、保险、设施等等。租用 NCVO 的会议设施，20% 折扣。<br>3. 变成一个超过 5000 个志愿组织的强大社区的一员。与你的同行和主要的决策者们一道进行你们想要进行的改变。包括免费的网络；有机会对政府政策法规进行评论等等。 |

续表 10 - 1

| 会员组织类型（年度收入） | 会员资格条件 | 会员收费情况 | 会员收益 |
| --- | --- | --- | --- |
| 超过 50000 镑（完全会员） | 会员费根据年收入水平来调整，组织越小，收费越少。不需要是登记的慈善机构，但是必须是在英格兰的志愿社区群体，不是为了营利目的而成立的。 | 完全会员收费每年从 93 英镑（包括较低比率的附加税）开始。 | 1. 获得节约时间、金钱的信息，变得更有效（包括免费的法律信息服务，在线服务，出版物 30% 的折扣，每月电子公报）。<br>2. 获得节约钱的独特的会员折扣，包括获得计算机软件、IT 支持、保险、设施等等。租用 NCVO 的会议设施，20% 折扣。<br>3. 变成一个超过 5000 个志愿组织的强大社区的一员。与你的同行和主要的决策者们一道进行你们想要进行的改变。包括免费进入大量您感兴趣的网络；通过常规咨询，有机会对政府政策法规进行评论等等。 |
| 最大的组织（超值会员） | 年收入超过 100 万，而且希望得到额外收益的网络机会的组织。不需要必须是登记的慈善机构，但是必须是在英格兰或社区群体，不是为了营利目的而成立的。 | 会员费从 1050 英镑起。 | 除了以上三个好处，还有：在 NCVO 的年度聚餐上拥有一个免费的位置（有机会与民意代表、决策者、融资家、公司管理者等见面）；邀请参加圣诞、夏季招待会；参加第三部门远景目（Third Sector Briefing Day）；额外得到 10 份电子简报；另外 5 份 VS 杂志（VS magazine）。 |

资料来源：NCVO 网站，ww.ncvo-vol.org.uk。

一个是获得能够节约时间和金钱的信息；一个是获得节约金钱的会员折扣；一个是成为强大社区的一员，能够分享网络和经验。

其中，对于完全会员收入的费用，按照年收入来进行，如果通过直接借记的方式付费可以节约 5%，入会 3 年可以优惠，至少节约 10%（见表 10 - 2）。最大的组织被称为"超值会员"（Membership Extra），其会员费从 1050 英镑起，这些组织能够获取额外的网络机会（见表 10 - 1）。

表 10 - 2 完全会员费用表

| 年收入 | 年费（英镑） | 通过直接借记的方式付费（可以节约 5%） | 3 年的优惠费用（至少节约 10%，最多 218 英镑） |
| --- | --- | --- | --- |
| 低于 10 万英镑 | 99 | 93 | 265 |
| 10 万 ~ 50 万英镑 | 146 | 139 | 394 |
| 50 万 ~ 100 万英镑 | 353 | 334 | 952 |
| 100 万 ~ 500 万英镑 | 481 | 457 | 1296 |
| 超过 500 万英镑 | 723 | 687 | 1951 |

资料来源：NCVO 网站，ww. ncvo-vol. org. uk。

### 2. 会员组织数量

NCVO 代表不同类型的志愿组织进行倡导，推进整个社会公益。其会员均是各自独立的志愿组织，它们与 NCVO 的关系是多元的、松散的。开始的时候，NCVO 会员组织的数量并不多，但是由于它的定位准确、研究深入并且充分尊重会员的意见，在政策倡导和会员关系上都非常成功，所以，NCVO 近年来的会员人数不断迅速攀升，这反过来又增强了它的实力，从而使志愿部门能更有效地发出整体的声音。近年，NCVO 的会员组织增长较快。2004 年 3 月，NCVO 有 3534 个会员组织；2005 年，达到 3746 个；2006 年为 4555 个；2007 年为 5113 个。其中，2008 年 8 月 13 日，Shisha Ltd. 成为 NCVO 的第 6000 个会员组织。① 截

---

① 该组织是在英国处于领导地位的南非当代视觉艺术工业品国际代理机构。

止到 2008 年 9 月，NCVO 已经有 6000 多个会员，超过 28000 个雇员和超过 1300 万志愿者为这些会员机构工作。NCVO 不仅仅代表其会员组织，也代表了更广泛的志愿社区组织。总体上，NCVO 差不多代表了 1/2 的英格兰志愿部门工作者。

### 10.2.3 NCVO 的治理结构

NCVO 的理事会由主席、荣誉官员、理事、监事组成，而具体的运作管理由行政官员负责。目前，NCVO 有首席行政官 1 名，副首席行政官 1 名，企业主管 1 名，计划和资源主管 1 名，公共政策主管 1 名。其中，首席行政官负责全部运作管理。副首席行政官员负责 NCVO 的能力建设。企业主管负责创收，招募会员组织，提供使志愿和社区部门受益的新产品和服务。计划和资源主管负责组织的计划和财务管理，提供内部服务，支持 NCVO 的治理；负责建立和维持有利于志愿和社区部门发展的环境，加强它们的声音和声誉。公共政策主管负责代表会员组织以及其他政府、媒体、利益相关者等内部的志愿部门（见表 10-3）。2007 年，NCVO 邀请其会员组织对伞形组织的治理方式提出重要的改变意见。在 2007 年 3 月，NCVO 的理事会最终达成一致意见，将其理事会成员数量从 40 个减少到了 12 个，同时还建立了一个由选举产生的、能够代表广大会员组织的代表大会。这个代表大会将作为一个论坛帮助理事会提高治理水平。①

### 10.2.4 NCVO 的资金结构

20 世纪 90 年代初，英国志愿部门的收入大约是 280 亿美元，相当于 170 亿英镑。志愿部门的收入来源多元化。比如，在文化与娱乐性志愿服务组织方面，组织所赚取的收入远大于政府的资助以及私人的赠与。而在教育、研究性志愿性服务组织方面，政府的补贴则成为组织最大的资助来源。就个人而言，他们对志愿部门最重要的贡献是资金的捐赠，特别是在重要的社会服务项目上。例如，在健康服务方

---

① Paul Jump, "NCVO reviews governance to better represent regional members", Third Sector Online, 2 April 2007.

表 10－3　NCVO 执行机构成员职责

| 职　　务 | 主要责任 |
|---|---|
| 首席行政官 | 负责全部运作管理 |
| 副首席行政官 | 负责 NCVO 的能力建设工作,包括质量、治理、领导力、就业、多样性、技能、可持续融资、信息通讯技术 |
| 企业主管 | 负责创收,招募会员,提使供志愿和社区部门受益(Voluntary and Community Sector)的新产品和服务 |
| 计划和资源主管 | 负责组织的计划和财经管理,提供内部服务,支持 NCVO 的治理。负责建立和维持有利于志愿和社区部门发展的环境,加强它们的声音和声誉 |
| 公共政策主管 | 负责代表会员组织以及其他政府、媒体、利益相关者等内部的志愿部门 |

资料来源：NCVO 网站，www. ncvo-vol. org. uk。

面，平均而言，英国有 0.76% 的人口每年都有慈善捐赠的行动。
NCVO 近年的资金结构也反映出了这种多元化特征。

1. NCVO 的年度总收入

从 1999 年开始，NCVO 的总收入随着会员数量的增加而增加。
在 1999/2000 年度，全年总收入为 4209000 英镑，2000/2001 年度为
4339000 英镑，2001/2002 年度为 4396000 英镑，直到 2004/2005 年
度，NCVO 的总收入增幅都不大，2004/2005 年度为 6767000 英镑。
2005/2006 年后，NCVO 的总收入有了大幅度的增加，2005/2006 年
度总收入为 10978000 英镑，2006/2007 年度则达到了 13113000 英镑，
增幅明显（见图 10－1）。

2. NCVO 的收入结构

在 2004/2005 年度以前，NCVO 的收入主要包括：a. 战略性内部
补贴；b. 会员费用；c. 通过慈善救助基金提供的捐赠；d. 遗产；
e. 自营收入；f. 项目补贴资金；g. 其他收入。而从 2005/2006 年开
始，NCVO 的收入来源结构发生了一些变化。NCVO 的收入主要包
括：a. 投资收入；b. 会员费用；c. 通过慈善救助基金提供的捐赠；
d. 主要的政府补贴；e. 集成（Hubs）收入；f. 自营收入；g. 项目补

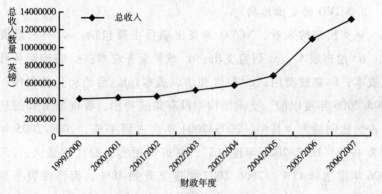

**图 10 - 1　NCVO 的年度总收入变化情况**

数据来源：NCVO 网站，ww. ncvo-vol. org. uk。

贴资金；h. 其他志愿性收入。相比来看，主要的收入来源变化在于增加了投资收入和集成收入，尤其是集成收入。在 2005/2006 年度，集成收入占 NCVO 总收入的 43%，而 2006/2007 年度进一步提高到了 49%。此外，会员费用的比例下降，2004/2005 年度以前，会员费用所占的比例都在 11% 左右，而到 2005/2006 年度，同一比例值下降到了 7%，2006/2007 年度进一步下降到 6%（见表 10 - 4）。

**表 10 - 4　NCVO 的收入来源（2002～2007 年）**

单位：%

| 财政年度 | 2002/2003 | 2003/2004 | 2004/2005 | 财政年度 | 2005/2006 | 2006/2007 |
|---|---|---|---|---|---|---|
| 内政部战略性补贴 | 1 | 15 | 12 | 投资收入 | 1 | 1 |
| 会员费用 | 11 | 12 | 11 | 会员费用 | 7 | 6 |
| 通过慈善救助基金提供的捐赠 | 15 | 13 | 12 | 通过慈善救助基金提供的捐赠 | 8 | 7 |
| 遗产 | 16 | | 6 | 主要的政府补贴 | 8 | 8 |
| | | | | 集成活动收入 * | 43 | 49 |
| 已赚收入 | 25 | 24 | 23 | 已赚收入 ** | 16 | 16 |
| 项目补贴资金 | 28 | 35 | 34 | 项目补贴资金 | 17 | 13 |
| 其他收入 | 4 | 1 | 2 | 其他志愿性收入 | 0 | 0 |

数据来源：NCVO 网站，ww. ncvo-vol. org. uk。

\* 集成收入是指通过开展集成活动而创造的收入。

\*\* 已赚收入是指在日常工作中所得的工资、佣金和小费的总和。

### 3. NCVO 的支出结构

从支出结构来看，NCVO 的支出项目主要包括：a. 一般融资成本；b. 治理成本；c. 研究支出；d. 政策服务成本；e. 咨询服务和信息成本；f. 集成费用；g. 教育和培训成本；h. 活动和公关费用。在 2005/2006 年度以前，支出结构中没有集成费用，咨询服务和信息成本占的比例最大，其中，2003/2004 年度占到 47%，2004/2005 年度则为 49%。2005/2006 年度以后，集成费用所占的比例最大，2005/2006 年度达到 43%，2006/2007 年度上升到 48%，而咨询服务和信息费用大幅度地下降，2005/2006 年度占 23%，2006/2007 年度则下降到 19%，减少了 4 个百分点（见表 10 - 5）。

**表 10 - 5　NCVO 的支出结构**

单位：%

| 财政年度 | 2003/2004 | 2004/2005 | 财政年度 | 2005/2006 | 2006/2007 |
|---|---|---|---|---|---|
| 一般融资成本 | 8 | 9 | 一般融资成本 | 7 | 7 |
| 管理和行政 | 1 | 2 | 治理成本 | 1 | 1 |
| 研究费用 | 5 | 4 | 研究费用 | 3 | 3 |
| 政策费用 | 8 | 8 | 政策费用 | 5 | 4 |
| 咨询服务和信息费用 | 47 | 49 | 咨询服务和信息费用 | 23 | 19 |
|  |  |  | 集成费用* | 43 | 48 |
| 教育和培训 | 8 | 9 | 教育和培训 | 5 | 7 |
| 活动和公关 | 23 | 19 | 活动和公关 | 13 | 11 |

数据来源：NCVO 网站，ww.ncvo-vol. org. uk。

＊集成费用是指由于开展集成活动而产生的成本费用。

## 10.3　NCVO 的主要功能和工作

NCVO 的最大功能是向所有的会员组织提供咨询、顾问服务。为实现这个功能，NCVO 为会员组织提供四个方面的支持：一是为志愿和社区部门在众多问题上提供建议、信息和教育、培训；二是开展部门研究和分析；三是通过征求志愿和社区部门的意见来对主要问题提出政策性思考；四是发展和开展活动，对能够使整个部门受益的政策和实践施加影响。此外，NCVO 还有"共同购买"（Value for Money）和"发挥影响力"两个功能。其中，"共同购买"是指通过 NCVO 与企业界的接洽，使会员机构能用更便宜的方式购买办公用品、服务等。而"发挥影响力"则体现在政策制定上。1998 年确立的COMPACT 机制规定，在英国，任何重大的政策在形成之前，都必须咨询 NCVO 以及相关的企业团体。任何政策若不咨询非营利组织，就不可能在议会得到通过。另外，NCVO 还主动分析新的政策对会员机构的影响，指导会员机构采取应对措施。① 总体上，NCVO 的工作可以归纳为如下 15 项内容：

（1）通过求助平台（Help Desk）对会员组织提供建议和支持，确保所有会员都能获得高质量的建议、信息和支持。

（2）通过收费和免费项目为会员组织服务，招募更多的会员组织。

（3）通过开展大量活动来影响对整个部门都至关重要的政策和实践。比如，NCVO 开展"活动有效性"项目，对公民社会组织提供帮助，通过研究、提供建议和培训、开展活动和提供网络机会等，以及积极倡导志愿部门的活动功能而提高它们的影响、游说和活动能力。

（4）提高治理水平和领导力。主要包括：a. 为部门领袖提供建立网络、分享观点、获得各种培训和其他服务的机会，帮助提高领袖的综合能力。b. 通过信托人银行帮助志愿组织寻找信托人，或补充信托人职位。c. 加强那些提供支持的志愿组织的领导力和治理能力。

（5）与议会建立良好的关系。主要包括：a. 与议会和其他国家政策制定者之间形成有效的工作关系。b. 持续对所有议会发展情况

---

① 张英阵：《市民社会的实践——第三部门与政府的互动》，来源网站：http：//swat. sw. ccu. edu. tw/downloads/papers/200104270301. pdf。

进行综合考察，评估影响志愿和社区部门的立法活动。c. 对立法、政策和实践的变化开展活动与游说。

（6）提供政策咨询和服务。为寻求改善志愿和社区部门的运行环境，NCVO 的政策团队与会员组织一起努力，对来自外部机构的政策建议作出积极回应。同时，也通过主办一些常规活动为会员提供简报信息和建议，为有特殊政策兴趣的群体提供大量网络支持。

（7）开展研究活动，为志愿和社区部门的有效政策和实践的发展提供支持。与实践者、学术界和决策者密切合作，集中关注具有战略意义的一般问题。

（8）进行可持续性融资。筹资和融资往往是志愿和社区部门面临的最大的单一问题。NCVO 的可持续性融资项目鼓励和促成会员组织能够开发利用各种筹资和融资方法，以获得一个可持续的融资。

（9）帮助志愿和社区部门有效地规划未来，特别强调提供关于能够影响志愿和社区部门的趋势的信息；发现战略动力和战略风险，以及能为志愿和社区部门提供的机会。

（10）与志愿和社区部门的协作。这也被称为联合或伙伴性工作，涉及一系列由两个或更多组织一起工作的方法。协作团队能够提供信息和建议，帮助志愿和社区部门对是否开展协作或者如何开展协作提出信息充分的决策，使每个合作伙伴协议都能实现收益的最大化。

（11）进行伙伴协定倡导。伙伴关系旨在改善志愿和社区部门与公共部门双方利益之间的关系。这个倡导计划旨在为志愿和社区部门提供实践支持和开展更广的活动，以避免政府破坏伙伴关系协定。

（12）NCVO 在欧盟层面和国际层面开展工作和活动。1996 年，为了帮助其会员面对欧盟的发展，为它们参与欧盟发展提供支持网络，NCVO 建立了欧洲群体组织。它为其会员提供有价值的机会，使它们跟踪最新的欧盟发展；建立网络，交换思想，了解彼此的项目；收集关于欧盟政策、融资和开展活动的信息；发展网络和合作伙伴关系；欧盟群体组织协助 NCVO 开展欧洲的工作，同时为咨询欧盟政策提供有用的平台。

（13）NCVO 的商业发展团队利用其 6000 多家会员组织共同购买（Value for Money）的力量，与商家进行协商，在众多商品和服务上获得折扣和优惠，比如培训、计算机软件、硬件，保险和办公服务。

（14）通过 CaSE 公司为志愿和社区组织提供保险。CaSE 保险公司是一家社会企业，它专门为慈善和社会企业提供定制的保险组合服务。① NCVO 和英国慈善援助基金会（CAF）、社会企业联盟（Social Enterprise Coalition）等都是 CaSE 的合作伙伴，建立这家企业的目标是减少保险费，支持志愿和社区部门的发展。

（15）NCVO 经营许多网络群体，覆盖了包括信息通讯技术、多样性和人力资源等在内的专业领域。这些网络群体使得会员组织能够及时跟踪最新的发展，分享学习心得和经验，并和部门内的其他专业人士建立网络，包括慈善培训者网络、地方政府网络、志愿者营销网络、第三部门网络、公共服务供给网络、国家彩票政策网络、税收财政政策网络、信托经纪人网络等等。

## 10.4　NCVO 的志愿者参与实践

在 NCVO 的主要功能中，最具有代表性意义或者说最有影响的内容包括：a. 代表会员组织在议会和其他政策制定部门进行游说，改善志愿和社区部门的发展环境；b. 通过政策研究，推动志愿和社区部门在主要政策问题上的行动参与和意见表达；c. 开展活动，增进志愿和社区部门之间的交流、沟通与协作，增进志愿组织与政府、企业之间的合作，形成良好的治理网络；d. 通过会议、培训等活动，提升志愿和社区部门领导者领导能力。这些活动对英国志愿部门的参与实践产生了巨大影响。其中，1996 年，NCVO 曾建立一个由尼克拉斯·迪肯（Nicholas Deakin）任主席的委员会，即迪肯委员会。这

---

① 更多信息参见：http://www.caseinsurance.co.uk/ncvo。

个委员会讨论了志愿和社区部门的未来，提出了一系列建设性意见。随着时间的推移，迪肯委员会提出的许多建议得到了议会的认可并且得以实施，推动了志愿和社区部门的环境改善。这些被实施的意见包括伙伴关系协定的建立、慈善法案的通过、第三部门办公室的建立，以及税收体制考察的完成。结合 NCVO 在 2006 年以来的活动看，NCVO 的志愿活动实践主要包括如下七个方面：

首先，积极建设会员组织网络，在民主和透明的方式下与会员组织合作，不断完善志愿和社区部门的决策，比如伙伴关系、慈善法案等等。其中，伙伴关系是志愿社区组织和政府之间进行的志愿合作协定，它规定了两个部门在一起工作的原则。在 2006/2007 年度，NCVO 向会员组织咨询了伙伴关系的未来。2008 年 7 月 31 日，NCVO 又进一步听取了会员组织关于伙伴关系的经历，以及它们如何改善伙伴关系。最后，NCVO 将会员组织的意见反映给了政府。通过伙伴关系协定，NCVO 在 2007 年为 50000 个志愿和社区组织提供了支持。同年，NCVO 还成功举办政策论坛（Policy Forum），推动了志愿组织部门的政策环境的完善。

其次，NCVO 举办伞形组织论坛（The Umbrella's Forum）。这是一个能够加强志愿部门能力的重要网络。虽然伞形组织本身大多数都在与其会员的日常交往中开展网络和分享最佳实践的活动，但是它们本身也需要由 NCVO 组织的论坛。这个论坛使得伞形组织能够在提供会员组织需要的基础设施的时候得到支持。

第三，NCVO 负责运营一个英国工作集成中心（UK Workforce Hub），帮助第三部门组织充分利用带薪职员、志愿者和信托人。工作集成中心成立于 2005 年，由政府的 ChangeUp 项目成立，是六个全国性专家中心之一，它由 NCVO 以及威尔士、北爱尔兰、苏格兰的志愿组织联合会负责管理和运行，其主旨是引导和推动第三部门更容易地开展行动，改善雇主行为，改善第三部门的工作地点，在部门内形成一个学习和发展的文化。这个中心还提供信息、资源和线索，鼓励更多人为志愿部门工作，确保志愿部门工作人员能够很好地提升开展工作所需的技能，确保他们能提升其领导力和管理技能，鼓励和支持志愿组织成为更好的雇主。

第四，NCVO 举办大量年会，为会员组织以及更多的志愿组织提供能力建设和信息交流的机会，包括志愿部门营销会议（Voluntary Sector Marketing Conference）和 NCVO 年度会议等等志愿部门领导者们参与的最大的活动。目前，NCVO 举办的活动内容涉及很广，从数据保护、协作、营销，到信息管理、信托人职责等等方面，都有大量活动举行。

第五，筹集资金和资金使用管理始终是志愿和社区部门面临的最大问题。NCVO 实施可持续融资项目，这个项目提供大量资源，鼓励和促使志愿者和社区组织能够开发和利用最全面的融资选择，形成一个可持续的融资渠道。

第六，NCVO 承诺可持续发展，保护环境，努力确保带来最小化的环境影响。比如，NCVO 支持"每个行动都重要的活动"（Every Action Counts campaign，EAC），鼓励志愿和社区部门对自己的环境进行保护和改善。2007 年 4 月 28 日，NCVO 启动"绿色运行"活动，推动慈善部门减少碳的使用。2007 年 9 月，NCVO 与草根组织开展合作，推广使用节能灯泡。2007 年 10 月 29 日，NCVO 还通过"第三部门宣言"，表明第三部门将在组织内和社区里采取行动努力处理气候变化问题。

最后，NCVO 运营一个治理集成资源（Governance Hub Resource），旨在确保处在任何发展阶段的组织都能容易而迅捷地获得适宜的信息、建议，以及开展良好实践模型。为此，NCVO 开展了能力建设项目，为会员组织提供领导力和治理服务。在 NCVO 的公共政策部门的努力下，慈善法案在 2006 年末得到议会的批准。这些活动均推动了英格兰的志愿者参与实践，增强了志愿组织的发展能力。

## 10.5　NCVO 的战略规划：志愿组织的可持续发展

随着政府与民众对慈善团体的专业管理需求增加，对居家照顾、健康照护、儿童照护、老人照护等需求增多，缺乏明确的使命与组织目标指向，致使组织形态、角色与责任模糊不清，绩效不明显，行政效率低下等等的慈善团体将被淘汰。在许多方面，英国志愿和社区部门也发现自己处在十字路口。诸如志愿者部门的专业化（professionalisation）问题、透明和问责问题①、领导者的选择问题（包括监事会、理事会）、财务问题（财务困难是中介组织最大的问题），以及伞形组织的会员认同问题，等等，都亟待解决。在 NCVO 的努力下，英格兰志愿和社区部门对未来发展战略，尤其是志愿和社区部门的可持续性问题进行了反思。2007 年 2 月，NCVO 的理事会通过一个为期四年的商业战略计划，对价值、积极参与的公民、关系、治理和资源等五个战略主题作了论证，涉及 17 个战略目标。② 这些战略计划和主题比较明确地反映了英格兰志愿和社区部门面临的运行环境和关键问题。

第一个战略主题是"价值"。NCVO 旨在对志愿和社区部门给社会带来的价值有一个全面的了解。在这个层面包括两个战略目标。其中，战略目标 1 是创造一个世界级的研究基地，巩固志愿和社区部门的工作、价值以及收获。而战略目标 2 是要在社会中形成对这个部门价值及其特色的理解。

第二个战略主题是"积极公民"。NCVO 旨在确保志愿和社区部门及其用户能够充分可能地参与公民社会，参与建设一个多样化、容忍的、正义的、充满同情的社会。在这个层面也包括两个战略目标。其中，战略目标 3 是与志愿和社区部门一道推动融合性社会。而战略目标 4 是确保公民的声音及其代表能够被听见，对各级政府均有影响。

第三个战略主题是"关系"。NCVO 旨在重新界定、发展和完善其与志愿社区组织和其他部门，以及社会大众之间的关系，以及内外部的合作伙伴关系。在这个层面包括三个战略目标。其中，战略目标

---

① *The Shape of Civil Society to Come*, Published by the Carnegie UK Trust, October, 2007.
② "NCVO's vision for the future", http://www.ncvo-vol.org.uk/asp/uploads/uploadedfiles/1/698/strategic%20agenda.pdf.

5 是加强志愿和社区部门之间的合作伙伴关系技能。战略目标 6 是为所有志愿社区组织提供一个支持性的、公平的和平等的规制体制。战略目标 7 是持续工作从而在志愿社区组织和其他部门之间形成一个有效的工作关系。

第四个战略主题是"治理"。在这个层面包括四个战略目标。其中，战略目标 8 是确保一个组织无论处在任何发展阶段都能够很容易和迅速地获得合适的信息、建议和最佳实践的模式。NCVO 将形成一个志愿行动和志愿组织的发展综合模式，识别志愿组织最需要的建议及其提供建议的方式。战略目标 9 是为志愿社区组织创造一个开放、透明和问责的文化。战略目标 10 是发展和支持在志愿社区组织中不断进行评估和改善的文化。战略目标 11 使 NCVO 相信，不拿薪水但拥有最终的责任，以确保组织使命得以实现的理事会是志愿和社区部门的基础。NCVO 的目标是确保这种治理形式得到支持、鼓励和改善，以满足组织所面临的新挑战。

第五个战略主题是"资源"。NCVO 旨在确保志愿社区组织能够获得实现使命所需要的资源和人力，并且最大限度地有效利用这些资源。在这个层面包括六个战略目标。其中，战略目标 12 是提高捐赠者的数量，以及单个捐赠者向志愿和社区部门捐赠的金额。战略目标 13 是发展和保护志愿社区组织的独立的收入来源。战略目标 14 是确保中央、区域和地方政府能够通过一种有效而合适的方式为志愿社区组织提供资金。战略目标 15 是为志愿社区组织在获得并且合理使用大量资源上提供支持和建议，帮助它们珍惜并充分使用和它们一起工作的人。战略目标 16 是提高各种层级对志愿社区组织的商业支持。战略目标 17 是提高志愿社区组织可以获得的税收减免额度，确保整个部门拥有一个公平、简单而有效的税收体制。

## 结　语

英国具有悠久的志愿传统，志愿组织的蓬勃发展在英国的经济、政治和社会生活中扮演了重要角色。作为非营利组织的部分构成，志愿组织的运作不仅关乎其组织生命力和组织效率，也影响到整个非营利组织的健康发展。在英国近 100 年的历史中，以英格兰志愿组织联合会（NCVO）、苏格兰志愿组织联合会（SCVO）、威尔士志愿行动理事会（WCVA）、北爱尔兰志愿行动理事会（NICVA）等为代表的伞形组织在志愿组织的管理、服务以及志愿活动的开展上起到了核心作用。NCVO 的运作过程和情况本身就比较清晰地反映了英国伞形志愿组织的发展状况及其对志愿活动的参与。本文的案例分析表明，伞形组织一类的志愿组织联盟在志愿部门中处于核心地位，它们对管理志愿组织、为志愿组织提供服务、提高志愿组织的运作效率、保持志愿组织的独立性、增加志愿组织的多样性，以及通过志愿行动表达意愿上均起到了积极作用。

　　NCVO 的经验对中国志愿组织的发展也提供了较强的启示意义。首先，组织联盟或网络建设对志愿组织的发展具有重要性。通过伞形组织，大量志愿者组织形成网络，能够不断提高能力建设，完善组织结构，提高治理绩效。其次，维持独立性是保证志愿组织健康发展的关键。在与政府、企业形成良好合作伙伴关系的同时，志愿组织还应该完善资金结构，保证自身的独立性。第三，治理结构的完善是志愿组织具有活力和生命力的重要要求，是志愿组织正常运作的前提。第四，志愿组织积极参与公共政策的制定，能够充分表达组织意愿，为志愿部门的发展创造良好的政策制度环境。第五，伞形组织通过共同购买力量能够为会员组织提供折扣服务，不仅能节约成本，而且能提高志愿组织的运行效率，增强组织的可持续发展能力。第六，培训和能力建设是志愿组织建设的内在要求。伞形组织为会员组织提供大量培训活动，能够增强志愿组织的各项能力。第七，当今社会经济结构不断变迁，志愿组织必须对未来有清醒认识，提前制订可行的战略规划，从而实现志愿组织的可持续发展。

## 主要参考文献

Adrian Sargeant, Stephen Lee (2004), "Trust and Relationship Commitment in the United Kingdom Voluntary Sector: Determinants of Donor Behavior", *Psychology & Marketing*, Vol. 21 (8), August 2004, pp. 613 –635.

Barry Knight and Sue Robson, "The Value and Independence of the Voluntary Sector", CENTRIS. http://www.bctrust.org.uk/pdf/Value-Indep-Voluntary-Sector. pdf.

Carnegie UK Trust (2007), *The Shape of Civil Society to Come*, Published by the Carnegie UK Trust, October, 2007.

Geoff Poulton (1988), *Managing Voluntary Organizations*, John Wiley & Sons, 1988.

Justin Davis Smith, *Volunteers: Making a Difference*? Edited by Harris & Colin Rochester, Voluntary Organisations and Social Policy in Britain, published by Palgrave, 2001, p. 185.

NCVO: Annual Review and Impact Report 2002/2003

NCVO: Annual Review and Impact Report 2003/2004

NCVO: Annual Review and Impact Report 2004/2005

NCVO: Annual Review and Impact Report 2005/2006

NCVO: Annual Review and Impact Report 2006/2007

"NCVO's vision for the future", http://www.ncvo-vol.org.uk/asp/uploads/uploadedfiles/1/698/strategic% 20agenda. pdf.

Oliver Reichardt, David Kane, Belinda Pratten & Karl Wilding (2008), *The Civil Society Almanac 2008*, *Summary*, Published by NCVO, February 2008.

Paul Jump (2007), "NCVO reviews governance to better represent regional members", Third Sector Online, 2 April 2007.

Stuart Etherington (2004), "Public services and the future of the UK voluntary sector", *International Journal of Nonprofit and Voluntary Sector Marketing*, Volume 9, Number 2, May 2004 , pp. 105 – 109 (5).

"1997 National Survey of Volunteering in the UK", http://www.ivr.org.uk/researchbulletins/bulletins/1997-national-survey-of-volunteering-in-the-uk. htm.

李伟:《英国西班牙非营利组织考察报告》,资料来源:国家民间组织管理局网站，2007 年 12 月 5 日。

　　贾西津：《"伙伴关系"——英国政府与社会关系的启示》，中国选举与治理网，2007 年 6 月 5 日首发。

　　王名：《对非营利组织开展国际科技合作相关政策法规的建议》，来源：中国社会组织网，http：//www. chinanpo. gov. cn/web/showBulltetin. do? type = pre&id = 15662&dictionid = 1500&catid = 15005。

　　张英阵：《市民社会的实践——第三部门与政府的互动》，来源网站：http：//. swat. sw. ccu. edu. tw/downloads/papers/200104270301. pdf。

# 第11章 英国的社会企业
# 及其治理结构

社会企业是近一二十年来英国非营利组织崛起的一颗新星，代表了非营利组织发展的新方向，也为整个英国社会注入了新的活力。本章从英国社会企业兴起的背景着手，系统梳理了促使社会企业诞生与发展的四大因素；介绍了英国政府及社会企业同盟对社会企业的官方和权威定义，并在大量实例的基础上对社会企业的特点进行了全面概述；评价了社会企业在经济和社会领域创造的突出成就和巨大价值；概括了近年来英国政府对发展社会企业的认知程度和具体政策；最后分析了社会企业内部的治理结构。本章力图从宏观到微观的不同角度，为读者展现社会企业的全貌。

## 11.1 英国社会企业兴起的背景

英国社会企业的崛起，与福利国家制度改革、非营利部门转型、企业社会责任的兴起和道德消费的增长紧密相连。它是英国经济社会发展到现阶段的必然产物，并且已经成为一支推动英国经济社会持续发展的新力量。

### 11.1.1 福利体制改革

"从摇篮到坟墓"的福利国家体制，曾经是英国二战后经济复苏的助推器。然而第三次工业革命改变了全世界的存在模式。全球通信

网和信息高速公路、飙升的生产率和无限丰富的物质财富、自动化的
工厂和电子化的办公室,都无情地排挤着劳动大军。全球化的趋势更
加剧了技术革命的影响力,大量的技术性失业者很难再回到竞争激烈
的正规经济中就业,即使是在职者,也面临着就业不足、工作时间缩
短的境遇。20世纪70年代中后期的经济危机更使就业问题雪上加
霜。在这种情势下,国家的福利负担日益加重,人们的不满情绪也在
高涨,福利体制改革迫在眉睫。

20世纪90年代,试图超越老派的社会民主主义和新自由主义的
第三条道路政治,为布莱尔执掌的工党政府带来了福利国家改革的新
思路。十几年来,英国在社会福利体制上进行了大刀阔斧的改革,致
力于建立一个积极的福利社会,推动人们从福利走向工作。"积极福
利"的开支不再只是由政府来创造和分配,而是政府与企业、公民
社会,甚至国际组织共同负担,通过合作来提供。政府制定各种政策
帮助第三部门组织在提供福利服务上发挥更大作用,如就业指导、教
育培训,甚至是创造新的就业形式。同时,福利政策也纷纷减少救助
年限,激励享有救济的个人实现再就业,掌控自己的生活并承担相应
的社会责任。"福利国家的危机,为非营利部门提供的产品和服务创
造了巨大的市场,来满足那些被社会排斥的社区与社群未被满足的福
利需求。"① 社会企业就是其中借助商业运作解决社会问题的创新模
式,它不但增加了福利供给、扩大了社会融合,而且创造了新的工作
机会与经济价值。福利制度改革,更为社会企业的发展开辟了广阔的
合作空间和制度保障,使人们重新将公民社会领域看作创造新的就业
与经济增长的热土。

### 11. 1. 2 非营利组织的转型

英国是一个有着深厚慈善传统的国家。各个领域都存在着历史悠
久的非营利组织。曾经因为福特制与福利国家提供了充分就业和福利

---

① Ash Amin , Angus Cameron , Ray Hudson（2002）, *Placing the Social Economy*, by
Routledge, p. 6.

安全，人们对公民社会的依赖性一度消减，非营利组织的活动范围日益缩小。"结果公民社会就仅成为人们互助、协会活动和社会生活的舞台，而不是经济活动或者准备成为经济活动。"① 直到 20 世纪 70 年代经济危机和福利国家危机的出现，才唤起了人们对公民社会的热情。面对政府与市场的失灵，人们开始积极地组织和行动起来，改善自己的生活，重建地方社区。

新兴的非营利组织也逐渐形成了新的公益理念，即针对特殊困难群体的救助不能仅仅停留在发放救济金的层面，这样只会日益加重社会排斥，而应该尽量通过在人力资源上投资，让他们回到市场或者社会经济中就业，从而获得有尊严的、自主的生活，并且重新融入社会。为此，非营利组织在运作模式上也尝试着突破与创新，更多地借助准市场手段来提供福利服务。这样不但能够有效提高公益资金的使用效率，而且能为弱势群体创造就业机会，最终把单纯依靠资助的福利项目演变为可持续发展的产业，让整个社区受益。

非营利组织在管理运营中日益强调商业方法的应用，社会企业应运而生。

在英国，非营利部门正在越来越被独立的、竞争性的、由公民创建和管理的组织所主导。不断增加的多样化的社会需求与非营利组织持续发展的内在动力，促使了社会企业这种创新形式的迅速发展。因为只有获得了相对独立的资金来源，社会部门才能够保证自身的独立性和对所追求事业的持续投入。借助商业运作模式，社会企业超越了传统非营利组织的经营范围，特别是在直接创造就业和刺激经济复苏方面颇有功效。社会企业正在努力摆脱传统非营利组织"低效、劣质、落后和可怜兮兮"的刻板印象，通过高品质的产品和服务来创建一个个成功的商业模式，并以此赢得社会效益与经济效益的相辅相长。

---

① Ash Amin, Angus Cameron, Ray Hudson, *Placing the Social Economy*, p. 3.

表 11 – 1　非营利组织转型中的社会企业

| | | 社会企业精神 | |
| --- | --- | --- | --- |
| | 纯粹慈善性活动←——————————————→纯粹商业性活动 | | |
| 动　机 | 对慈善的诉求 | 混合动机 | 对自我利益的诉求 |
| 方　法 | 使命驱动 | 使命和市场驱动 | 市场驱动 |
| 目　标 | 社会价值 | 社会和经济价值 | 经济价值 |
| 关键的利益相关方 | 收益方 | 零支付 | 按补贴价格支付,或支付和零支付型收益方的混合 | 按市场价格支付 |
| | 资本提供方 | 捐款和补助 | 按低于市场利率提供资本,或捐赠和按市场利率提供资本的混合 | 按市场利率提供资本 |
| | 劳动力提供方 | 志愿者 | 按低于市场水平支付报酬,或志愿者和付酬员工的混合 | 按市场水平支付报酬 |
| | 物资供应方 | 物资捐赠 | 按折扣价格提供物质,或捐赠和按市场价格提供物资的混合 | 按市场价格提供物资 |

　　资料来源：Dees. 1998b：60。转引自朱明、李攀、赵萌《社会企业：英国社会发展的第三动力》,《21 世纪商业评论》2006 年第 1 期。

### 11.1.3　企业社会责任的兴起

　　1998 年第一届世界可持续发展委员会对话会上，世界可持续发展商业委员会把企业社会责任定位为"公司的持续承诺：提升员工及其家人以及当地社区和整个社会的生活水平，同时展现公司行为的道德性、为经济发展作出贡献"。目前，企业社会责任已经受到英国社会的普遍认可。英国汇丰集团前主席庞·约翰认为，汇丰银行之所以能够连续多年获得全球最佳银行荣誉称号，关键在于该行在全球市场上积极承担各种社会责任，而其经营的成功又进一步推动了其对社会责任更大的投入。

　　企业社会责任以崭新的方式诠释着企业与社会的关系。虽然承担社会责任会增加企业成本，妨碍企业获得短期最大收益，但是从长远来看，履行社会责任可以改善市场竞争环境，使企业获得可持续的最佳收益。新涌现的跨国公司理论更是以企业社会责任为核心构建，强调在现有经济环境下，"社会力"也是竞争力，它包括赢得社会尊重和赞誉的能力，以及与社会和环境和谐共处的能力。

如果说非营利组织的转型，促进了一种兼顾商业利益的全新慈善发展模式，那么企业社会责任的兴起则推动了一种兼顾社会和环境可持续发展的全新经济和商业模式。前者孕育了社会企业，后者更为社会企业的发展营造了友好的舆论环境和实际支持，促进了该领域在英国近年来的迅速发展。

### 11.1.4　道德消费的加速发展

随着消费者环境、社会、民主、人权意识的增强，英国民众乐于通过消费那些积极承担企业社会责任的公司的产品和服务来支持企业的道德行为，并且将这种新的消费观视作理性的、负责任的、有品位的和时尚的消费行为。"英国第三部门大臣米利班德（Ed Miliband）称这是一种从'狭义的消费主义文化向道德消费主义'的转变。"① 2005 年，英国消费者在道德商品和服务上花费了 250 亿英镑，比 2003 年增加了 15%。英国"道德"消费者的数量以指数级的速度增长。英国公平贸易商品市场——价值 10 亿英镑——每年增长 40%～50%。②

投资者也正在更多地注重其投资对于社会和环境的影响，产生了"社会责任投资"，即一种将投资目的和社会、环境以及伦理道德相统一的投资模式。投资机构通过剔除社会责任表现差的公司股票或者选择社会责任表现好的公司股票作为投资对象，保证后者有充足的资金来源，从而提高其市值和竞争力，并获得不止经济价值的投资回报。英国专门修订了《退休金法》，鼓励企业把退休金改为投向社会责任领域。以汇丰集团、苏格兰皇家银行为首的越来越多的金融机构

---

① 〔英〕杰米·巴特利特、莫利·韦伯、德莫斯：《创业的价值：英国的社会企业》，吕增奎译，《经济社会体制比较》2007 年第 2 期。
② 〔英〕杰米·巴特利特、莫利·韦伯、德莫斯：《创业的价值：英国的社会企业》。

加入"赤道原则",承诺贷款只投向那些能够满足具体环境保护要求的发展项目。2006 年,英国道德投资增长了 18%,达到 106 亿英镑。[①]

道德消费和社会责任投资的加速发展,为社会企业创造了巨大的市场和资金来源,使这种借助商业模式运作的新型公益项目受到了消费者和投资人的青睐。

截至 2006 年初,英国估计有 5.5 万家社会企业活跃在社会领域的方方面面。它们不但创造了 80 亿英镑的国内生产总值,而且吸纳了数十万被市场经济淘汰的劳动者,创造了难以估量的社会价值。尤其是在那些最不发达的、没落的地区,社会企业已经成为地区重建和发展战略中的一支重要力量,用它独有的敏锐、热情、执著与创新精神推动人与社会、经济与环境的和谐发展。

## 11.2 社会企业的定义与特点

社会企业是一个新事物、新概念。它突破了人们对传统慈善、福利和商业的认识局限,是英国社会杰出的创新成果,具有不同于其他社会组织的鲜明特点。

### 11.2.1 定义

社会企业是积极的福利社会背景下,慈善与商业彼此渗透的产物。英国政府把社会企业定义为:拥有基本的社会目标而不是以最大化股东和所有者的利益为动机的企业,所获得的利润都再投入到企业或社会之中。[②]

这一部门的代表机构——社会企业联盟(The Social Enterprise Coalition)同样把社会企业定义为:一种为了社会目标而在市场中进

---

① 〔英〕杰米·巴特利特、莫利·韦伯、德莫斯:《创业的价值:英国的社会企业》。
② Office of the Third Sector (2006), *Social Enterprise Action Plan*: *Scaling*, *New Heights*, p. 10.

行商业活动的组织。

　　寻求社会目标是这类组织的价值追求，企业化运作是创新性地实现这一目标的手段。刚开始接触这个概念总会让人产生种种疑虑：商业与慈善如何兼容？在利益诱惑下如何保证社会目标的实现？然而一路考察①下来，看到了那么多鲜活的实例，我不得不信服社会企业以其丰富多样的形式实现着商业目标与社会目标的完美结合。社会企业并不是一类特定的法人结构，而是一种应用商业手段运营慈善项目的方法。因此，它形式多样、边界模糊，并且为这一领域的社会创新开辟了无限可能。

### 11.2.2　特点

#### 1. 必须具备社会目标

　　社会企业的首要特征是必须具备一定的社会目标。例如创造就业、社区照顾、医疗服务、残障人员康复、失业人员培训、孤老救助、环保节能等等。社会目标是社会企业存在的基础，是社会企业追求的价值准则。与承担社会责任的企业不同，社会企业将自己锁定的社会目标作为企业运作的根本出发点和落脚点，社会使命被完全嵌入到企业的结构、治理和文化之中，而前者只是将履行一定的社会责任作为获取经济利益的附带责任。

　　例如，Forth Sector 是苏格兰一个成绩突出的社会企业项目，它的社会目标是成为"被认可为向有精神健康问题的人提供支持性就业机会的卓越中心——减少排斥、歧视和劣势"。其开展的爱丁堡刺绣服务公司、苑景洗衣店、玛丽六姐妹旅社、肥皂公司、木工工厂等项目都围绕着这一社会目标来设计和运转。

#### 2. 结合了成功的商业模式

　　社会企业不同于传统慈善组织的突出特点，就是必须借助成功的商业模式，使项目能够自我运转起来。与以往的福利性企业不同，社

---

　　①　2007 年 8 月 27 ~ 9 月 5 日，笔者受邀参加英国大使馆文化教育处组织的"赴英社会企业考察访问"。

会企业以高品质的服务和产品赢得市场。虽然社会企业不以营利为目的，但只有盈利的社会企业才能够持续地实现其社会目标。

例如，Big Issue（大问题杂志）是英国最成熟、最完善的社会企业之一，也是一个商业运作的典型。它是十几年前为解决英国愈加严重的无家可归者问题而成立的。无家可归者通过售卖杂志的方式，获得了重新回到主流社会的自信与能力。杂志社也以高标准的、专业的、丰富的杂志内容，来吸引读者。因为它的社会企业定位，还屡屡获得名人专访的独家报道机会。目前，该杂志已经成长为英国第 7 大知名品牌，发行量超过 20 万册，由无家可归者组成的销售人员队伍达到几千人。其收入完全来自杂志出售和广告费用，盈余则返回 Big Issue 基金会，继续扩大服务项目和范围。

### 3. 资产锁定

为保证社会企业的目标不被商业利益侵蚀，社会企业必须坚持资产锁定原则，即其经营利润不得分配给股东，而要继续投入项目或社区发展。资产锁定必须在社会企业的章程里明确规定。新近出台的《社区利益企业法》规定，禁止社区利益企业向成员分配盈利或资产，除了为企业发展需要所发行的债权或股份。认定监管机构负责确保"资产锁定"的贯彻实施。如果有股东认为这一规定被违背可以要求认定监管机构采取行动。

### 4. 关注个人发展

社会企业为解决社会问题而存在。社会问题的核心往往是限制了人的发展。因此，社会企业将帮助个人发展置于优先考虑的范畴。它们根植于社区之中，能够准确了解并响应不同群体和个人的真实需求。2005 年英国社会企业调查显示：49% 的企业目标是人，34% 的企业目标是人和环境。社会企业的最终目标是使每个人成为创造者、变革者。社会企业无法解决所有社会问题，但它通过培养有自信心、创造力、想象力和责任感的个人，为社会应对各种发展问题创造了条件。

例如，Track2000 社区资源服务项目，通过回收、修理家庭废弃用品（家电、家具等），并廉价出售给低收入人群的方式成功运转了15 年。它将"track"拆解为"t-training"（培训）、"r-resource"（资源）、"a-and"（与）、"c-community"（社区）、"k-knowledge"（知识），希望立足于环保事业，搭建为更多社区居民找到合适就业机会的平台。由于坚持关注个人发展的理念，它认真听取每个人的需要，并将符合学员特点的培训贯穿于项目运作始终，通过工作实践快速提高受助者的就业水平。目前，在已经毕业的学员中，有 420 人成功就业，其中 85% 还获得了国家颁发的专业资格认证。[1]

### 5. 多样性与灵活性

社会企业是一类形式极其多样化的第三部门组织。它通常包括如下类型：[2]

- 社区企业
- 工人合作社
- 消费者/零售合作社
- 住房合作社
- 农业合作社
- 员工所有企业
- 发展信托基金公司
- 社区基金会
- 社会公司
- 中间劳动市场项目
- 信用合作社
- 社区贷款基金公司
- 友好社团
- 互助保险公司

---

[1]　姚音、李攀：《Track2000：环保杠杆撬动"多赢循环"》，《21 世纪商业评论》2006 年第 1 期。

[2]　〔英〕杰米·巴特利特、莫利·韦伯、德莫斯：《创业的价值：英国的社会企业》，吕增奎译，《经济社会体制比较》2007 年第 2 期。

- 建房互助协会
- 慈善交易部门

可见，社会企业并不是一类法人结构，而是泛指借助商业手段解决社会问题的一类组织。它的经营范围十分广泛，经营形式也更加灵活。

### 6. 以自治为组织管理的主要模式

由于治理结构的多样性，社区企业可能归属于它们的用户或者客户、员工、托管人或公共机构所有。在这里人们通过自治的方式，实现组织的良性运转。同时，社会企业也因此建立了一种新的、主动性的社会福利机制。它鼓励服务对象更多地为自己的生活负责，在组织中履行一定的工作义务。这与传统福利国家制度中单向的、被动的模式完全不同。这种自主的、灵活的、富于奉献精神的管理模式，正是社会企业在资源匮乏的情况下仍能够提供高质量、低成本服务的重要原因。

例如，成立于1994年的桑德兰家政护理社，便是一家成功实行雇员所有制的社会企业。员工收益取决于市场状况，在重大问题的决策中员工也有发言权。鉴于对员工自主权的承诺与重视，这家社会企业的人事变动率很低，而且与客户之间形成了更好的关系，所提供的护理服务质量也日益增强。目前，该社会企业年营业额高达175万英镑。

### 7. 创新性与革命性

创新性与革命性是社会企业的突出特质。基于社区的各类社会企业总能敏锐地察觉到未被满足的社会需求，用创新思维最大限度地整合可以调动的社会资源和人力、物力资源，并最终找到完美结合多重社会目标的实践方案。它们不但创造性地整合了多种社会需求，甚至被政府和社会认可改变了某种公共服务的提供模式。可以说，社会创新就是社会企业发展壮大的立足点和原动力。

Bromley by Bow 社区中心的志愿者莉比曾讲道："中心招聘职员不是要让他们来管理项目，而是希望他们能够创造一个激发想象力和动力的环境。鼓励人们冒险，尝试新事物，用艺术和创造释放潜能，建立自尊心和自信心。"① 阿育王基金会总裁比尔·德雷顿（Bill Drayton）也指出："社会企业家不会满足于授人以鱼或授人以渔。他们除非把捕鱼业革命化，否则不会罢休。"②

## 11.3 社会企业的价值评估

英国前首相托尼·布莱尔曾指出：增强社会企业部门的作用关键在于确保大家都能对其价值有更好的理解。③ 下面就从经济和社会两大层面对英国社会企业的创新价值进行评估。

### 11.3.1 经济贡献

社会企业之所以受到英国政府的重视和社会的认可，关键在于它创造了一种新的福利模式，不但能够整合被忽视的资源、满足未被满足的社会需求，而且还能直接产生经济效益，开辟就业渠道。

**1. 社会企业产出直接经济效益**

综合《2005 年英国社会企业调查》和《2006 年英国中小企业调查》的数据结果显示：社会企业部门的营业额估计大约为 270 亿英镑，每年对 GDP 的贡献是 84 亿英镑，大约占英国 GDP 的 1%；至少有 5.5 万家社会企业，占所有企业的 5%，从业人员达到 47.5 万人，还提供了 30 万个志愿工作岗位，有 1/4 的社会企业通过提供或帮助寻找就业机会来帮助遭受社会排斥的群体。据新经济基金会估算，2006 年社会企业学院的 1999 名学员所管理的企业的营业额总计达到 235.7 万英镑。

**2. 社会企业能够开辟新的产品、服务和市场**

身处资源匮乏的困境，社会企业往往能练就出充分整合资源与需

---

① 朱明：《社会企业的四大发展理念》，《21 世纪商业评论》2006 年第 2 期。

② http://www.ashoka.org/social_entrepreneur.

③ 英国内阁第三部门办公室：《社会企业向新的高度进军——2006 年行动计划》，庞娟、吕增奎译，《经济社会体制比较》2007 年第 2 期。

求、进行社会创新的能力与技巧。尤其是在那些被企业遗弃、政府忽视的贫困、没落地区，社会企业能够开发出灵活多样的、居民可负担的产品和服务，进而开辟出新的市场机会。很多事例表明，社会企业甚至可以激活地方经济，成为地方经济繁荣和可持续发展的关键力量。

例如，社会企业"怀特公益信托"与"怀特港发展公司"共同推动了城市的重生。怀特港曾是英国第三大港口，但随着20世纪90年代煤矿关闭、渔业萎缩，这座古老城镇陷入失业、贫困、社会问题频发的困境。城市居民自发组织起来，参与地区重建。"怀特公益信托"的前身"怀特青年信托"为无家可归的16~18岁青少年提供食宿，并通过开设咖啡馆的方式，有计划地为年轻人提供工作机会和职业培训。项目成功后，该组织进一步拓展到社区服务领域，与社区行动网络合作建立了"健康生活中心"，并激活了13个商业项目。它还与怀特港发展公司合作，重建了港口和服务设施，以旅游业带动当地经济复兴。这一合作项目不仅创造了大量就业机会，更为该地区赢得了600万英镑的"千年基金"，用于城市发展。

**3. 社会企业有助于提高英国企业的水平**

第一，社会企业能吸引更多的创业者，为商业启动贡献力量。英国内阁第三部门办公室认为："那些无意于传统商业的人们可能更会被建立社会企业所吸引，而社会企业也会成为激发年轻人为改造社会而奋斗的很好的途径。"① 第二，社会企业追求社会目标的举动，也给传统商业承担社会责任造成了压力。一个典型的例子是咖啡直达公司（CafeDirect）的公平贸易，就迫使主要的咖啡生产商遵循相应的生产规范。第三，社会企业的成功，增加了资本市场对社会责任投资的信心，投资额逐年上升。

上述经济贡献只是评价社会企业价值的一个维度，此外，更重要的是巨大而又难以估量的社会贡献。

---

① 英国内阁第三部门办公室：《社会企业向新的高度进军——2006年行动计划》，庞娟、吕增奎译，《经济社会体制比较》2007年第2期。

### 11.3.2　社会贡献

社会企业所追求目标的实现，就是其社会贡献的直接反映。社会企业一定是围绕其特定的社会目标开展工作，内容涵盖教育、卫生、金融、救助、环境等社会问题与社会福利的方方面面。尽管社会企业采取商业模式运作，但赢利只是副产品，并且要继续投入到项目运转和服务社会中去。社会企业的根本宗旨和终极价值是解决社会问题，满足未被满足的社会需要。一路考察下来，当看到无家可归者有了生活的依托、失业者重新走上工作岗位、残障人士能够日渐康复、垃圾废物循环使用，你就能真切体会到社会企业所创造的最直接的社会价值。更令人称道的是，社会企业的价值还远不止于此。

**1. 解决弱势群体就业，为福利国家改革开辟道路**

就业是最好的社会保障。社会企业的一项突出社会贡献就是提高劳动者素质，创造工作岗位，拓宽就业领域。一方面，社会企业为失业者提供教育培训和就业服务，帮助他们重新回到主流经济；另一方面，社会企业构筑起一种同情弱者的、充满人情味的"社会经济"，开辟了市场经济以外的广阔就业领域。它如同社会安全网一般，托起那些弱势人群，通过社会创新挖掘出他们在现有就业体系中无法施展的才能，给予他们创造收入的机会。正如安东尼·吉登斯所述："考虑到自动化和全球化浪潮中的充分就业难题，选择福利国家的老路，将会使人们陷入福利之中不能自拔，从而被更大的社会所排除；而通过减少福利来迫使个人寻求工作则会导致更多人涌入本来就已经十分拥挤的、低收入劳动力市场。因此，英国不得不面临着两个选择：要么使人们更多地参与到"社会经济"中，要么就得面对消极情绪的不断增长。显然前者是应该选择的。"[①] 社会企业为发展社会经济、改革福利国家制度开辟了新路。

---

① 〔英〕安东尼·吉登斯：《第三条道路——社会民主主义的复兴》，郑戈译，黄平校，北京大学出版社，2000，第 131~132 页。

### 2. 提供高附加值的社会服务，促进政府公共服务改革

社会企业往往在政府公共服务的空白地带，提供质优价廉的产品和服务，并且在其关注个人发展、创新服务方式的实践中还产生了更多额外价值。正如一位地方官员所说："向一位优秀的私人承包商支付1英镑，并且如果幸运的话，你就得到1英镑的服务。向一家社会企业支付1英镑，你会得到1英镑的服务、10便士的社会包容和10便士的环境保护以及当地社区内循环利用所创造的利润。"① 政府公共服务部门已经看到社会企业在提供公共服务上的重要性和创新价值，开始加强与它们的交流学习，建立更加良好的伙伴关系。例如，桑德兰医疗保健协会是一家以提供高质量护理服务而著称的社会企业。当地多个政府部门已经借助它来提供自己的社会护理服务。可见，社会企业有助于改进政府公共服务模式，提高福利供给效率。

### 3. 增进人际信任，提升社会凝聚力

社会企业提供了重新积累社会资本、促进信任与合作的新途径。"社会企业家发动人们通过建立合作网络来解决那些处于孤立状态时无法解决的问题。他们启动了一个积累社会资本的良性循环，他们利用支持网络来寻找办公室和启动资金、招募核心员工，由此建立起一个可持续发展的组织。这一过程中所产生的不是经济利益而是社会性利益，即一个由信任和合作连接起来的更为强大、自立的社会共同体。"② 社会企业激活了公民社会，并为人们提高民主参与、自治管理的能力创造了演练场。在个人主义盛行的社会里，社会企业重新教会了人们倾听、理解与合作。它不但创造性地引领边缘人群回归主流社会，增进社会融合，而且在更广义的范围内有效地提高了整个社会的凝聚力。

### 4. 激活个人和组织潜能，创造活力社会

创新性是社会企业的重要特征和活力源泉。社会企业家带领他

---

① 〔英〕杰米·巴特利特、莫利·韦伯、德莫斯：《创业的价值：英国的社会企业》，吕增奎译，《经济社会体制比较》2007 年第 2 期。

② 〔英〕查尔斯·里德比特：《社会企业家的崛起》，环球协力社编译，第 25 页。

的团队，在资源匮乏、障碍重重的情况下创造性地整合资源与需求，创造性地设计出新的服务模式。他们的成功把这种创新精神和自主意识传播到更广泛的社会领域，也为那些有志于改造社会的人们树立了榜样。社会企业不满足于传统福利只维持受助者最低生活水平的做法，而鼓励他们参与、自治、提高工作能力，掌控自己的生活；社会企业的高效运转，也刺激了政府和市场部门的改革创新。可以说，社会企业掀起了一股自下而上的社会创新热潮，给福利国家滋养出的被动、等待、依赖的社会氛围吹进了一股清风。

社会企业对英国经济社会发展作出了重要贡献，但社会价值难以衡量，日益成为社会企业发展之路上的绊脚石。可喜的是，英国内阁第三部门办公室将启动一项旨在帮助标准化并改进投资社会回报衡量机制的新计划。① 对社会企业来说，这将使它们能够更确切地向投资人和公共服务领域展示它们的价值和影响力，并争取更好的运营环境。

## 11.4　英国政府对社会企业发展的支持

在此次考察中，英国第三部门办公室社会企业小组政策经理 Katharine Purser 介绍说，英国政府之所以大力支持社会企业，主要是意识到：

- 社会企业可以应对社会上最难应对的问题和挑战。
- 社会企业可以刺激企业承担社会责任。
- 社会企业可以改善公共服务，创新公共服务方法。
- 社会企业可以在整体上提高英国社会的实力、形象，从而吸引更多投资。

政府相信社会企业对政府的很多目标的实现都有重要作用，包括

---

① http：//www. cabinetoffice. gov. uk/third_ sector. aspx.

实现社会公平和消除社会排斥。① 正是因为社会企业在社会、经济发展中创造出杰出成就，英国政府越来越重视这一领域，并通过实际行动促进其发展。

### 11.4.1 2002 年社会企业战略

1999 年，英国政府首次在官方报告中承认"社会企业"的概念及其在贫困地区发挥的积极作用。2001 年，英国贸易工业部组建了社会企业局，用于规范和支持社会企业的发展。由于认识到大多数政府、企业和公众还不了解社会企业，社会企业的融资渠道有限，政府的支持政策不足等问题，2002 年，该部门出台了《社会企业：一项成功战略》的报告，这标志着英国政府首个社会企业战略问世。

该战略实施了一项为期三年的促进项目，旨在实现以下三大目标：

（1）确定和消除社会企业可能面临的一些障碍、限制和挑战，为它们营造一个更有力的环境；

（2）强化商业支持和培训以及筹资机制，使社会企业成为更优秀的企业；

（3）发展一种强有力的社会企业机构，以便确定它们的价值、执行政策和促进服务传递。

随着该战略的实施，其作用逐渐显现。有调查显示：清除发展障碍的政策相继出台，社会企业的运营环境变得更好，并获得更多政府采购订单；在经济上成功运作的社会企业数量大大增加，其参与主流经济的技能显著提高，资金独立性增强，并开始获得经济类奖项；凭借高品质的社会服务，其价值得到更多政府机构的认可和信任。

其中最有价值的一项成果是，2005 年政府创建了一个新的法人形式"社区利益企业"（Community Interest Companies，CICs），用于规范和支持社会企业发展。社区利益企业是一种新的公司类型，主要

---

① 英国内阁第三部门办公室：《社会企业向新的高度进军——2006 年行动计划》，庞娟、吕增奎译，《经济社会体制比较》2007 年第 2 期。

对象为利用企业盈余和资产来服务公共利益的企业。至此，社会企业就有了新的合法形式，可以更有效地使用和保护它们的资产。

申请成立社区利益企业，除了像普通公司一样在工商部门注册以外，还需要向认定机构提交所有董事签字的"社区利益声明"，说明该企业的活动符合社区利益或公益需要。社区利益企业必须实行资产锁定原则，可以发行债券进行融资，但政府对投资者的回报有所限定，以保证社区利益企业的主要受益者是社区和居民。也许不久的将来，社区企业也能成为上市公司，或者出现专门为社会企业融资的股票市场。

据社区利益企业监管负责人 Julie Count 介绍，自 2005 年 7 月相关法规出台至 2007 年 7 月的两年间，已收到 1338 份申请，其中 1163 份已获批准。这个数量大大超出了政府的预计，可见该政策受到社会企业欢迎的程度。

### 11.4.2　2006 年社会企业向新的高度进军

2005 年，由内务部活跃社区司和贸工部社会企业管理部门合并成立第三部门办公室，以更大的力度推进包括社会企业在内的第三部门组织发挥积极作用。2006 年，该部门出台了新的社会企业行动计划——"社会企业向新的高度进军"，具体包括以下四方面内容。

1. 培育社会企业文化

（1）委派 20 名社会企业大使来吸引人们对社会企业的关注，并与社会企业部门共同工作。

（2）与贸工部合作发起一项活动，将社会企业推广到年轻人中去，使他们相信这是一条通往成功的途径。年轻人可以通过与社会企业部门合作来获得商业洞察力，从而改变人生。

（3）确保把社会企业强化指导材料提供给学校，并将学校使用社会企业教材的范例进行推广。与教育技能部、教学大纲与学历管理委员会、大学生创业促进委员会一起致力于在中学教育、继续教育、高等教育中融入社会企业学习内容。

（4）与贸工部小型商务服务机构合作开展研究，进一步确认社会企业在经济、社会、环境中的贡献，健全评价体系。

**2. 确保那些正在运行的社会企业可以获得正确的信息和建议**

（1）从 2007 年 4 月起通过为区域发展局提供额外资金援助，来提高其与社会企业的联系能力，包括专门支持机构在内的利益相关者共同为本地的社会企业提供需要的技能和商业咨询。

（2）规划、完善政府各层级社会企业服务网站，保证社会企业相关信息的可获得性。

（3）了解社会企业具体的技术需要以及这些需要是否可以通过主流商业教育和培训网站及机构实现。

**3. 确保社会企业的融资渠道**

（1）实现对社会企业高达 1000 万英镑的投资，由社会企业与金融部门共同确认实现资源的最优配置。

（2）与贸工部小企业局、区域发展局和社会企业部门一起，为社会企业提供进一步全面理财意识的培训。

（3）贸工部小企业局将把社会企业纳入融资渠道干涉的主流中。

（4）财政部、第三部门办公室和小企业服务局以及税务与海关总署联手致力于实现社区投资税收减免以及其他的激励机制来增加社会企业的收益。

**4. 帮助社会企业与政府合作**

（1）清除那些妨碍社会企业发展的现行政策条款。

（2）与各相关政府部门合作，为克服社会企业在提供公共服务方面所遭遇到的困难而共同努力。

（3）与多部门联手，研究社会企业的成功范例，推动将主要的再生资金用于发展可持续的社会企业的措施。

（4）2007 年 4 月起，第三部门办公室的战略伙伴计划将在全国范围内对代表社会企业的组织提供连续三年，每年 80 万英镑的支持，从而确保这些组织能够提高自身形象及其对公共政策的影响能力。

除此之外，英国所有地区和国家也都制定了明确的社会企业扶助措施，从规划设计、政策支持、宣传教育、资金投入、技能培训、信息咨询、购买服务、激励机制等多方面支持社会企业在地方经济社会繁荣发展上发挥作用。例如：2008 年 6 月，苏格兰政府出台了《进取的第三部门行动计划 2008～2011》，设立总价值为 3000 万英镑的苏格兰投资基金，并进一步开放市场，推广社会企业家精神，针对第三部门的技能、学习和领导力进行投资等。

## 11.5 社会企业的治理结构

社会企业的内部治理类似于普通公司，所不同的是社会企业由一群新的社会精英——社会企业家创办和管理，理事会在企业治理上的作用更突出，人力资源管理也有其独特之处。

### 11.5.1 社会企业的理事会

理事会是社会企业进行决策和治理的最高权力机构。其成员依据社会企业的特点和需要组成，多为出资方代表、受益者代表、政府相关部门代表、专家学者、社会名人等。理事会一般由选举产生，定期召开会议商讨组织发展大计。

理事会的职责主要包括：

- 决定组织的宗旨和目标。
- 制订并及时调整组织的发展规划。
- 制定组织工作规程和制度。
- 编制审核预算，进行财务监管。
- 争取组织发展所需的资源，包括物质资源、人力资源、社会网络资源。
- 招聘执行主管，并监督、考核、评估其工作表现。
- 决定和监控组织项目的实施。

理事会成员不负责社会企业的日常管理，多为兼职，也没有报酬。理事会成员代表利益相关方参与组织决策与管理。他们因共同的社会目标而凝聚在一起，信奉共同的使命，具有强烈的责任感。这些都促使他们高度关注社会企业的发展，并积极履行理事职责，尤其是在争取各种资源、建立社会资本方面，作用突出。社会企业的核心资本是社会资本，具体包括社会关系、人际网络、信任与合作，它是社会企业获得物质资本和金融资本的基础。所以，理事会在社会企业治理中具有举足轻重的地位和作用。

### 11.5.2　社会企业家及其领导力

社会企业家是社会企业的领导核心与灵魂人物，是一群新兴的社会精英。与以往社会精英显赫的出身、巨大的财富、骄人的学历不同，他们就在我们身边，平凡而普通，却真切地推动着社会的改变。

社会企业家可能来自公共部门、商业部门，但更多是来自于社区或机构底层的工作人员。他们熟悉社会的实际需求，身负改造社会的责任感和使命感，并且是极具企业家精神的创业者。例如：Track2000 的创始人 Terry Parry 和 Tony Crocker 原是两名失业人员，现在却经营着威尔士最成功的社区型社会企业；"Bromley by Bow 社区中心"和"怀特信托基金"的创始人 Andrew Mawson 原是一名教区牧师，他彻底改变了这片破败的地区；桑德兰家政护理社创始人 Margaret Elliott 则来自非政府组织，由于其出色的护理服务而受到政府部门的关注，曾被授予大英帝国勋章（OBE），并且荣登 2008 年英女王新年荣誉名单。可见，潜力一旦得到激发，每个人都有可能成为社会企业家。

成功的社会企业家是那些矢志不渝地要实现一种对于他们来说意义重大的目标的人们。有研究者总结指出，他们往往具备以下六种品质：[①]

- 乐于自我纠正
- 乐于分享荣誉
- 乐于突破自我

---

① 〔美〕戴维·伯恩斯坦：《如何改变世界——社会企业家与新思维的威力》，吴士宏译，新星出版社，2006，第 278 页。

- 乐于超越边界
- 乐于默默无闻地工作
- 强大的道德推动力

正是因为社会企业家的上述特质，使得他们具备了超凡的领导力。这种领导力更多的不是来自于科层制的权力，而是来自于他们所特有的感召力，或者说是一种非权力的领导力。社会企业家以此聚集组织管理的核心团队，指引大家朝着共同愿景步步迈进。在结构扁平、组织灵活的社会企业中，这种领导力相当实用。也只有在这种相对宽松的组织环境中，才能调动每个人的积极性和主动性，碰撞出社会创新的火花。

### 11.5.3　社会企业的人力资源

社会企业的人力资源具有空前的广泛性。除了社会企业家、专职工作人员以外，志愿者、社区居民、服务对象等都可以成为社会企业人力资源的一部分。社会企业家总是能够充分调动人际关系，通过建立合作网络最大限度地整合所需资源，实现自身所追求的社会目标。积累宝贵的社会资本便是社会企业在资源匮乏的情境中，仍然能够发展壮大的核心原因。可以说，社会资本是社会企业存在与发展的最重要的资本形式，也是其产出的最重要的社会价值。在关键时刻，社会关系网中的每个节点，或者说每个人都能被调动起来成为社会企业所需的人力资源。

尤其值得一提的是，社会企业将服务对象看作组织人力资源的重要组成部分。正如它们相信"世界上没有垃圾，只有放错了地方的资源"一样，那些贫困者、长期失业者、无家可归者和老幼、残障人士都具有潜在的服务社会的人力资源价值。只不过传统的福利国家制度没能设置出合适的条件和机制让这些资源的价值被挖掘出来。社会企业则秉承主动性的福利理念，致力于提高受助者的技能、自信和进取心，并创造性地为接受服务的弱势群体营造新的工作平台，也由此搭建了他们重新融入社会的桥梁。那些原本被看作社会包袱的边缘群体，竟然闪现出令人惊讶的才智潜能，一部分人回归到了主流经济，另一部分人则日益成为活跃在社会企业领域内的中坚力量。

在薪酬管理上，社会企业与商业部门劳动报酬的差距正在缩小。社会企业家意识到要实现公益目标与商业手段的完美结合，必须借助高品质的产品和服务，来赢得持续的、有尊严的资金流入。这就需要既具备崇高的价值追求又熟悉商业运作的专业人士参与其中。为吸引更多能人志士，社会企业中很多核心成员的收入已与市场经济中同类职员收入相当。此外，社会企业的真正吸引力还在于非金钱的内在激励，包括：充分信任、平等沟通，让员工参与组织决策与管理等。很多雇员是第一次在这里得到了管理企业的经验，得到了尊重与认可，充分发挥了自己的潜能。因此，社会企业的人员流失率相对较低，人力资源也可以较好地开发和存续。

### 11.5.4　社会企业善治的标准

善治是企业内部治理的最佳状态。为了帮助第三部门组织理事会成员作出重要和富有成效的工作，英国一组支持志愿部门的社会组织[①]共同研究，提出了《善治：志愿和社区部门准则概要》的报告。它提倡第三部门组织，包括社会企业，共同遵循这些原则以达到善治的目标。

该报告总结形成了七条善治的标准：[②]

**1. 理事会领导力（Board Leadership）**

每一个组织应由一个有效的理事会领导和管理。由它来保证实施组织目标、设定战略规划、坚持组织的价值观。具体包括：认可组织事业的终极责任；明确自身的战略角色，不能陷入组织日常工作。

---

① 包括：Charity Trustee Networks, the Association of Chief Executives of Voluntary Organisations, the Institute of Chartered Secretaries and Administrators and the National Council for Voluntary Organisations。

② http: //www. ncvo-vol. org. uk/uploadedFiles/NCVO/What_ we_ do/Governance_ and_ Leadership/Code_ of_ Governance_ Toolkit_ PDF. pdf.

2. 可控制的理事会（The Board in control）

作为理事会成员的理事，应共同负责确保和监管组织的正常运行，保持收支平衡（Solvent），遵循组织职责。具体包括：遵守相关法律法规和组织内部管理制度；定期检查，加强内部管控；审慎管理，保证组织财产安全；进行风险管理；保障组织运行的平等和多样性。

3. 出色的理事会（The High Performance Board）

理事会必须具备清晰的责任和职能，并通过高效的自我管理与协调来履行。具体包括：收集决策所需的意见和信息；具备高效运作组织所需的广泛的技能、知识和经验；获得必要的培训和持续支持；对组织主要管理者的监管、支持、评估、薪酬管理作出恰当安排。

4. 理事会的评审和更新（Board Review and Renewal）

理事会应定期评审自身和组织的绩效，并采取必要措施保证二者继续有效运转。具体包括：设立理事会更新机制；定期评估组织工作，并以此鼓励那些积极的变化和创新。

5. 理事会授权（Board Delegation）

理事会应为下属委员会、执行主管、管理人员、其他职员和代理人设定明确的代理权（delegated Authorities），并监督他们的工作表现。具体包括：明文规定慈善角色；对各类人员职权有清晰的授权和限制；所有的代理权必须接受理事会的常规监管。

6. 理事会和理事的廉政（Board and Trustee Integrity）

理事会及理事应遵照最高道德标准行事，并确保利益纷争能够得到恰当的处理。具体包括：理事不得获取超出法律规定和组织利益以外的职务收入，并对相关利益矛盾作出及时的鉴别和处理。

7. 理事会的开放性（Board Openness）

理事会应该是开放的、回应性的，并对其用户、受益者、成员、合作者和其他利益相关方负责。具体包括：每个组织都应确认股东的合法利益，并建立与股东的汇报、沟通机制；理事会应对股东开放，并对股东和组织运行负责；理事会应鼓励主要股东参与组织的规划和决策。

## 小　结

　　社会企业在英国的兴起有其深厚的社会、经济和文化背景。它介于传统商业和慈善之间，并把商业模式成功地嵌入慈善运作。即便这种双重性令社会企业的概念扑朔迷离，但这确实是一项令人惊叹的社会创新。它不但为非营利组织的发展创造了更广阔的空间与活力，提升了公民享有福利的水平，而且也正在对主流商业承担社会责任产生积极影响。它还让人们改变了对传统慈善的印象，开始关注非营利部门潜藏着的经济价值。社会企业正是"社会经济"——即追求社会效益最大化的准市场经济——的典型载体。它甚至可能成为"后市场社会来临"时人类的唯一出路。正是基于其巨大的社会与经济价值，社会企业吸引着越来越多的学界目光，英国政府也在积极推进支持政策，加强与社会企业的合作。总之，社会企业是英国非营利组织新发展的代表，是推动英国社会持续稳定发展的一支崭新力量。

# 第 12 章　英国非政府组织的国际合作

英国非政府组织发展历史悠久，公民社会比较成熟，同时在国际合作事务中起到了主导、倡导和推广的作用。在开展国际合作过程中，非政府组织与政府相关部门建立了平等的合作伙伴关系，它既利用了政府的官方发展援助基金和渠道，又发挥了非政府组织在国际合作方面的优势。同时，非政府组织特别注重机构本身的能力建设，立足于英国本土公民社会的发展，且业务发展逐步拓展到区域乃至全球。非政府组织采用了专业运作，有着较大的资金规模和众多的项目合作领域，项目合作效果良好，影响深远。

英国非政府组织还利用多双边的合作渠道，以项目合作为基础，与受援国所在的政府组织、民间机构和当地的民众建立起较为和谐的合作关系，得到了受援国人民的欢迎和支持。同时为英国的政府外交、经济战略服务，有效地配合政府开展国际交流与合作。

本章重点介绍英国非政府组织参与国际合作的情况、英国非政府组织与政府的伙伴关系和英国非政府组织在国际事务中的作用。

## 12.1　英国非政府组织参与国际合作的情况

英国非政府组织开展国际合作既坚持机构本身独立性的原则，又能结合政府对外援助政策的要求，能够为国家的外交政策提供相应的服务。本节重点介绍英国非政府组织开展国际合作的基本情况、业务重点和工作特点。英国非政府组织倡导国际人道主义和利他主义，在国际合作方面拥有明显的网络优势；非政府组织服务领域广泛，机构专业化、人员职业化，并与政府部门保持密切的合作关系，项目资金能够得到政府的支持，有较强的国际影响力。

### 12.1.1 英国开展国际合作的非政府组织概况

根据英国海外发展非政府组织网络[①]（British Overseas NGOs for Development，BOND）的业务统计，与国际合作和海外发展援助有关联的非政府组织有 340 个，这一批非政府组织都得到英国政府主管海外发展事务的国际发展署[②]（Department for International Development，DFID）的支持。根据 BOND 的 2007 年度报告，其会员中有规模较大的参加国际合作和海外发展援助比较活跃的非政府组织，比较著名的机构有英国乐施会[③]（OXFAM，UK，也有翻译成牛津饥荒救济委员会）、英国救助儿童会（Save the Children），英国基督教援助[④]（Christian Aid），英国天主教海外发展基金（The Catholic Fund for Overseas Development，CAFOD），世界自然基金会[⑤]（WWF），英国红十字会，泪水基金等。这批非政府组织的规模、性质和特点并不相同，但都是具有非政府性、非营利性、自治性和志愿性等特征，并具有法人地位的民间组织。英国非政府组织的国际合作方式也体现了其国家外交的需要和特点，即非政府组织向受援国的非政府组织提供资助，或与受援国的民间组织、私人基金会建立合作伙伴关系，发挥受援国的非政府组织和人民的作用；当然也根据受援国的项目需要，派遣英国的志愿者和专业人员直接参与发展项目的执行和行动。传统的援助项目主要集中在城市、农村发展，儿童救助和基础教育等

---

① 英国海外发展非政府组织网络，http：//www. bond. org. uk。
② 英国国际发展署，http：//www. dfid. gov. uk。
③ 乐施会，http：//www. oxfam. org。
④ 英国基督教援助，http：//www. christianaid. org. uk。
⑤ 世界自然基金会，http：//www. wwf. org。

领域。随着国际形势的变化和国际关系的演变，发展援助也逐步形成新的合作内容，例如：21 世纪欧洲和非洲的关系、推动青年领袖成长、政策倡导、气候变化、社区发展、推广质量与安全意识及行动等。

非政府组织资助的对象多为受援国的最贫困阶层，包括缺乏土地的农民、城市贫民等。与官方发展援助（Official Development Assistance，ODA）项目相比较，非政府组织的项目一般资金较少，规模较小，项目周期较短，其优势是能够在与受援国的受益群体合作方面拥有互动性、参与性、创新性和灵活性等，深受受援国基层受益人群的拥护和欢迎。[①] 就英国的情况而言，非政府组织的发展援助项目比官方的能够更加切实地落实在"发展"领域之中，即采用很少的资金而达到较为明显的效果。

非政府组织海外发展援助的资金规模也逐年扩大，根据英国政府公布的《为实现千年发展目标》的估计，资金总规模为 14.57 亿英镑，当然这部分资金使用范围不仅局限于海外，也包括在英国本土。[②] 客观地讲，英国政府非常重视非政府组织的作用。根据英国国际发展署（DFID）的报告，[③] 英国海外发展援助的资金规模从 1996 年开始逐年增长，增长率为 32%，到 2002/2003 年度海外发展援助通过非政府组织项目执行的资金规模达到 2.23 亿英镑，其中有 120 个非政府组织参与了英国政府千年发展目标中的减贫计划。

众所周知，英国的非政府组织整体规模较大，而且非常强调其独立性，[④] 尽管它们能够得到英国政府的支持，但依然在不断批评英国政府，不少观点和看法并不能完全与英国政府保持一致。尽管如此，

---

① 周弘：《对外援助与国际关系》，中国社会科学出版社，2002。

② Peter Newborne, *Sanitation and the MDGs: Making the Politics Work*, ODI, 2008, p. 109.

③ HM, Government, *The UK's Contribution to Achieving the Millennium Development, Goals*, London, 2002.

④ 〔美〕莱斯特·M. 萨拉蒙等：《全球公民社会》，贾西津等译，社会科学文献出版社，2002。

英国非政府组织的国际合作是有成效的，在国际公民社会运动中占有一席之地。

### 12.1.2　英国非政府组织开展国际合作的业务重点

英国非政府组织开展国际合作的业务广泛，涉及社会发展、机构的能力建设和专业化等内容，主要包括倡导能力建设、冲突政策、发展和环境、残障人士支持和开发、救灾和风险预防、欧洲成员邻国友好、欧洲政策、筹资、拉丁美洲和加勒比海非政府组织合作、质量标准、小型非政府组织的发展、机构学习的战略管理网络、粮食、性与生殖卫生和权利网络、水务问题和年轻人成长等领域。[①]

#### 1. 关于倡导机构能力建设

政策倡导是具有挑战性和极其复杂的事务，关键的因素有四方面的内容，即适当的时机、计划、主题和事件。如何更好地利用某一事件形成有效性，从而推动相关的法规和政策形成，不仅是政治家的任务，同时也需要实务界的共同努力。英国非政府组织在开展政策分析、公众参与和倡导活动方面具有独特的优势，加强发展中国家民间组织的能力建设也是英国非政府组织的重要任务之一。

#### 2. 冲突政策

冲突政策的研究起源于 2006 年 5 月开始的全球安全和发展项目，目的是通过英国开展海外援助和人道主义援助行动的非政府组织，与开展全球安全和冲突领域工作的组织建立网络和合作伙伴关系。同时也通过英国海外发展非政府组织网络的政策倡导优势开展工作。目前主要涉及的领域有信息分享、政策和热点课题的对话、官方咨询和联合倡导等。

#### 3. 发展和环境

发展和环境领域的研究起源于 2002 年约翰内斯堡可持续发展问题世界首脑会议（WSSD），当时英国政府代表团和环境与发展非政府组织的代表联合形成对话论坛，共同成立了工作小组。英国政府也

---

① 英国海外发展非政府组织网络，http://www.bond.org.uk。

请求环境与发展工作小组负责协调英国官方政府代表和委员会的民间组织代表之间的关系。同时工作小组也收集和传播来自政府、非政府组织和其他利益相关者的信息，帮助民间组织在高峰会上开展政策倡导工作，增强其在政府决策方面的影响力。近年来，工作小组根据规则与英国国际发展署的环境政策部门紧密合作，召开了可持续委员会圆桌会议，形成了环境可持续发展目标的战略文件、全球白皮书、全球环境基金（GEF）和世界银行环境战略以及欧盟综合文件。

**4. 残障人士支持和开发**

残障人士支持和开发小组主要是围绕支持残障人士和开发非政府组织国际捐赠机构的工作，更有效地实现帮助残障人士的目的。通过总部设在英国的国际非政府组织网络，调动资金和专业资源为南方国家非政府组织提供全方位的服务。在实际操作过程中，一方面为发展中国家的民间组织提供政府倡导的经验，同时也在发展中国家的社区为那些需要帮助的残障人士和家庭提供专业服务。

**5. 减灾和备灾**

紧急救灾的非政府组织主动与发展领域的非政府组织建立合作伙伴关系，并形成了网络，网络的目标是为各会员提供非正式的信息分享、经验和技术交流，通过紧密协调，开发潜在的发展合作机会。

**6. 欧洲成员邻国友好事务**

原东欧和中亚地区与英国非政府组织在 2006 年 9 月 12 日正式协商达成共识：通过民间组织的交流、对话和互动，以推动欧盟成员以外的邻国即巴尔干半岛西部和原独联体国家成员之间形成友好交流，尤其是在政策倡导方面共同分享经验和讨论合作项目。

**7. 欧洲政策事务**

2001 年，英国平台和英国海外发展非政府组织网络联合倡议，英国从事国际合作的非政府组织需要建立专家队伍和资源库，在欧盟发展事务方面增强英国非政府组织的影响力。作为英国海外发展非政府组织网络的思想库，它们对于欧洲发展有独特的研究，推动了英国非政府组织与欧盟的联系和合作。

### 8. 筹资事务

发展中国家非政府组织面临着资金短缺、筹资能力不足和信息不对称等问题，而英国拥有一批专业从事筹资和技术咨询的非政府组织。因此，英国非政府组织结合发展中国家非政府组织的需要，组织与筹资事务相关的培训，培训的内容包括筹资技巧、资源组织信息研究、捐赠机构的开发工作以及与捐赠机构建立公共关系等。

### 9. 拉丁美洲和加勒比海非政府组织合作事务

英国非政府组织为了加强与拉丁美洲和加勒比海非政府组织的联系、交流和合作，建立了一个非政府组织工作小组，以推动非政府组织之间的交流机制的形成，尤其是推动政策倡导、处理不同利益相关群体关系方面的研究和事务。

### 10. 管理质量问题

非政府组织与受益人之间的关系是非常重要的，尤其是非政府组织的服务质量是受益者非常关注的。在问责方面非政府组织体现出更为开放的态势，通过推行质量管理，非政府组织的工作更为透明和务实。

### 11. 发挥小型非政府组织的作用

小型非政府组织由于受资金和资源的限制，它们不能像大型非政府组织具有较强的执行力。但是，小型非政府组织了解民情，代表部分基层民众的心声。因此，小型非政府组织需要团结一致，利用各自的优势，发挥它们在政策倡导方面的作用。

### 12. 组织学习战略管理网络

由于非政府组织业务跨部门和跨领域，内容繁多，因而有必要组织跨部门的业务学习和实践，以推动组织学习战略管理，分享机构管理的经验。通过学习和执行战略管理的方法，确保机构更加有效地开展工作，学习和分享其他类似机构的工作成果。

### 13. 粮食问题

粮食问题也是英国非政府组织关注的热点课题。针对全球粮食和农业发展问题，它们推动可持续发展和公平的粮食和农业政策，平衡公司和公众利益之间的不同观点，从而形成影响全球和当地粮食供应方面的安全机制。英国非政府组织正在不断加强机构的能力建设，在制定粮食和农业政策方面有效地影响欧盟以及国际社会。

### 14. 性与生殖卫生和权利网络

自从 2001 年以来，英国非政府组织关注性与生殖卫生和权利问题，并建立了网络机构，通过建立网络更好地推动发展中国家和转型国家的人民拥有性与生殖卫生和权利，特别要关注那些最贫困、被边缘化的弱势群体。

### 15. 水务问题

自 1999 年以来，英国非政府组织创建了一个水论坛。通过信息交流，增强民间组织的分析和协调能力，以政策倡导的方式影响英国政府和相关负责和管理淡水资源的机构。主要活动领域是水和卫生，包括淡水资源系统保持生态和生物多样性，以及处理农业用水、能源用水和休闲用水之间的关系。

### 16. 年轻人成长

通过非政府组织的共同协调，形成英国的年轻人与发展中国家年轻人交流沟通机制，以推动年轻人的健康成长。主要是通过志愿人员的交流和互动，以实现年轻人之间的互信和潜在的合作。

### 12.1.3 英国非政府组织开展国际合作的主要特点

英国政府的对外援助一直是实现其政治、经济利益的一种重要手段。但作为非政府组织在开展国际合作过程中，表现形式与政府的对外援助并不完全一致，主要有以下五方面的特点。

第一，国际人道主义和利他主义目的。例如，第一次世界大战结束后，在英国率先成立的紧急救助儿童会（后来迅速发展为救助儿童会国际联盟），向中东欧各国派遣志愿人员，派发救灾物资。当时，获胜的协约国仍旧对德国实施惩罚性的经济制裁。在当时特别的年代和特殊的国际形势下，埃格兰泰恩·杰布女士（Eglantyne Jebb）——英国救助儿童会①的主要创始人之一，因公开散发名为

---

① 英国救助儿童会：http://www.savethechildren.org.uk。

"饥饿的婴儿"的传单、谴责英国政府漠视德国儿童的营养不良和饥饿，而被伦敦警方逮捕。最终，审判这个案子的地方官员本人为该基金捐了款。同时，杰布女士继续撰写《儿童权利宪章》，被国际联盟所采纳，其后又成为 1989 年联合国《儿童权利公约》的基础。这是经过个人努力得以制定的第二部重要的国际法。

第二，国际合作拥有明显的网络结构。这一特点的主要成因来自三方面。首先是英国作为与美国拥有"特殊关系"的中等强国的世界性政治利益；其次是作为欧盟成员国的地区性政治利益；最后是作为英联邦主导国家的政治利益。英国政府的国际政治行为基本上是在这三个圈子里进行的。① 在国际合作方面非政府组织也并不例外，它们受英国政府政治利益的影响，非政府组织在发展过程中利用了政府的网络开展工作。表 12 - 1 说明了总部设在英国或由英国创立的国际非政府组织，可以看到，英国非政府组织遍布全球，而且每一个组织项目的活动范围都超过了 10 个以上的国家和地区，部分非政府组织的项目和人员几乎遍布了全球。这样的影响力是通过组织国际网络进行的，而多数非政府组织建立的网络利用了英国国际地缘上的优势。

第三，英国非政府组织不仅服务领域广泛，而且机构专业化特征明显。目前英国非政府组织开展国际合作涉及的领域主要包括扶助贫困、救助儿童、环境保护、能力建设、政策倡导、医疗卫生、紧急救灾和劳动权益保护，② 而机构的专业化日益明显。从机构宗旨方面来分析，多数从事国际合作的非政府组织主题明确，业务专业，并不是组织方面的求大求宽求广。实际上，每一个非政府组织都拥有一批自己的专家队伍和专业志愿人员，作为开展专业服务的支撑系统。客观上，提高了它们在开展国际活动和国际合作中的地位，并能够发挥其领导作用。

---

① 周弘：《对外援助与国际关系》，中国社会科学出版社，2002。
② 全球非政府组织因特网网络：http：//www.globenet.org。

表 12 - 1　总部设在英国或由英国创始成立的国际非政府组织

| 编号 | 名　　称 | 英文名称 | 国际网络成员(个) | 项目分布国家/地区(个) |
|---|---|---|---|---|
| 1 | 救世军* | The Salvation Army | 117 | 117 |
| 2 | 行动援助国际 | Action Aid International | 100 | 42 |
| 3 | 危机中的儿童** | Children in Crisis | | 13 |
| 4 | 无国界卫生组织*** | Health Unlimited | | 15 |
| 5 | 基督教青年会**** | YMCA | 14000 | 124 |
| 6 | 伊斯兰援助***** | Islamic Relief | | 25 |
| 7 | 玛丽·斯特普国际组织****** | Marie Stopes International | | 38 |
| 8 | 乐施会 | Oxfam | 13 | 30 |
| 9 | 英国防止虐待动物协会******* | Royal Society for Prevention of Cruelty to Animals | | 30 |
| 10 | 英国救助儿童会 | Save the Children (UK) | | 52 |
| 11 | 英国海外志愿服务社 | Voluntary Service Overseas | | 124 |
| 12 | 国际计划******** | Plan International | 16 | 49 |

\* 救世军（国际）：http：//www. salvationarmy. org。

\*\* 英国危机中的儿童：http：//www. childrenincrisis. org. uk。

\*\*\* 英国无国界卫生组织：http：//www. healthunlimited. org. uk。

\*\*\*\* 基督教青年会：http：//www. ymca. int。

\*\*\*\*\* 伊斯兰援助：http：//www. islamic - relief. com。

\*\*\*\*\*\* 玛丽·斯特普国际组织：http：//www. mariestopes. org。

\*\*\*\*\*\*\* 英国防止虐待动物协会：http：//www. rspca. org. uk。

\*\*\*\*\*\*\*\* 国际计划：http：//www. plan - international. org。

　　第四，英国非政府组织与政府关系密切，部分援助资金来自于政府的支持。英国非政府组织与政府关系密切，因此，非政府组织很容易得到政府官方发展援助的支持。例如英国行动援助国际[①] 2007 年收入为 1. 86 亿欧元，其中来自英国政府援助机构的资金为 2870 万欧元，占机构总体收入的 15. 4%；再例如英国海外志愿服务社[②]（Voluntary Service Overseas，VSO）2007/2008 年度共筹款 4310 万英

①　行动援助国际：http：//www. actionaid. org。

②　英国海外志愿服务社：http：//www. vso. org. uk。

镑，其中约 64.9% 来自英国国际发展署。无国界卫生组织 2007/2008
年度 610 万英镑的收入中，22% 来自英国国际发展署，20% 来自欧
盟。

第五，非政府组织筹资能力强，资金规模较大。一般来讲，作为
开展国际合作的非政府组织从国内筹资是不具备优势的，因为它们服
务的人群都在海外，对本地社区的贡献并不明显，而且远离当地的老
百姓。但英国从事国际合作的非政府组织具有较强的筹资能力，机构
的运作资金规模也较大，表 12-2 列举了部分英国非政府组织的年度
收入或支出。

表 12-2　英国部分开展国际合作的非政府组织的年度收入或支出

| 序号 | 机构名称 | 年度收入 | 年度支出 | 货币单位 | 备　　注 |
|---|---|---|---|---|---|
| 1 | 行动援助国际 | 1.86 亿 | 1.83 亿 | 欧元 | 2007 财年 |
| 2 | 无国界卫生组织 | 610 万 | 540 万 | 英镑 | 2007/2008 财年 |
| 3 | 伊斯兰救助 | 4003 万 | 3983 万 | 英镑 | 2007 财年 |
| 4 | 乐施会 | | 7.04 亿 | 美元 | 2006/2007 财年 |
| 5 | 罗帕国际* | 292 万 | 292 万 | 瑞士法郎 | 2006 财年 |
| 6 | 英国防止虐待动物协会 | 1.14 亿 | 1.11 亿 | 英镑 | 2007/2008 财年 |
| 7 | 英国救助儿童会 | 1.61 亿 | 1.56 亿 | 英镑 | 2007/2008 财年 |
| 8 | 英国海外志愿服务社 | 4310 万 | 4267 万 | 英镑 | 2007/2008 财年 |

＊罗帕国际：http://www.rokpa.org。

## 12.2　英国非政府组织与政府的伙伴关系

在开展国际合作方面，英国非政府组织与政府有着良好的合作关
系，并创建了重要的合作伙伴机制，以保证非政府组织有序开展国际
交流和合作活动。本节重点介绍在开展国际合作方面，英国政府与非
政府组织的沟通机制，政府对非政府组织的资金支持，非政府组织与
政府相互支持和相互配合的运作特点，尤其是政府向非政府组织提供

的资金和渠道方面的支持。而非政府组织利用自己的工作优势，有效补充了政府在国际合作过程中的不足，达到政府与非政府组织共赢的结果。

### 12.2.1 英国政府与国际合作非政府组织的沟通机制

英国政府与开展国际合作的非政府组织建立合作机制起步比较晚，在经济合作与发展组织（OECD）国家中，多数国家在 20 世纪 60 年代就已开始通过非政府组织实施海外发展援助项目，而英国则在 20 世纪 70 年代中期工党执政之后才开始这方面的工作。英国政府与国际合作的非政府组织的沟通机制有以下六方面的特点。

第一，政府援助资金并不直接给受援国，而是通过英国的非政府组织开展项目实施和合作。此模式也是欧洲和北美洲主要发达国家普遍采用的合作机制。即英国政府与英国的非政府组织建立合作伙伴关系，英国的非政府组织又与受援国的非政府组织建立合作机制，简称为政府加援助方国家的非政府组织加受援国非政府组织三方联盟合作方式。

第二，设立政府专门基金支持非政府组织的海外发展工作。英国政府设立联合基金计划①（The Joint Funding Scheme），旨在帮助英国的非政府组织援助发展中国家的最贫困地区。按照这个计划，英国国际发展署将向非政府组织承担长期发展项目的一半费用，也称之为"一英镑配一英镑"方案。例如，提出申请发展项目的非政府组织将承诺 50% 的资金从政府援助项目之外的渠道获得。而联合基金计划项目的年度预算为 5370 万美元。单个项目总额达到 7.9 万美元时需要从联合基金计划支付另外的 50% 资金。而联合基金计划项目由英国国际发展署和外交部共同负责审查。项目执行时间一般不超过三个财政年度；每年的政府拨款有最高限额；在项目执行过程中，非政府组织每年需要向政府汇报一次项目进展和财务状况，项目结束时需要提交一份完整的项目最终报告。

---

① 周弘：《对外援助与国际关系》，中国社会科学出版社，2002。

第三，英国政府与非政府组织合作的基本要求和局限性。对于申请英国政府"联合基金计划"的非政府组织，有严格的资格认定要求，即必须是在英国登记过并具有公益性的非政府组织。联合基金计划项目起始时间是当年度的 4 月份，项目周期为一年时间。申请下一年度基金计划，必须要在当年的 11 月底向政府提交申请。

第四，非政府组织在申请使用政府援助资金的同时，坚持自己的独立性原则。由于非政府组织向英国政府申请了资金支持，非政府组织能否保持其独立性原则，这也是非政府组织之间经常争论的问题。例如：英国国际发展署向海外志愿人员组织提供资助，根据志愿支持计划，英国海外志愿服务社人员的工作经费来自英国国际发展署，而天主教国际关系学会、国际志愿者组织的经费 90% 来自于政府补贴。尽管以上组织的大部分项目经费来自政府，但是它们的项目运作和执行并没有受到政府的影响，从项目的设计、管理到评估均保持了独立的原则。

第五，规模较大的非政府组织垄断政府援助项目，造成其他类型的非政府组织的不满。前面已述越来越多的非政府组织申请政府的援助资金，非政府组织实力与背景差异明显，给政府增加了审查项目的难度；为了提高效率，英国政府采取了变通的办法，主要向英国乐施会、基督教援助基金、天主教海外发展基金、救助儿童会和世界自然基金会等规模较大、实力较强的非政府组织提供资助，目前它们可以得到政府支持的 60% 以上。当然，这种部分非政府组织的垄断行为势必造成其他非政府组织的不满，但是也无法说服政府改变做法。从某种意义上讲，集中资助少数非政府组织有利于政府加强对资金的控制，而这些"主要"的非政府组织也有了一定的"官方"色彩。

第六，英国非政府组织在开展国际合作过程中，其中立性也是相对的。例如，在英国官方发展援助已经终止的地区，非政府组织如果要进行援助，是不能从联合基金计划项目中得到支持的。如果英国的非政府组织援助一些政府已确认的"政治敏感地区"，如智利、危地马拉、尼加拉瓜、南非和巴勒斯坦等，基金项目申请必须经过外交部的严格审查。

### 12.2.2　英国政府对国际合作非政府组织的支持重点

英国政府对开展国际合作非政府组织的支持重点在不同的历史时期是不一致的。但通常英国政府坚持通过资金援助方式，提出援助重点。

**1. 英国政府非常关注软件方面的建设，尤其是人员方面的互动和交流**

1958 年成立的英国海外志愿服务社已经向全世界 124 个国家派出了 3.3 万多名的海外志愿者为发展中国家服务，它也是目前世界上最大的国际志愿者机构。机构成立阶段，英国海外志愿服务社招募 18～25 岁的年轻人，后来随着受援国的需要，希望得到有专业知识、经验和熟练技能的志愿者，现在志愿者的年龄介于 20～75 岁之间，平均年龄为 41 岁，一般要求服务两年时间。而且，志愿者在全球范围内招募，不再局限在英国国内。正在服务的志愿者来自加拿大、印度、肯尼亚、荷兰和菲律宾等国家。

**2. 设立支持非营利组织的专项基金**

英国政府鼓励公民社会参与国际合作。客观上讲，作为从事国际合作的非政府组织也需要更多政府资金的支持。为此，英国政府设立了专项基金，主要有如下四个重要的基金：

（1）公民社会挑战基金。其目的是支援英国的非政府组织向发展中国家贫困的社区和边缘群体提供必要的持久支持。

（2）发展意识基金和小额援助计划。英国非营利组织或网络成员共同承担义务，提高发展意识和理解发展观念。

（3）合作伙伴方案协议。英国国际发展署与有重大影响的公民社会组织签署协议，确立战略水平的合作伙伴一起工作。根据联合国千年发展目标的各项指标，政府向非政府组织提供战略资金，共同努力达到目标。

（4）治理和透明资金。其目标将治理和透明作为非营利组织的基本原则。同时也可以考虑参与地方和区域政府机构和营利部门的建设等（也包括媒体的参与）。它们的参与也可以作为项目建设中的一部分。

**3. 冲突、人道主义和安全援助项目**

冲突、人道主义和安全援助资金是英国政府与非营利组织合作的传统项目。目的是扩大英国政府在发展中国家的影响力，保持英国在第三世界国家中的特殊地位。主要有如下五个重要的基金：

（1）冲突、人道主义和安全基金。英国国际发展署的人道主义共同基金（CHSF）向广大的非营利组织开放，并接受开展冲突、人道主义和安全项目申请。项目资金已列入英国政府 2008/2009 财政年度计划，项目于 2009 年 4 月正式开始申请，截止日期是 2009 年 5 月 18 日。

（2）人道主义响应基金。这一基金通常分配给特别紧急事件和灾害事务，主要有非营利组织、联合国系统机构和红十字会等单位提出的资金请求。

（3）降低灾害风险。在重大突如其来的灾害发生之后，英国国际发展署响应基金的 10% 资金可以迅速调配用于降低灾害风险（DRR）活动。包括预防、缓解和准备未来灾害的预案，这也是一种有效减缓灾害和风险的办法。降低灾害风险资金的有限额度为 50 万英镑，这样的资金使用权限通常由英国国际发展署驻受援国或当地办事处来负责和使用。

（4）冲突预防联营（CPP）。通常由英国国际发展署、英国外交部和英国国防部共同管理。

（5）禁雷行动（Mine Action）。英国国际发展署准备方案是全球禁雷行动的一部分。他们通过联合国系统挑选的非政府组织作为合作伙伴，推动全球的禁雷行动。

当然英国政府与开展国际合作的非政府组织的合作是多渠道和多途径的。它们通常还设立特别的地区方案和特别专业的活动领域，以推动英国非政府组织走向世界，影响世界，为英国的国家外交事务提供全方位的服务。

### 12.2.3　非政府组织与英国政府开展国际合作的特点

众所周知，英国的非政府组织发展历史悠久，公民社会发展比较成熟，在英国的经济、社会发展中作用明显，而与政府的合作伙伴关系的经验也值得世界各国的公民社会组织学习和借鉴。英国非政府组织与政府合作有三方面的特点：

**1. 非政府组织对利用政府的援助资金达成了基本共识**

非政府组织在强调机构的独立性的同时，对于使用政府资金没有不同的声音。客观地讲，英国的非政府组织对于对政府的资金依赖性并不明显。但在开展国际交流和合作过程中，资金缺乏依然是非政府组织面临的新挑战。从 20 世纪 70 年代到现在近 40 年的实践，英国的非政府组织对利用政府的资金达成了共识，不仅利用英国政府的资金，还积极开发利用欧盟、联合国和世界银行系统资金为非政府组织本身发展提供较好的发展机会。

**2. 非政府组织利用政府现有合作渠道扩大自身的国际影响**

1972 年在英国成立的行动援助，起初通过资助儿童的方式筹款，以支持发展中国家的儿童接受基础教育。随着儿童项目迅速扩展，在政府机构英国国际发展署的支持下，业务已拓展到扶贫和社区发展等领域，活动区域已拓展到 40 个国家和地区，行动援助已成长为在海外工作的最大的英国非政府组织之一，也成为英国国际发展署的主要合作机构之一。

**3. 英国非政府组织利用政府渠道和声誉，扩大与发展中国家政府和非政府组织的合作和影响**

一般来讲，利用名人的威望和声誉开展筹资活动对世界各国非政府组织来说都是挑战，英国的非政府组织也不例外。英国的皇室成员安妮公主担任英国救助儿童会的主席，这对救助儿童会国际合作起到非常重要的推动作用。例如：2008 年 8 月 21 日，北京奥运会第 13 天，下午 14 点，英国公主安妮在北京救助儿童会中国项目办公室内，认真聆听了救助儿童会员工介绍在中国开展工作的情况以及救助儿童会在四川地震灾区紧急援助项目的汇报。在听取汇报之后，安妮公主对救助儿童会在中国所做的工作给予了充分的肯定和鼓励。同安妮公主一同听汇报的还有救助儿童会中国项目的各级政府合作伙伴，包括来自中国外交部、民政部、司法部、国务院妇女儿童工作委员会等政府部门的官员，以及来自全国妇联、中国残疾人联合会、中国国际民间组织合作促进会（以下简称民促会）等机构的相关负责人。安妮公主向政府机构、合作伙伴对救助儿童会工作的支持表达了感谢。作为英国救助儿童会的主席，安妮公主曾经走访过救助儿童会在很多发展中国家的项目，此前，安妮公主先在香港参加了香港救助儿童会的开幕活动，并在北京会晤了民政部的官员，就救助儿童会及民政部在儿童福利领域合作开展的项目进行了交流。

**4. 非政府组织利用与政府合作的平台，开展项目合作和倡导活动**

众所周知，开展项目合作和倡导活动关键问题是政府与非政府组织之间人员的交流、互信、相互理解和支持。1942 年，一批英国居民成立了牛津救灾委员会即现在的乐施会，旨在争取为在二战中被纳粹德国占领的希腊提供援助。乐施会原文 "OXFAM" 就是该组织当时使用的电报编码。此后，它逐步发展成为在 13 个国家拥有乐施会机构的国际网络，项目遍及非洲、亚洲、中东和拉美。与政府合作是乐施会工作的一大特征，乐施会是英国国际发展署五大重要合作伙伴之一，并承担政府的一些长期的发展项目。

**5. 利用宗教非政府组织的特点，使项目资金直接进入社区**

宗教非政府组织有着明显的优势，它能够很快与社区组织建立联系，起到间接扩大政府影响、弥补政府项目的弱点的作用。英国作为具有传统慈善观念的国家，在开展国际合作过程中，能够将项目的援助资金通过受援国的非政府组织的帮助，直接进入基层、进入社区组织，直接服务到最贫困的群体和需要帮助的弱势人群，深受受援国的欢迎。这与英国利用了宗教背景的非政府组织开展工作很有关系。例如救世军、基督教援助基金，是基督教派背景的慈善机构；而天主教海外发展基金、天主教国际关系研究所（CIIR）是天主教派背景的慈善机构。

## 12.3　英国非政府组织在国际合作中的作用

### 12.3.1　英国在国际双边合作中的主要活动方式

1. 非政府组织与受援国非政府组织的合作是英国政府双边外交的重要手段

英国非政府组织在国际双边合作中显得非常活跃，在发展和环境领域的非政府组织之间，它们的工作和任务既有分工，又有合作，覆盖国家的面比较广，也是英国政府双边合作的一个重要补充。作为英国发展类非政府组织，主要包括天主教海外发展基金、英国救助儿童会、行动援助、乐施会等机构；以环境为主的其他类的非政府组织，主要包括环境与发展国际研究所（IIED）、天主教国际关系研究所（CIIR）、水援助（Water AID）、发展计划机构（DPU）和无家可归国际（Homeless International）等。上述非政府组织与政府关系密切，加之它们的资金来源有相当一部得到英国政府的大力支持，它们也成为英国政府双边外交的重要手段。

2. 非政府组织尽管资金不多，但覆盖的国家面广，项目涉及经济、社会发展中的各个领域

以英国天主教海外发展基金会①为例，项目共分布在全世界 60个发展中国家/地区（参看分布图）。2007/2008 年度在亚洲 19 个国家/地区共支出 808 万英镑项目资金，平均每一个国家/地区为 42.5万英镑。在非洲 22 个国家共支出 1392 万英镑的项目资金，平均每一个国家为 63.2 万英镑。而在拉丁美洲 14 个国家共支出 329.6 万英镑的项目资金，平均每一个国家支出 23.5 万英镑。在东欧 3 个国家共支出 67.6 万英镑的项目资金，平均每一个国家支出 22.5 万英镑。2008 年总支出 252.7 万英镑项目资金分布在亚非拉中欧 57 个国家，平均分配每一个国家 4.43 万英镑。为了让项目成功实施，天主教海

---

① 英国天主教海外发展基金，http://www.cafod.org.uk。

外发展基金会在 10 个国家设立办公室，在 9 个国家拥有自己的工作
人员。项目涉及社会、经济等多个领域，其中包括：无偿援助、气候
变化、信息技术、冲突与和平、企业社会责任、债务、教育、紧急救
灾、农业和粮食、社会性别、全球化、卫生、艾滋病预防、人权、土
地和住房、煤矿、难民和移民、贸易、就业等内容。

表 12 - 3　英国天主教海外发展基金会项目分布图（60 个国家/地区）

| 洲名 | 国家/地区 |
| --- | --- |
| 亚洲（19） | 阿富汗,孟加拉,柬埔寨,东帝汶,印度,印度尼西亚,伊拉克,黎巴嫩,巴基斯坦,巴勒斯坦,菲律宾,斯里兰卡,中国,缅甸,以色列,尼泊尔,所罗门群岛,泰国,约旦西岸和加沙 |
| 非洲（22） | 安哥拉,布隆迪,乍得,刚果（DRC）,厄立特里亚,埃塞俄比亚,肯尼亚,利比亚,莫桑比克,尼日利亚,卢旺达,塞拉利昂,索马里,南非,苏丹,坦桑尼亚,赞比亚,津巴布韦,马拉维,尼日尔,斯威士兰,布基纳法索 |
| 拉丁美洲（14） | 玻利维亚,巴西,哥伦比亚,萨尔瓦多,智利,危地马拉,圭亚那,洪都拉斯,尼加拉瓜,墨西哥,巴拉圭,秘鲁,古巴,海地 |
| 中欧 + 前苏联国家（5） | 前南斯拉夫,俄罗斯,阿尔巴尼亚,亚美尼亚,塞尔维亚 |

**3. 非政府组织宗旨明确，支持最贫困的人群，扩大受援国非政府组织人员的互动和能力建设**

作为一个成熟的公民社会的国家，英国非政府组织广泛地开展筹
资活动、支持更多需要帮助的发展中国家，例如：以实现减少贫困为
目标，增强受援国公民社会建设，推动实现公民参与和强调平等发
展。例如：国际行动援助的宗旨是"与贫穷人和边缘人群一起工作
根除贫困和不公平"；英国无国界卫生组织的宗旨是"我们支持最贫
困和最弱势的人们努力实现更好的医疗和福利。优先考虑受冲突和政
治不稳定影响的当地人和当地社区。我们和社区医务工作者，以及政
策制定者一起制定出长期项目，开发出恰当的和有回应的初级医疗保
健体系，影响各个层面的政策和实践"。

**4. 通过国际合作，支持并促进受援国公民社会的发展**

近十年来，英国非政府组织在促进和支持受援国公民社会的发展

方面取得了长足进步，旨在帮助受援国公民社会的健康发展，以保证政府援助资金的有效性，扩大其社会影响，强调公民社会的良好治理、公开、透明和问责。例如：乌干达行动援助曾有严格的问责和报告体系，但主要是通过核心控制和官僚机制来实现，所设计的问责体系能够符合向管理者、捐赠者和赞助者的问责，然而却没有向合作伙伴和贫困社区的问责提供便利。因此，乌干达行动援助便借鉴不同国家项目经验，并经过漫长的讨论和对话后，最终设计出一个新的体系：行动援助问责、学习和规划体系（ACPS）（Action Aid Uganda，1999）。这一个新型问责体系得以成功实施，推动了乌干达非政府组织问责体系的建立。①

总之，英国非政府组织在推动受援国非政府组织健康成长方面起到非常重要的推动作用，也对传播英国文化和理念起到了积极的作用。

### 12.3.2 英国非政府组织在国际多边合作中的主要作用

英国非政府组织在国际多边合作中起主导作用，通常以倡导者的身份推动非政府组织形成联盟，这与英国国家利益是密切相关的。20世纪80年代以来，英国政府一直将发挥全球性领导作用作为基本的外交战略，加上"英美特殊关系"与英国殖民历史的影响，英国政府利益的全球性在中等发达国家中确实比较强。英国的外援政策在确立其全球性"领导地位"、维护全球性利益方面起着主导者和倡导者的作用。

#### 1. 在国际多边合作过程中，英国非政府组织起到主导作用

例如：2004年在南非约翰内斯堡，成立了世界上最大的非政府组织联盟——全球消除贫困联盟②（Global Call to Action Against Poverty，GCAP）。而这一联盟的成立与英国的行动援助、英国海外发

---

① 〔美〕丽莎·乔丹、〔荷兰〕彼得·范·图培尔：《非政府组织问责》，康晓光等译，中国人民大学出版社，2008。

② http://www.gcap-china.com.

展非政府组织联合会、英国红十字会、基督教援助、英国将贫困变成历史和国际乐施会有着相当重要的关系。这个100多个国家非政府组织参加的全球反贫困联盟旨在通过制定一系列的行动计划来支持世界各国在国家层面、国家之间、区域层面开展全球性的反贫困活动。前任联合国秘书长安南也发表演说支持全球消除贫困联盟。

2. 在国际多边合作机制中，英国非政府组织在多边合作理念方面充当"倡导者"的角色，强化了英国的国际地位

2008年10月13～15日，来自亚欧各国非政府组织的500余名领导人代表在北京聚会，此即第七届亚欧人民论坛。在本届论坛国际组委会成员名单中，就有英国同一世界行动① （One World Action）。英国同一世界行动是亚欧人民论坛主要的创始组织，1989年成立于英国伦敦，其宗旨是协助发展中国家消除贫困，致力于构建一个公平公正的世界，保障人民的权益，其全球网络包括11个地区中心和1600个合作伙伴组织，在30多个国家开展活动。在短短三天的论坛上，同一世界行动参与承办了"社会与经济权利及环境公正问题"议题下"千年发展目标及其在亚欧地区的影响"分会，以及"参与式民主及人权问题"议题下"地方治理：亚欧基层参与式民主"和"提高妇女的政治参与和影响"分会。姑且不论其效果和影响，就其网络和成员的力量来看已足以说明英国非政府组织的影响力和强大的软实力。

3. 创造机会，建立平台，全力支持全球公民参与联盟（CIVICUS）年会

每年有全球130多个国家的公民社会活动家、国际机构的领导、政府代表、媒体、企业和捐赠者约1000人云集在古老的工业重镇格拉斯哥市参加全球公民参与联盟年会。在那里有近200家英国的非政府组织、社会企业和国际机构设立的200个展厅，展示英国非营利部门的成果。操办这一盛大聚会的当地举办机构就是苏格兰志愿组织理

① http://www.oneworldaction.org.

事会（SCVO）。该盛会得到英国国际发展署、苏格兰政府、格拉斯哥市政府、英国国家彩票基金、世界宣明会、乐施会国际、福利基金、苏格兰皇家银行等众多捐赠机构的支持。英国非政府组织利用这一机会与发展中国家广泛开展交流和合作，以推动英国的国家利益与政治影响力。

**4. 以非政府组织多边活动为机制，维护英国在全球的强有力领导地位**

例如总部设在德国柏林的筹资组织国际委员会①（ICFO），这是一个促进公益筹资机构行业自律的国际组织，致力于在筹资机构治理机制责任、公共利益目标、财务责任、筹资实践和公共信息方面形成行业的共识，实际上是规范公益机构筹资行为的一个自律联盟。而在11个核心成员中就有英国的筹资组织认可机构（ABFO）。② 同时还有一家，也是唯一的一家支持会员即英国慈善援助基金会（CAF）。这一国际组织每年都召开全球大型的专业筹资机构领导人年度会议，探讨作为筹资机构的社会责任。③ 英国的非政府组织在此利用多边机制强化其在国际上的领导地位。

**5. 英国关注培训非政府组织领导人，传播非政府组织文化**

例如：总部设在牛津的国际非政府组织培训和咨询中心④（INTRC），就是一个培养发展中国家非政府组织领导人的基地，每年来自全球的非政府组织领导人来到伦敦和牛津，参加各类课程的培训和学习，例如培训者培训、影响评价、机构发展、倡导和政策影响、项目监测和评估、合作伙伴的能力建设、公民社会和倡导艺术，等等。这些课程内容新颖，采用参与式教学。该中心吸引发展中国家的非政府组织领导人与英国非政府组织进行交流互动和分享，为推动和传播非政府组织文化起到了积极的作用。

---

① Jur. Rollin A. van Broekhoven, DPhil. Engaging Donors' Trust, Berlin, 2008.
② 筹资组织国际委员会：http：//www.icfo.de。
③ 筹资组织国际委员会：http：//www.icfo.de。
④ 英国国际非政府组织培训和咨询中心：http：//www.intrac.org。

### 12.3.3 英国非政府组织在中国的项目合作情况

#### 1. 英国非政府组织在中国的历史变革

英国非政府组织早期进入中国的有两家机构。第一家是基督教背景的救世军①，于 1916 年进入中国，直至 1952 年在中国内地独立活动，主要是建一些教堂及慈善机构。早期的传教活动集中在北方地区，陆续开辟了传教站：1918 年在天津、保定、定县、济南、大同、绥远、丰镇设立传教站；1922 年在太原、1932 年在石家庄、1934 年在青岛设立了传教站，总部位于北京王府井的中央堂。1918 年还建立了军官训练所；1932 年在河北定县开办了一所教会医院。30 年代以后向南扩展至香港②（1930 年）、广州（1932 年）、上海（1932 年）和南京（1953 年）。1946 年在上海还有救世军收容所，帮助那些无家可归的人群。1952～1958 年，中国救世军③（也称中华救世军）在"三自爱国运动委员会"的指导下开展工作。1958 年后在中国内地停止工作。第二家机构是英国救助儿童会，早在 1920 年它就向中国捐赠了第一笔捐款约计 250 英镑，用于饥荒救济。20 世纪 30 年代，又向水灾灾民和日本侵华战争中的受害者提供了物资援助。救助儿童会从 20 世纪 30 年代开始在香港开展项目，和香港政府合作改善对儿童的社会服务。

随着改革开放政策的实施，20 世纪 80 年代后，中国政府从经济开放逐步走向社会开放，1986 年中国国际经济技术交流中心与英国乐施会签署了一项扶贫合作协议，标志英国的非政府组织再次进入中国内地开展发展慈善方面的工作。

#### 2. 英国非政府组织在中国机构的现状

由于中国政府对国际民间组织在华登记缺乏相应的法律和规范，

---

① 救世军（英国）：http：//www. salvationarmy. org. uk。
② 救世军（香港）：http：//www. salvation. org. hk。
③ 〔美〕罗伯特·A. 沃森、〔美〕本·布朗：《美国最有效的组织》，彭彩霞等译，中信出版社，2003。

大批的国际民间组织也游离在现有法律之外，无法在华登记取得合法的地位，[①] 英国的非政府组织也不例外。但政府对国际民间组织在华工作是一个现实主义的态度，这实际默认了大批国际民间组织在华开展工作。据民促会的不完全统计，至少有 30 家英国非政府组织在中国开展活动。[②] 涉及的领域包括六家综合类兼顾农村社区发展、救灾等事务的非政府组织，五家以儿童救助为主的非政府组织，八家以健康卫生、教育、支持残障人士为主的非政府组织三家环保组织，以及三家以开展国际交流、多边活动、能力建设的组织。参见表 12 - 4。

**表 12 - 4　英国的非政府组织在中国**

| 类　别 | 机构名称 |
| --- | --- |
| 儿童救助为主(5) | 英国救助儿童会、关注中国国际、关注儿童、国际行动救助、危机中的儿童 |
| 综合类、农村及社区发展、救灾(6) | 救世军(基督教)、伊斯兰救助(穆斯林)、四川农村发展组织、英国海外志愿服务社、英国乐施会、英国红十字会 |
| 环境保护(3) | 英国防止虐待动物协会、英国皇家国际事务研究所、英国亚洲适用技术协会 |
| 健康、卫生、教育、支持残障人士(8) | 西藏基金会、罗帕国际、玛丽斯特赛国际组织、贡德基金会、国际艾滋病联盟、无国界卫生组织、贝利·马丁基金会、英国广播公司威斯特基金 |
| 国际交流,能力建设(3) | 英国同一个世界、英国志愿组织秘书长联合会、英国非政府组织培训和咨询中心 |

### 3. 英国非政府组织在中国的主要活动

第一，与中国的政府、企业、媒体和非政府组织建立项目合作伙伴关系，结合中国国情，利用专家的力量，提出切实可行的政策建议。例如英国救助儿童会在中国与 58 家政府、企业、媒体和非政府

---

① 黄浩明:《国际民间组织合作实务和管理》，对外经贸大学出版社，2000。
② 《200 国际 NGO 在中国·特别报告》，《中国发展简报》，北京，2005。

组织建立项目合作伙伴关系。英国救助儿童会①与中国民政部、北京师范大学社会发展与公共政策研究所共同实施的中国大陆孤儿状况调查的报告——《我国孤儿的现状和面临的困境》显示，中国大陆共有孤儿57.3万人，其中只有11.5%的孤儿生活在福利机构，88.5%的孤儿散居于社会。此报告直接推动了民政部等15部委《关于加强孤儿救助工作的意见》的出台，为改善散居孤儿的养护和照料创造了有力的政策条件。

第二，关注环境保护类的非政府组织的能力建设，促进中国环保类的非政府组织与科研院所、企业和政府机构的横向联合。2005年11月，在中国国家主席胡锦涛对英国进行国事访问期间，英国副首相约翰·普雷斯柯特和中国国务委员唐家璇于2005年11月8日共同签署了《英中可持续发展高级别对话机制联合声明》。基于此声明，双方开展了很多开创性的工作。"中国的公民社会与环境治理"项目②便是中英双方高层"可持续发展对话"的活动之一，此项目得到了英国环境、食品与农村事务部（Defra）主管的"可持续发展世界首脑会议执行基金"的资助，由英国皇家国际事务研究所（Chatham House）具体执行。该项目的目标是为中国环保领域的非政府组织提供条件，使非政府组织能够加强彼此之间的交流和合作，以及与潜在的合作伙伴（包括政府、媒体、法律界、企业界和有关国际组织）的对话和合作，从而提高公民社会促进中国的环境治理（包括政策制定与政策执行）的能力。为了达到目标，项目分为四个不同主题的子项目，分别为加强环保组织与媒体的合作，加强不同领域、不同地域非政府组织之间在环保领域的横向联系与合作，加强环保组织与政府的合作，以及加强环保组织利用法律手段推动环境治理改善的能力。这四个子项目分别由绿家园志愿者、民促会、中国政法大学污染

---

① 英国救助儿童会中国项目：http://www.savethechildren.org.cn/savethechildren/table/view/base/view.php? base_ id=4060。

② 中国国际民间组织合作促进会：《中国公民社会与环境治理》（内部报告），北京，2007。

受害者法律帮助中心和清华大学非政府组织研究所具体执行，北京富平学校为项目整体协调机构。在此项目中，民促会负责的是"加强不同领域、不同地域非政府组织之间在环保领域的横向联系与合作"的子项目。近年来，我国环保民间组织以论坛、网络、通讯等形式进行广泛交流与合作，针对环境的热点、难点和焦点问题，联合倡导和共同呼吁，造成社会声势，促进环境改善。我国环保民间组织已经由单个组织行为逐步向相互配合、联合行动方向发展。然而，到目前为止，我国对不同领域、不同地域非政府组织之间在环保方面的横向联系与合作现状，包括已取得的进展，存在的困难与挑战，今后进一步推动这一工作的机遇，以及对加强交流和合作的希望和要求等还没有进行过系统分析。该子项目希望在调研、收集相关材料的基础上，探讨在 NGO 现有能力的状况下，促进不同领域、不同地域的民间组织横向联系与合作的可操作的行动方案。

第三，促进公民社会建设，促进民间组织与媒体的交流与合作。在 2006 和 2007 年期间，民促会与英国广播公司威斯特基金会共同推出了"纪录片的力量"① 这一项目，并得到了欧盟和英国外交部的支持。这个项目的目的是希望通过给西部地区的纪录片制作人员和民间组织的工作人员提供培训，提高社会对中国西部弱势群体的关注度，在民间组织和媒体之间搭建沟通的桥梁。这个项目中的一个重要内容是给中国西部各地区的民间组织和公益组织提供媒体技术方面的培训。项目先后在成都、昆明、贵阳、南宁、西安、兰州、乌鲁木齐和银川举办了八个培训班，约有近百名民间组织和媒体的代表参加了培训，学员们来自不同的组织，代表着残障、妇女权益、贫困地区、少数民族文化和环境保护等各个方面的群体。项目邀请了经验丰富的国际培训教师凯特·巴特勒女士讲课，所有参加培训的学员一致认为这样高水平的培训对其工作受益匪浅，取得了事半功倍的效果。

---

① 中国国际民间组织合作促进会：《中国西部民间组织媒体技能培训宣传手册》，北京，2008。

第四，关注边远地区的弱势人群，帮助贫困地区解决人畜饮水的困难。2004 年，民促会与英国伊斯兰救助（Islamic Relief）合作在新疆莎车县设立了人畜饮水救助项目。[①] 此项目在莎车县成功地打出十口井，为当地 300 户贫困农户和 5 所学校的 1200 名学生共 2400 人提供了安全、卫生的水源。在项目实施过程中，民促会、英国伊斯兰援助与新疆维吾尔自治区对外贸易厅共同合作，与地方专业打井队签订了合作协议，明确每次打井前进行水文地质调查，对井水质量进行测定，对不符合饮用水标准的或出水量不足的井口，将重新选择和施工，确保项目区能够打出符合饮用水标准和水源充足的井，此项目受到当地百姓的欢迎。

第五，志愿人员敬业，不仅支持了中国的教育事业，也推动了中英人员的交流、互动和合作。英国海外志愿服务社从 1981 年到中国工作到现在，已经派遣了超过 2000 名的国际志愿者在华开展工作：提高中国最贫困省份的职前和在职中小学英语教师的英语语言和教学水平，从而提高贫困地区的农村中小学教育质量；开展以预防和消除歧视为主的宣传教育活动，减轻艾滋病对中国贫困省份的影响，目前已经在北京、云南、陕西、广西、新疆等五个省市自治区开展工作，与当地政府和非政府组织建立了良好的合作伙伴关系，提高了艾滋病预防、关爱治疗方面的服务质量，促进商业部门和志愿者的积极参与，以减轻艾滋病对中国贫困地区和弱势群体的影响；支持中国国内机构建立和完善志愿服务项目，提高它们在志愿者管理方面的理念和能力，从而使中国的国内志愿服务成为消除贫困和劣势的一个有效手段。

以上案例仅仅是英国非政府组织在中国内地工作的一部分，由于篇幅关系，不能作系统的介绍。总体来讲，英国非政府组织在中国大陆的工作是有成效的，尤其在扶贫、环保、农村发展、英语教育、救灾救助、儿童帮助、民间组织能力建设等方面成果明显，得到了中国

---

① 中国国际民间组织合作促进会年度报告，北京，2004。

政府和人民的认可。

综上所述，英国非政府组织在错综复杂的国际形势下能够发挥机构本身的优势，采取了网络式项目合作方式，在受援国设立项目办公室和办事处，与受援国政府组织、民间机构一道开展项目。在资金筹措方面，非政府组织既坚持独立的原则，同时又不排斥接受政府官方发展援助资金的支持，利用政府的资金和渠道开展项目活动。在条件允许的情况下，英国非政府组织还与受援国的企业和民众开展筹资活动，以弥补英国本土资金的不足，以保证项目目标的实现。

在项目合作领域方面，非政府组织在不同的地区和国家，采取了不同的战略和手段，有重点地开展了项目合作活动，项目领域也结合了英国非政府组织本身的优势，向受援国提供专业和有效的服务。

在项目资金投入方面，英国非政府组织关注受援国公民社会能力建设，搭建受援国非政府组织人员交流的平台，为受援国非政府组织不断成长提供支持。

# 附录1  英国非营利组织税收制度

## 附1.1  英国税收制度概况

英国包括三个法定地区：英格兰和威尔士，苏格兰，北爱尔兰。英国全国适用统一的税法，三个地区的地方性税法基本一致。

英国的税制体系以所得税为主体，以间接税及其他税收为辅。17 世纪前，英国税制以原始的直接税为主体，并辅之以某些单项消费税和其他税收。17～18 世纪盛行消费税，开始建立以直接税为主体的税制结构。1799 年首创所得税后，税制结构发生变化，到第二次世界大战后，直接税收入已占税收收入总额的 50% 左右，形成以直接税为主体的税制体系。1973 年英国加入欧洲共同体后开始征收增值税，间接税比重上升，但仍以直接税为主要税收来源。1975 年颁布石油税收法令，对石油公司征收石油收入税等。1976 年 8 月对开发土地资源取得的收益或在土地所有权转移中取得的收益课征土地开发税。到 1990 年设置的主要税种有：个人所得税、公司税、社会保险税、国内货物及劳务税、增值税、消费税、财产税、石油收入税、土地开发税、印花税、资产转让税和关税等。其中，中央税收总收入中，个人所得税占 30.21%，公司税占 12.09%，社会保险税占 20.63%，国内货物及劳务税占 34.14%，财产税占 2.75%。

英国实行中央与地方（郡、区）分税制，地方只对财产征税。中央征收的税种主要有个人所得税、公司税、社会保险税、增值税、关税等大部分税种。税收立法权在议会，财政部负责起草税法草案。每年一次提出税收政策措施，经议会批准，列入当年财政法令，作为当年征税的法律依据。

## 附 1.2　英国主要税种概况

英国税种主要包括：

**1. 个人所得税**

以分类所得为基础采用对综合所得计税的办法。应税所得分为六类：a. 经营土地、建筑物等不动产所取得的租赁费、租赁佣金及类似支付的所得；b. 森林土地所得；c. 在英国境内支付的英国与外国公债利息所得；d. 工薪所得；e. 英国居民公司支付的股息红利所得；f. 经营及专业开业所得、外国的经营与财产所得，未经源泉扣缴的利息、养老金、特许权使用费所得、外国有价证券利息以及其他类型所得。

纳税人分为常住居民、非常住居民、非居民三种。居民指：a. 在英国征税年度内停留 6 个月以上；b. 连续 5 年中每年有 3 个月以上居住在英国；c. 在英国有住所，并在英国居住，不论其停留时间长短，但自己全部时间在国外从事经营、其他职业或受雇佣者等除外。居民一般要按其在世界范围的所得纳税，居民如果具有英国国籍法规定的英国人资格，可在计算应税所得时享受基本生活扣除待遇。非居民则仅就其在英国的源泉所得征税，一般不享有基本生活扣除待遇。但是有英国人资格者可按其英国所得占其在世界所得的比例给予基本生活扣除。

纳税人应税所得的计算是将各类所得分别扣除其法定扣除项目（如经营所得的合格经营费用），求得各类所得（包括已从源泉征税的所得）的综合所得，再扣除生计费用后，即为实际应税所得。各类所得合并为综合所得时，允许依法冲抵盈亏（如经营亏损可用总所得冲抵），然后依分级差额累进税率计征。从源泉预扣的已缴税款，可抵免应付税款。个人所得税采取自行申报办法纳税，同居夫妇可联合申报或分开申报。

### 2. 公司税

即公司所得税，1947年开征。1970年颁发的所得与公司税法和1979年的资本收益税法是征税的主要法规。公司税纳税人是居民公司与非居民公司。公司包括按公司法及其他法令注册的实体（无论是有限的或无限的），也包括商业部批准的除单位信托公司及合伙企业以外的非公司组织。合伙企业成员在合伙企业利润的份额也应作为相应会计期应税利润总额的一部分缴纳公司税。居民公司指其中心控制与管理在英国的公司。董事会议所在地是确定居所的基本标准，不管公司注册地与企业实际活动地点在何处，董事会议所在地在英国就是居民公司。居民公司要就其在全世界范围所得纳税。不属居民公司的公司（包括外国公司）为非居民公司。非居民公司仅就英国源泉所得纳税，应参考双方有关双重征税条约确定。

公司税的应税所得范围与个人所得税的六类应税所得相似。应税所得额是将公司在每一会计期的应税利润总额（包括按不同类目计算的该期所得）加上资本收益，扣除允许减除的损失、费用和投资等计算得出。国外来源所得不论是否汇回英国均应包括在总利润中，但国外子公司的所得需待利润实际分配以后，才能归属英国母公司。对求得的总利润净额，采用比例税率计征单一的公司税。税率每年公布。

对居民公司的国外源泉所得，无论是按双重征税条约，或是通过单方面减免，均免于双重征税。对非居民公司通过分公司或代理商在英国进行营业取得的利润，应征公司税。来源于英国的其他所得，除受双重征税条约保护外，按基本税率纳税。

公司税还规定加速折旧，以及当纳税人将某些营业资产的销售收入再投资于另一资产时，对其资本利得延迟征税的鼓励措施，以实现政府鼓励资本投资和促进地区经济平衡发展的政策。

### 3. 社会保险税

目的在于为医疗保障、退休、失业提供基金，纳税人为雇主与雇员双方。对于雇员，在低于规定下限及超过规定上限的收入均不征税，在上、下限范围内的收入，采用分级超额累进税率征收；对雇主则按其付给雇员薪金工资总额计征，只设下限，不设上限，也采用分级超额累进税率。雇员与雇主分为在国家退休金计划内与计划外两种情况，其适用税率互不相同。在同一种情况下，雇主与雇员税率也不相同。

### 4. 增值税

1973年4月1日开始实行。1983年的增值税法及由关税与货物税专员发布的法令是增值税的法律基础。

增值税对在英国进行或促其进行经营活动提供的全部货物及劳务征收，并对进口货物及特定的进入英国的劳务（不包括属于免税的和非应税的货物、劳务）征收。对出口商品、食品、书籍、建筑、运输、医药等货物和劳务采用零税率，其他货物和劳务实行统一标准税率。税基是提供货物（或劳务）的价值，该价值通常即是货物（劳务）提供者就所提供的货物（劳务）收取的全部现金报偿（如报偿为实物则以其公开市场价计算）。

### 5. 关税及货物税

关税只对由欧盟以外国家进口的货物征收。货物税对特定类目（石油、酒精饮料、烟草为主）的国产或进口货物征收。各类货物税率不同。

### 6. 印花税

对涉及资产转让、财产租赁、股份资本发行与增加的凭证课征。税率不一。

## 附1.3 英国非营利组织的税收优惠制度

### 附1.3.1 非营利组织税收优惠概况

在欧盟成员国中，英国可能是施行减免税最多的国家之一。对非营利组织而言，其税收管理方式取决于该组织是否以慈善为目的。如果非营利组织不是慈善组织，它一般适用与企业相同的税收制度。向非营利组织的捐赠一般不能获得税收减免的资格，对个人的大额捐赠还有可能征收遗产税。如果非营利组织是慈善组织，该团体获得慈善组织税收待遇的资格由所在地政府决定。在英格兰和威尔士，大部分慈善组织必须向慈善委员会登记。在慈善委员会登记是国内税务局承认其拥有慈善组织身份的基本前提。在苏格兰和北爱尔兰对慈善组织登记的要求不尽相同，这两个地区的慈善组织，以及英格兰和威尔士慈善委员会管辖范围以外的慈善组织，必须直接向国内税务局申请慈善组织税务登记。

慈善组织的收入和支出涉及的税法主要包括：

- 1988 年收入和公司税法（ICTA）
- 1992 年利润税法（TCGA）
- 1984 年遗产税法（IHTA）
- 1994 年增值税法（VATA）
- 年度财政法（FA）

附表 1－1　英国现行非营利组织税收优惠政策

| 税　种 | 税　目 | 慈善组织税收 | 非慈善非营利组织税收 |
|---|---|---|---|
| 收入、资本利得或公司税 | | | |
| | 资本利得 | 免税 | 征税 |
| | 商业赞助 | 对销售服务免税，对其他收入征税 | 征税 |
| | 捐赠 | 不征税 | 不征税 |

续附表 1 - 1

| 税　种 | 税　目 | 慈善组织税收 | 非慈善非营利组织税收 |
|---|---|---|---|
| | 津贴和补助 | 不征税,除非发现有无关的商业活动 | 不征税,除非发现商业活动 |
| | 投资收益 | 免税 | 征税 |
| | 彩票收入 | 免税 | 征税 |
| | 会费 | 不征税,除非是作为与宗旨无关的贸易的一部分 | 不征税,除非是非相互贸易的一部分 |
| | 销售产品或服务 | 征税,除了：<br>1. 促进慈善目的<br>2. 小规模募捐 | 征税,除非是互助性组织对会员销售 |
| 社会保障税 | 雇员和理事会成员的薪水 | 征税 | 征税 |
| 印花税 | 获得的不动产和其他财产 | 免税 | 征税 |
| 关税 | 从非欧盟国家进口的货物 | 慈善组织为慈善目的进口的大多数货物免税 | 征税 |
| 保险费税 | 非寿险保险费 | 征税 | 征税 |
| 气候变化税 | 商业用途的燃料和电力供应 | 征税,除了用于非商业目的或某些家庭用途 | 征税,除非用于某些家庭用途 |
| 增值税 | 购买货物或服务 | 特定税目为零税率 | 征税 |
| | 销售应税货物或服务 | 销售捐赠货物为零税率 | 征税 |
| | 购买或建设非住宅不动产 | 零税率,如果是慈善组织用于：<br>1. 非商业用途<br>2. 为了本社区的娱乐活动 | 征税 |
| | 交换或改建非住宅不动产 | 零税率,如果：<br>1. 交换为住宅用途<br>2. 非商业用途建筑物的附属物 | 征税 |
| | 非住宅不动产的租金收入 | 房东缴税,除非是慈善组织用于：<br>1. 非商业目的<br>2. 本社区的娱乐 | 房东缴税 |
| 家庭税 | 使用住宅不动产 | 空闲不超过6个月的暂免征税 | 征税 |
| 商业税率 | 使用非住宅不动产 | 80%免税,其余20%是否征税由各地区决定 | 各地区自行决定 |

资料来源：民政部民间组织管理局指导《中国非营利组织适用税法研究》,世界银行委托研究报告,2004年12月。

可见，影响非营利组织的主要税种是所得税和增值税。

### 附1.3.2 非营利组织的所得和资本利得税

1. 非营利组织（非慈善组织）的所得和资本利得税

英国非营利组织（非慈善组织）最常见的法律形式是有限公司、未组成社团的协会（这两者的收入和资本利得要缴纳公司税），以及信托公司（要缴纳所得税和资本利得税）。

除了特别的免税规定，2001～2002年度非营利组织按照以下税率缴税：

附表1-2　公司和未组成社团的协会按以下税率缴纳公司税

| 应税收入（英镑） | 税率（%） | 应税收入（英镑） | 税率（%） |
| --- | --- | --- | --- |
| 不超过10000 | 10 | 300001～1500000 | 32.5 |
| 10001～50000 | 22.5 | 超过1500000 | 30 |
| 50001～300000 | 20 | | |

资料来源：民政部民间组织管理局指导《中国非营利组织适用税法研究》，世界银行委托研究报告，2004年12月。

附表1-3　信托公司按以下税率缴纳所得税和资本利得税

| 应税收入（英镑） | 税　率 |
| --- | --- |
| 信托期间增加的收入 | 所得税基本税率（目前为22%） |
| 受委托人或其他人决定将收入积累或支付 | 对信托的特别税率（目前为34%） |
| 股息收入 | 信托税率（目前为25%） |
| 资本利得 | 对信托的特别税率（目前为34%） |

另外，对非营利组织（非慈善组织）主要税收减免包括：

- 来自农业展览或演出的收入；
- 科研机构的收入。

另外，税法特别规定，非营利组织（非慈善组织）为一个慈善组织组织的小额募捐收入可以免税。

另外，一些互益性组织也会从事公益性事业，比如，所有会员都属于贫困阶层或弱势群体的组织，尽管它们不属于英国法律规定的慈善组织，但这些组织可以通过由会员成立一个普通基金而获得对会员间交易免缴所得税的税收优惠。

2. 慈善组织的收入和资本利得税

收入和资本利得税法 505 条规定，"以慈善为唯一目的"成立的慈善组织从任何个人或信托公司取得的大多数形式的收入可以免税。对来自英国国内和国外的收入实行免税，但法院规定对非英国的慈善组织不免税，主要的案例是国内税务局对高尔（Gull）案例（21 税务案例 374）以及德莱弗斯（Dreyfus）对国内税务局案例（36 税务案例 126）。

收入和资本利得税法 505 条（1）和（2）规定非贸易收入免税。这一免税规定包括不动产收入、股息、利息、版税、养老金和扣税捐赠物品。在多数情况下，英国不允许对这些收入扣税，而且如果交纳了税款也可以由慈善组织要求退税。

在 1999 年 4 月 5 日以前，慈善组织对从英国企业获得的股息收入可以按照 20：80 的比例进行税收抵免，并可以要求税收返还。1999 年 4 月 6 日原来的公司税法废除后，税收抵免的比率减少到全部股息收入的 1/9，且不再进行税收返还。作为暂时性的补偿措施，确立了一个过渡期的税收减免政策安排，1999 年 4 月 6 日～2004 年 4 月 5 日慈善组织税收抵扣后发生的股息税可以退税［1997 年财政法 35 款（2）］。

利润税法 256 条（1）规定，慈善组织来自自有资产的资本利得免税。

上述免税规定只适用于以慈善为唯一目的的收入和资本利得。另外，如果在任意会计年度内这些免税额大于或等于 10000 英镑且超过部分用于慈善目的的，这些免税可以扩大到慈善组织发生的其他无免税资格的支出［收入和资本利得税法 505 条（3）］。收入和资本利得税法 506 条对无免税资格支出进行了规定：

- 用于非慈善活动的支出；
- 在英国法律或税法管辖范围外的投资和信贷；
- 向海外团体的支付，除非慈善组织能够证明这些钱用于慈善目的。

投资未上市公司（包括投资关联企业）一般需要国内税务局允许。

### 3. 慈善组织的贸易行为

慈善组织的贸易收入也可以获得税收减免：

- 促进慈善组织主要宗旨的活动（收入和资本利得税法 505 条（1）（e）（i））；
- 主要由慈善组织的受益者举办的活动［收入和资本利得税法 505 条（1）（e）（ii）］；
- 发行小额的或社会彩票（收入和资本利得税法 505 条（1）（f））。

所有的税收减免取决于上述免税条件，免税的主要目的是促进慈善组织执行或促进其宗旨（例如，学校提供教育），不包括募捐活动。

2000 年财政法第 46 节规定慈善组织的小额贸易可以享受税收减免，补充了现行慈善组织贸易受益的税收优惠政策，使慈善组织的贸易收益和其他活动都获得免税待遇。主要包括：

- 这些活动的全部营业额没有超过年度限额（除非慈善组织预计这一限额不会被超过）；
- 收益只用于慈善组织宗旨范围内的活动。

慈善组织营业额的年度限额，是 5000 英镑和慈善组织收入的 25% 两者中最大的一个，最大限额为 50000 英镑。除税法特别规定外，这一税收减免不仅包括贸易收益，还包括 D 节 VI 案例下的应税偶然收入。为了反避税，案例 VI 规定了一些禁止免税的收入项目。

慈善组织新的优惠政策基于其法定的管理手段。如果符合慈善委员会的管理文件（它规定禁止任何实质永久的交易行为），慈善组织就可以自己的名义在新税收优惠政策规定的范围内开展活动，而不用通过成立一个独立贸易公司。

多年来，特别税法规定，慈善组织组织或为慈善组织组织的小规模募捐活动收入免税。2000 年 4 月 1 日以后，税收优惠的范围扩大了。同时，增值税的优惠范围也扩大了（2000 年增值税指令）。任何地区的任何一种组织可享受每年不超过 15 次的免税募捐活动，包括网上募捐活动。小规模活动（如咖啡早餐会和杂货义卖活动）的收入如果在每周 1000 英镑以内，就不受这一数量限制；若超过 1000 英镑，就要计入 15 次的限制范围。慈善组织的此类募捐活动超过 15 次的，超过的部分需要纳税。一家或多家慈善组织共同组织募捐活动的，只有在一个财政年度内所有慈善组织在当地组织的募捐活动少于 15 次的，才可以免税。

免税范围以外的商业活动收入必须纳税。为了方便，本文将这些商业活动称为"与宗旨无关的活动"，尽管这一名词在英国不像在美国那样具有法律意义和税收实践基础。

但是，慈善组织也可以通过所属企业开展这些商业活动而达到免税的目的。原则上，商业企业的收益要缴纳公司税，但按照捐赠法向其母慈善组织捐赠可将其应税收入降低至 0。事实上，许多慈善组织的贸易公司通过这一方式向其母慈善组织捐赠，并得到国内税务局允许。在其他许多国家，一般对向慈善组织的捐赠设定一个最大的所得税扣除额（一个固定额，或者收入的一定比例）。

### 附 1. 3. 3　增值税

英国增值税法的规定与欧盟第 6 号增值税指令一致。然而本文关注的是英国与慈善组织有关的增值税法规定中与第 6 号增值税指令不一致的地方，以及关税和消费税税务局在实践中是如何理解和执行这一税法的。这些规定一般与下面的问题有关：

- 纳税人的定义；

- 税基的范围；

- 慈善组织资助享受税收减免的条件；

- 低于标准税率（目前为 17.5%）的优惠税率；

- 部分从事非商业活动或免税商业活动的慈善组织计算增值税返还的方法。

第 6 号增值税指令将从事经济活动的人确定为增值税的纳税人。这一概念在英国国内法中被表述为开展经济活动。现实中，一般运用同一标准用来判定慈善组织和其他纳税人是否从事商业活动。慈善组织的非商业活动是指：接受没有回报的捐赠和资助、竞选活动、为会员免费提供的文学作品、为会员提供免费入场券。然而，慈善组织通过一个公共团体以商业合同形式建立的基金而非公共基金，提供的服务将被看作一种商业行为，原因在于各地政府用商业合同取代了基金协议。近年来英国此类情况发生较多。政府资助一般免征增值税，但如果一项活动部分依靠收费部分依靠政府资助，也将被看作是商业行为。

下列情况适用特殊规则：

- 慈善组织对需要的人提供免费或低于成本的社会福利服务被看作是一种非商业行为。低于成本的服务是指那些有不少于 15% 的成本是由非慈善组织的基金资助的。

- 慈善组织的投资交易也被看作是一种非商业行为（这符合欧盟法院在维尔卡姆信托公司对关税和消费税委员会委员（Wellcome Trust Ltd. v. Commissioners of Customs & Excise）案例中的判决（案例 C - 155/94）。

- 尽管慈善组织提供免费产品是一种非商业行为，但将货物运往国外（比如为了救灾）则被看作是一种商业行为 [增值税法 30 款（5）]，其目的是为了使慈善组织获得购买这些货物的增值税退税。

- 慈善组织得到会员或其他非营利组织的捐赠不被看作是一种商业行为，除非这些会员明显得到了作为回报的利益。参与该组织的管理和获得经营报告不属于这种利益［增值税法 94 款 (3)］。

· 非营利环保工程如果完全由垃圾处理厂的经营者所交纳的垃圾税资助，也被看作非商业行为。

第 6 号指令第 4 条第 5 款规定，中央和地方政府以及"其他受公法约束的实体"行使公共权力开展活动，都不属于纳税人，除非这些行为扭曲了市场竞争。为此，欧盟成员国将第 13 条或第 28 条规定的免税活动视为一种公共产品。英国的法律体系没有区分私法主体和公法主体，何种主体应受到公法约束也不明确。有关的立宪制司法手册认为，只有那些执行公共职能而没有获得公共基金资助的慈善组织才符合这一概念。

英国国内税收法律确定的税基完全符合第 6 号指令 13 款 A 的规定，一般而言，只有符合公共利益要求的才可以免税。然而，对独立团体开展必要活动而向其会员提供的服务，或者非营利组织由于"公民属性"向会员提供的服务，英国都没有执行免税政策。在这两种情况里，指令的含义都不是很清楚，即一个团体在一个领域内获得的免税政策在另一个领域内是否也能够同样享受。

第 6 号指令 13 款 A 允许欧盟成员国确定符合公共利益并给予免税的条件。或许对慈善组织的募捐活动应给予最大范围的免税政策。在慈善组织贸易活动的章节中，英国对相关的情况进行了说明。

在所有的欧盟成员国中，英国可能是减免税率最多的国家，特别是对一些特定的产品适用零税率。这些产品不含增值税，就使得消费者重新获得了购买这些产品时所包含的增值税。对大多数慈善组织而言，对一些特定产品实行零税率是颇有价值的税收优惠政策。

· 为慈善组织提供的（比如：用于特定人群或非商业目的建筑物的建设成本，残疾人使用的器材，特殊医用和科研设备，一些类型的广告和印刷成本）；

● 由慈善组织提供的（比如：销售捐赠物品，残疾人使用的器材，书和其他出版物，分配国外捐赠物资）。

除了零税率，英国还有一个5%的优惠税率，适用于慈善组织用于非商业目的而使用的燃料和电力。1999年10月22日欧盟委员会指令要求从2000~2002年对劳动密集型产品实行临时的优惠税率，英国也没有执行这一临时性的政策。

慈善组织开展的活动有的是部分属于非商业活动，有的是完全的商业活动，必须对这些活动进行区分计算，才能够使它们获得相应的增值税退税。首先，确定非商业活动和商业活动投入货物所负担的所有税负；其次，确定商业活动投入货物所负担的税收哪些是免税的哪些是应纳税的。为此，关税和消费税税务局一般按照每个类别货物的价值来分别计算税负，这一方法被称为"标准方法"。另外，慈善组织也可以使用那些不影响其投入货物退税率并被关税和消费税税务局接受的"特别方法"。这些特别方法包括：投入货物的税负，不同活动雇员的数量，不同活动的占地面积，以及其他产生公平和合理结果的方法。在计算时不必使用同一方法，但是方法一经确定必须坚持使用，如果上述特别方法不能产生合理的结果，关税和消费税税务局会要求慈善组织使用标准方法。

欧盟成员国承诺，允许同属一个所有权下的组织可以登记为一个增值税纳税集团，该集团所属组织之间的货物交易免缴增值税，这对慈善组织的部分非商业活动的免税计算有一定的影响。英国已经引入了集团登记的做法，一些慈善组织及其附属商业组织已经使用了集团登记。但在一些情况下，集团登记并不总是有益的，根据有关的货物的特性，一些慈善组织及其附属商业组织更适于分别进行登记。

另一个由欧盟成员国决定是否给予增值税减免的重要领域，是欧盟法律对慈善组织提供的特殊货物实行的特别税收减免（1983年3月28日的欧盟委员会指令83/181/EEC，40~50条）。在另外一些欧盟成员国，这一税收优惠仅适用于慈善组织在较窄领域内开展的活动，比如扶危济困。英国关税和消费税税务局一般认为，这些税收减免适用于所有拥有慈善组织身份的慈善组织。

### 附 1.3.4 向慈善组织的捐赠

向慈善组织捐赠涉及的主要有关税种是所得税或公司税、遗产税，企业捐赠人还涉及增值税。向慈善组织捐赠的财产免缴资本利得税（资本利得税法 257 款）。

#### 1. 赠与和遗产税

英国对捐赠征收的唯一税种是遗产税，是对在英国定居的居民生前或死后捐赠的物品征收的税种。遗产税一般由捐赠人而不是受赠人负担，税基为不动产的评估值或者是动产在 7 年内累计创造的价值。遗产税的税率为 40% 的单一税率，不动产还可以获得一个税收减免的最少额（目前为 242000 英镑）。如果捐赠人没有从向慈善组织的捐赠获得有关的利益，一般对其免征遗产税（遗产税税法第 23 条）。

除了个别情况，对向非慈善组织的捐赠一般要缴纳遗产税。有一个条款规定了对在国内获赠财产免征遗产税的情况，1998 年财政法案对其进行了小的修改。由于很少使用，对向非慈善组织捐赠的免税政策取消了。按照原先的规定（1998 年财政法案第 142～145 条），私人所有人允许公众使用该财产的优惠政策的情况也变得严格了。

#### 2. 所得税

从所得税或公司税的角度讲，如果不向捐赠人提供回报，慈善组织和非慈善组织获得的捐赠就不属于应税收入。如果捐赠人按照以下规定向慈善组织捐赠，就可以获得有关的税收减免。

2000 年 3 月预算案以前，按照以下形式向慈善组织的捐赠可以在应税收入中作税前扣除。

- 在"货物资助"项下一笔不少于 250 英镑的捐赠（1990 年财政法案 25 款）；
- 至少持续 3 年的协议捐赠［公司税税法第 339 条，所得税法第

347 条 A（2）（b）]；

• 雇员一年的捐赠款在 1200 英镑以下的（收入和公司税法第202 条）。

2000 年财政法案对这些规定进行了修改，主要包括取消了货物资助和雇员捐赠的限额限制，废除了相关协议的限制，对货物捐赠进行了新的规定。另外，对向慈善组织捐赠股票和债券享受所得税减免也作了新的规定。

新的货物捐赠范围规定：

• 个人签订的 2000 年 3 月 31 日以后到期的协议捐赠；

• 2000 年 4 月 5 日以后个人的所有其他捐赠；

• 企业的所有捐赠，包括 2000 年 3 月 31 日以后的协议捐赠。

个人和企业的货币捐赠的税收减免，一般通过以下方式运行。如果捐赠人是企业，可以将向慈善组织捐赠的全部款项从应税所得中扣除。如果捐赠人是个人，捐赠款项要按照较低的所得税基础税率纳税，并且慈善组织可以从国内税务局获得这部分税收返还。例如，个人向慈善组织捐赠 780 英镑，要按照捐赠 1000 英镑的标准减免所得税，当前的基础税率为 22%，该捐赠人只需缴纳 220 英镑的税收。如果该捐赠人是基础税率纳税人，也就不能获得更多的税收优惠。如果他是一个较高税率（40%）的纳税人，1000 英镑的应税收入按照40% 的税率要缴纳税收 400 英镑，而作为捐赠款这 1000 英镑只需按照优惠税率缴纳税收 220 英镑，这样该捐赠人就获得了额外 180 英镑的税收减免。

个人捐赠人与企业捐赠人的重要区别是：企业捐赠人不需要对捐赠额扣除所得税的基础税率，因此，慈善组织也不能从企业捐赠中获得税收返还；企业捐赠人不需要提供货物资助的申报文件。

另外一个修改显然是在鼓励低收入者捐赠。原先要求捐赠人对其捐赠款要按照基础税率纳税，现在要求只要捐赠人所缴纳的收入和资本利得税等于或大于慈善组织从捐赠款获得的税收返还。在某种意义上，这使得捐赠人获得了按 10% 的税率纳税的税收优惠，而那些免税的纳税人还不能获得税收优惠。然而，国内税务局指出，慈善组织从免税纳税人的捐赠款中获得税收返还，免税的纳税人可以要求慈善组织偿还这些税款。

2000 年财政法案规定，慈善组织要求税收返还之前，必须提供个人捐赠人签署的货物资助申报单。这一要求也符合 2000 年 7 月 28 日发布的个人向慈善组织捐赠条例的规定。国内税务局指南中关于获得英国捐赠的内容，对这一申报单所包含的具体信息进行了规定。

指南对新规定如何使捐赠变得简单和灵活进行了说明。个人现在可以提供一个申报单：

- 不晚于税收返还的时间期限（一般是捐赠后的 6 年内）；
- 包括一笔或多笔捐赠；
- 口头（比如，通过电话）或书面（比如，通过邮寄、传真或网上）。

申报单可以包括未来不定期时间内的捐赠，也不需要定期更新。但是，如果捐赠人的情况发生变化，无力负担那些捐赠，就需要负担一个额外的税收。

申报单不必由捐赠人签署，但必须包括以下内容：

- 捐赠人的姓名和住址；
- 慈善组织的名称；
- 申报单所包含捐赠的情况；
- 确定为货物资助捐赠的声明。

另外，书面（不是口头）的申报单必须包括：

- 对捐赠人必须支付的所得税或资本利得税等于从该捐赠中获得的税收扣除规定的说明；
- 申报单的日期。

捐赠和慈善组织的内容必须十分详细，每一部分都要经得起慈善组织税收返还的审核。在国内税务局指南的一个附件中，印发了一个包括上述最基本内容的申报表格。慈善组织也可以设计自己的申报表，这不需要获得国内税务局的批准，但根据要求，必须得到金融中介和索赔办公室（Financial Intermediaries and Claims Office，FICO）的许可。

如果慈善组织得到一个口头的捐赠申报，它必须向捐赠人发送一个书面的纪录，否则，这一申报单就是无效的。记录的内容必须包括：

- 口头申报中的所有内容；
- 对捐赠人必须支付的所得税或资本利得税等于从该捐赠中获得的税收扣除规定的说明；
- 申报单的日期；
- 注明捐赠人有取消捐赠申报的权利；
- 向捐赠人发送记录的时间。

慈善组织不能对口头捐赠要求税收返还，直到将书面纪录发送给捐赠人。如果发送了书面纪录，无论在捐赠人签署之前或之后收到，都可以获得税收返还。

在任何时候，个人捐赠人都可以通过口头或书面形式取消其捐赠。慈善组织必须保留所有取消捐赠的纪录，包括日期。

在慈善组织向捐赠人发送书面纪录30天内通知慈善组织的，捐赠人取消捐赠才有追溯力。

慈善组织获得捐赠在30天的期限内仍可以要求税收返还，如果该笔捐赠取消，它们还必须向税务局缴税。

新的制度没有要求明显地改变纪录的形式，主要的要求是保留足够的纪录，以表明每笔捐赠都是捐赠人对慈善组织实实在在的捐赠。对未来没有时间限制的捐赠，慈善组织也要保留相关的纪录。

### 3. 捐赠人得到的好处

2000年财政法案对过去关于货物资助捐赠的不同规定进行了整合，也规定了捐赠人获得利益的限额。如果超过了这一限额，这一捐赠就失去了货物资助捐赠的资格。

下列好处不属于限额范围：

● 在慈善组织文件或奖章上对捐赠人的致谢，且没有采用为捐赠人的生意作广告的形式；

● 向捐赠人及其家属提供免费或降价入场券，且对任一小额捐赠人都会提供；

● 一般不向公众出售的，用于记述该慈善组织工作的印刷品（比如，通讯、会员手册等）。

指南指出，慈善组织制定规则来控制捐赠人家庭成员获得入场券的（比如，最多 2 个成人和 6 个孩子），就可以从税务局获得第二次税收减免。

如果满足以下两个标准，捐赠将不具备货物资助税收减免的资格：

● 与捐赠有关好处的价值，加上同一捐赠人在同一税收年度内向同一慈善组织的其他捐赠而获得的任何好处的价值，超过 252 英镑的（合计价值标准）；

● 任一捐赠的利益超过以下标准的（相关价值标准）：

捐赠（英镑）好处的价值

● 0～100 英镑捐赠的 25%；

● 101～1000 英镑为 25 英镑；

● 超过 1000 英镑的为捐赠额的 2.5%。

另外，为了使捐赠人在 12 个月以内得到的有关利益符合限额标准，特别条款对一年内特定捐赠的数量以及相关的利益进行了规定。

关于慈善组织的拍卖活动，指南规定拍卖物品的实际价值要明显小于拍卖支付的价格，如果捐赠人证明拍卖物品的市场价格明显小于拍卖价格，就可以用较低的价格计算获得的利益。如果得到的利益超过了限额，捐赠人可以说明支付的一部分是作为利益返还，另外一部分是捐赠。如果捐赠人在捐赠时或之前就进行这种区分，作为捐赠的那部分就可以获得货物资助的税收优惠。

### 4. 契约协议

可以通过签订协议向慈善组织捐赠，但是相关的税收减免只在货物资助制度中有规定（2000 财政法案第 41 条）。这一规定适用于原先存在的契约，如果：

- 企业 2000 年 3 月 31 日以后签订的；
- 个人在 2000 年 4 月 5 日以后支付的。

2000 年 4 月 5 日以后发生的个人协议捐赠需要提供货物资助的申报单，但原先协议下的支付不需要。

### 5. 薪水册捐赠

薪水册捐赠始于 1986 年，作为鼓励雇员向慈善组织捐赠的手段，通过雇主建立的计划进行捐赠。薪水册捐赠不享受税收减免。在薪水册捐赠下，雇主从雇员的工资中扣除捐赠款，通过国内税务局提供薪水册捐赠代理机构捐赠给雇员选择的慈善组织。这种捐赠的税收优惠是对雇员工资的所得税进行合理的扣除。

从 2000 年 4 月 6 日起，取消了薪水册捐赠计划下雇员捐赠的数额限制（2000 年财政法案第 38 条）。此外，对 2000 年 4 月 6 日 ~ 2003 年 4 月 5 日之间的薪水册捐赠，政府将对慈善组织额外支付捐赠额的 10%，相关的薪水册捐赠代理也免收任何管理费。2000 年 4 月 6 日开始实行的一个办法规定，薪水册捐赠代理机构在接到捐赠款的 60 天内，必须将捐赠款交给捐赠人指定的慈善组织（慈善支出规章，2000 年 3 月 16 日发布）。

### 6. 商业捐赠人

收入和公司税的税收减免，可以被个人或企业作为商业支出，包括：

- 为鼓励雇员为慈善组织临时工作所支付的成本实行的税收减免（收入和资本利得税法第 86 条）；
- 向教育机构捐赠的器材（收入和资本利得税法第 84 条）；
- 向当地教育、文化、宗教、休养或慈善性慈善组织的小额捐赠的成本。

从事经营的个人或企业资助慈善组织的另一个办法是赞助。如果一笔赞助完全是为了商业目的，即为了使公众知道该企业的名称或产品，且赞助金额是一个合理的商业价格，就是一个合理的支出，无论该赞助是否为了某一慈善活动，都可以从成本中扣除。如果赞助超过了广告的商业价格，超过的部分可以视为慈善捐赠。但对慈善组织而言，商业赞助增加了所得税的应税收入。

### 7. 股票和证券捐赠

货物资助制度专门对股票和证券捐赠的新的税收优惠进行了规定（2000 年财政法案第 43 条）。

在现行资本利得税减免的基础上，对个人或企业将股票和证券捐赠或以低价转让给慈善组织进行了规定。主要以抵扣的形式提供税收优惠：

- 捐赠的市场价格；
- 加上相关的处置成本（如，经纪人费用）；
- 低于该项捐赠的任何报酬或其他利益。

企业捐赠人可以要求在捐赠发生的纳税年度内从总收入中扣除相关的捐赠。个人捐赠人可以在捐赠年度的当年进行所得税（不是资本利得税）的税前扣除。慈善组织对这种捐赠不能再享受税收优惠。

新的优惠政策对处置以下类型的股票和证券规定了一定的限制：

- 在英国或英国以外的正式股票市场上上市交易的股票和证券；
- 信托公司的信托单位（一种集体投资安排）；
- 英国开放式投资公司的股票；
- 海外基金的股票（比如，收入和资本利得税法第 759 条中定义的国外集体投资安排）。

上述在正式股票市场上交易并获得税收减免的股票也可以是一些特定的未上市股票，比如，在战略投资市场上交易的股票。指南指出，国内税务局准备建议无论是特殊股票或证券都可以获得税收优惠。

### 8. 对慈善组织的贷款

信托和清算法中有关于反避税的法律规定（收入和资本利得税法第 15 章），规定对个人先前对其他人，包括慈善组织，免收的利息或资助贷款征税。在许多情况下，国内税务局实际上并没有按照这些规定对慈善贷款征税，而且一般也对这些交易免税。税法对这种情况也进行了修改（见 2000 年财政法案第 45 条）。但是，借款人对以前的贷款利息还是不能要求税收减免。

# 附录2 英国若干机构简介

## 1. 英国文化协会（The British Council）

英国文化协会是英国开展文化与教育交流的国际性机构。

英国文化协会在包括英国在内的全球 110 个国家和地区开展工作，在个人及组织之间建立联系，在互惠互利的基础上益及各方。同时，它也致力于增进世界各国人民对英国创意理念及相关成果的了解。

英国文化协会创立于 1934 年。在中国的第一间办公室于 1943 年在重庆建立，并在其后的 9 年中开展工作。随后从 1979 年至今，英国文化协会一直在中国内地开展工作。香港办公室开设于 1948 年，2008 年是其成立 60 周年。

如今，英国文化协会在中国共有 5 间办公室，拥有员工 487 名。各间办公室分别作为在北京的英国大使馆文化教育处，在上海、广州和重庆的英国总领事馆文化教育处运作；在香港，则作为英国文化协会开展工作。

英国文化协会致力于增强英国与中国在文化艺术、创意领域、教育、社会发展、科学和体育等众多领域的合作，已经建立起并将继续发展中英两国在政府和政策层面上，以及机构间和个人间的联系。近几年，英国文化协会一直密切与中国合作，探讨中英两国在社会创新和如何构建以人为本的和谐社会方面的合作模式。

英国文化协会尊重各个国家的不同文化，倡导机会平等，并积极致力于维护机会平等。尊重多元化是英国文化协会使命和价值观的核心。

机构网址：http：//www.britishcouncil.org.cn

2. 慈善委员会（The Charity Commission）

慈善委员会是依法成立的监管和负责注册英格兰和威尔士慈善组织的机构，是英国政府主管民间公益性事业即慈善事业的独立机关。其目的是为慈善组织提供尽可能好的规则，以提高慈善组织的效率和成效，以及公众对它们的信心和信任。

1601年，在英国诞生了世界上第一个规范民间公益性事业的法律《1601年慈善用途法》（*The Statute of Charitable Uses 1601*）。1853年8月议会通过了《1853年慈善信托法》（*The Charitable Trusts Act 1853*）。根据这部法律，国家正式设立了慈善委员会。

根据英国议会通过的《2006年慈善法》（*The Charities Act 2006*），慈善委员会有五大工作目标，分别为公信力目标，公益性目标，合法性目标，有效性目标和责任性目标。同时，慈善委员会有以下六大基本职能：

（1）决定一个组织能否成为慈善组织。

（2）鼓励和促进慈善组织提高管理水平。

（3）监管慈善组织，确定和调查其管理不良的情况或违法行为，并采取补救和防范措施。

（4）发放和管理统一的公益性募捐执照。

（5）获取、评估和公开发布有关慈善委员会职能表现，以及目标达成情况的所有信息。

（6）为政府各部的部长提供关于慈善委员会职能表现和目标达成情况的信息，并提出有关建议和意见。

机构网址：http：//www. charity - commission. gov. uk/

3. 内阁第三部门办公室（Office of the Third Sector）

第三部门是一个多元化、积极和热忱的部门。部门下属的组织具有许多共同的特点，它们都是非政府组织，为价值所驱动，盈余主要用于再投资，来促进社会、环境或是文化目标的进一步发展。第三部门包括大大小小的志愿者和社区组织、慈善团体、社会企业、合作社、互利社等。

第三部门办公室是英国内阁办公室的一部分，它负责主导政府内部的工作，以支持政府创造一个繁荣的第三部门发展环境，使该部门能够推动变革，提供公共服务，促进社会企业以及加强社区。

该办公室创立于2006年5月，是由内务部活跃社区司和贸工部社会企业处合并而成的。考虑到第三部门在社会和经济领域中发挥着越来越重要的作用，第三部门办公室在内阁政府中已经被赋予了核心地位。

第三部门办公室的远景是：建立一个蓬勃繁荣的第三部门，促使人们改变社会。

它的核心目标是：营造一种能使第三部门蓬勃发展的环境，为英国的社会、经济和环境作出贡献，并在此过程中发展壮大。它与中央和地方政府部门，以及第三部门合作一道致力于：

- 开展活动与赋权，特别是针对处于社会排斥风险中的人群。
- 加强社区联系，团结来自社会各部门的人群。
- 在公共服务的提供、设计、创新和活动方面进行改造。
- 促进社会企业的发展壮大，将经济和社会目标紧密结合。

机构网址：http：//www.cabinetoffice.gov.uk/third_sector

4. COMPACT 委员会（Commission for the Compact）

COMPACT 的全称是英格兰和威尔士地区政府与志愿及社区部门关系协定。COMPACT 委员会是一个独立的非部门公共机构（NDPB），负责监督该协定，及其优秀实践准则的执行，但是它并不具备法定效力。

COMPACT 委员会是在广泛咨询了志愿与社区部门之后，于2007年4月由英国内阁第三部门办公室赞助成立的，同时它也是英国内政部于 2005 年所开展的名为"加强伙伴关系：COMPACT 的未来"的咨询成果——此次咨询表明公众对于 COMPACT 缺乏认识，而且 COMPACT 的执行实施也存在诸多障碍。

COMPACT 委员会的总监是 Bert Massie 爵士，同时它在伯明翰设有一个非执行理事会及 15 名雇员的团队。

该委员会的使命是通过 COMPACT 及其准则的执行，加强第三部门与政府，以及其他公共部门机构之间的有效合作伙伴关系。

　　它的主要工作内容包括促进公众对 COMPACT 的认识及其实施，开展研究与政策项目，为 COMPACT 的进展开发证据库，分享优秀实践并且探索影响政府与第三部门关系的重要议题。

　　COMPACT 委员会有以下战略目标：

- 继续增进公众对于 COMPACT 的认识与理解。
- 促进 COMPACT 的更好利用，并为其影响建立证据库。
- 确保 COMPACT 协定持续的适用性。
- 有效并高效地管理委员会。

　　机构网址：http：//www. thecompact. org. uk/

　　5. 伦敦政治经济学院公民社会中心（Centre for Civil Society，LSE）

　　伦敦政治经济学院的公民社会中心，是一个致力于研究、分析、讨论与学习公民社会的领先的国际性机构。它隶属于伦敦政治经济学院的社会政策系，其前身称作志愿组织中心。成立 20 多年以来，公民社会中心在诸多研究领域处于领先地位，包括英国的志愿领域、NGO 的发展，以及世界范围内的公民社会组织等。该中心运用独特的跨学科思考式的研究方法来理解公民社会是否以及如何为社会进程、政治与政策变化沿革作出贡献。中心的研究人员和访问学者们的研究领域范围广泛，包括社会政策、人类学、政治科学、发展研究、法律、社会学、国际关系和经济学。

　　公民社会中心开展全球、国家和地方级别有关公民社会的创新型、跨学科的比较研究，其目标不仅是促进理论发展，而且期望广义地探寻现存公民社会的结构和动态。中心研究人员就公民社会，以及相似概念，如志愿领域、非营利领域、第三部门、社会组织和社会资本的规范与实证内容进行批判性的理性讨论。中心的研究工作具有很强的应用性，希望在国家、地方和国际机构的决策者、实践者、学者和积极分子中，激发针对公民社会组织在提供服务、倡导与政策制定过程方面角色的思考和讨论。

机构网址：http：//www. lse. ac. uk/collections/CCS/

﹡特别感谢伦敦政治经济学院公民社会中心为本书提供参考资料

# 附录3 英文中文词汇对应表

ABFO（The Accrediting Bureau for Fundraising Organizations）　筹资机构认可机构

Accountability　问责

Acevo　英国志愿组织首席执行官联合会

Action Aid International　行动援助国际

Active Citizens　活跃公民

Active Community Unit　活跃社区司

all Fools' Day　愚人节

Annual Conference　年度会议

An Outline Volunteering Strategy for the UK　英国志愿服务策略大纲

Annunciation Day　天时报细节

April Fools' Day　愚人节

Area Regeneration　地方振兴计划

Ascension Day　耶稣升天节

Barnado's National Society for the Prevention of Cruelty to Children　国家防止虐童社团（学会/协会）

Baroness Hayman　海曼女男爵

BBC　英国广播公司

| | |
|---|---|
| Beltane | 五朔节 |
| Black and Minority Ethic [BME] Voluntary and Community Sector Organizations Code | 黑人和少数民族志愿及社区部门组织准则 |
| BMRB | 英国市场研究局 |
| Board and Trustee Integrity | 理事会和理事的廉政 |
| Board Delegation | 理事会授权 |
| Board Leadership | 理事会领导力 |
| Board openness | 理事会的开放性 |
| Board Review and Renewal | 理事会的评审和更新 |
| Boxing Day | 节礼日 |
| British Airways | 英国航空公司 |
| British National Party | 英国国家党 |
| British Overseas NGOs for Development, BOND | 英国海外发展非政府组织网络 |
| Building the Future Together | 共建未来 |
| Business Link | 商务联系 |
| CAF | 英国慈善援助基金会 |
| CandoCo Dance Company | 砍兜口舞蹈团 |
| Capacitybuilders | 能力建设者 |
| Caritas | 博爱 |
| CEDR | 有效争端解决中心 |
| ChangeUp | 转变 |
| Charitable Trust | 慈善信托 |
| Charities Aid Foundation | 英国慈善救助基金会 |
| Charities Unit | 慈善法人司 |
| Charity | 慈善 |
| Charity Commission | 慈善委员会 |
| Charity Commission for England and | 英格兰和威尔士慈善委员会 |

Wales

| | |
|---|---|
| Chatham House | 英国皇家国际事务研究所 |
| CHF（Common Humanitarian Fund） | 人道主义共同基金 |
| Children in Crisis | 危机中的儿童 |
| Christian Aid | 英国基督教援助 |
| Christmas Day | 圣诞节 |
| Christmas Eve | 圣诞节前夜 |
| CICs（Community Interest Companies） | 社区利益公司 |
| CIIR | 天主教国际关系研究所 |
| CIO（Charitable Incorporated Organization） | 慈善公司组织，或公益性公司组织 |
| City of London | 伦敦金融城 |
| CIVICUS | 全球公民参与联盟 |
| Civil Renewal Unit | 公民社会振兴司 |
| Code of Governance | 善治的标准 |
| Commissioners of Customs & Excise | 海关总监 |
| Commonwealth Day | 英联邦纪念日 |
| Community Groups Code | 社区团体准则 |
| Community Planning Guidance | 社区规划指南 |
| Community Sector | 社区组织 |
| COMPACT – PLUS | COMPACT 简版 |
| Conservative Party | 保守党 |
| Consultation and Policy Appraisal Code | 咨询与政策评价准则 |
| Co-operative Union，CU | 英国合作社联盟 |
| Co-operatives | 合作社 |
| CPP | 冲突预防联营 |
| David Cameron | 大卫·卡梅伦 |
| Deankin Commission | 迪肯委员会 |

| | |
|---|---|
| Defra | 英国环境、食品与农村事务部 |
| Democratic Unionist Party | 民主统一党 |
| Department for International Development，DFID | 英国国际发展署 |
| Department of Community and Local Government | 社区与地方部门部 |
| DPU | 发展计划机构 |
| DRR | 降低灾害风险 |
| Easter Day | 复活节 |
| Eglantyne Jebb | 埃格兰泰恩·杰布女士 |
| EHRC | 民族平等与人权委员会 |
| Essex | 埃赛克斯 |
| Every Action Counts campaign，EAC | 每个行动都重要的活动 |
| Executive Non Departmental Public Bodies | 非部门公共体 |
| FA | 年度财政法 |
| Financial Intermediaries and Claims Office，FICO | 金融中介和索赔办公室 |
| Funding & Procurement Code | 资金与政府采购准则 |
| Future of the Voluntary Sector | 未来的志愿部门 |
| GEF | 全球环境基金 |
| Global Call to Action Against Poverty，GCAP | 全球消除贫困联盟 |
| Good Friday | 耶稣受难日 |
| Good Neighbor Campaign | 好邻居运动 |
| Gordon Brown | 戈登·布朗 |
| Governance Hub Resource | 治理集成资源 |
| Grassroots Association | 草根组织 |
| Grassroots Grants | 草根赠款 |

| | |
|---|---|
| Greater London | 大伦敦 |
| Hallowmas, all Saints' Day | 万圣节 |
| Health Unlimited | 无国界卫生组织 |
| Home Office | 内务部 |
| Homeless International | 国际无家可归者联盟 |
| hot cross buns | 热十字糕 |
| Housing Association | 住房协会 |
| ICFO | 筹资组织国际委员会 |
| ICTA | 收入和公司税法 |
| IHTA | 遗产税法 |
| IIED | 环境与发展国际研究所 |
| Inland Revenue | 内陆税务局 |
| Institute for Volunteering Research | 英国志愿研究所 |
| INTRC | 国际非政府组织培训和咨询中心 |
| IPSs | 商业工会 |
| Islamic Relief | 伊斯兰援助 |
| Joined-up Government | 整合型政府 |
| Kendall | 肯德尔 |
| Labour Party | 工党 |
| Lady's Day | 圣母玛丽亚日 |
| Local Area Agreement | 地方协议 |
| Local Development Agencies | 地方发展机构 |
| Local Strategic Partnership | 地方战略伙伴关系 |
| Local Strategic Partnerships, LSPs | 地方战略伙伴 |
| London | 伦敦 |
| London boroughs | 伦敦城区 |
| London Regional Consortium | 伦敦地方联盟 |
| Lord Macnaghten | 麦克纳坦爵士 |
| Marie Stopes International | 玛丽·斯特普国际组织 |

May Day　　　　　　　　　　　　五月节

Members of Parliament，MPs　　　国会议员

Michael Martin　　　　　　　　　麦克尔·马丁

Midsummer's Day　　　　　　　　仲夏夜

Mine Action　　　　　　　　　　禁雷行动

Ming Campbell　　　　　　　　　明·坎贝尔

Mother's Day　　　　　　　　　　母亲节

National Council of Social Services，　英国全国社会服务联合会
　NCSS

National Day　　　　　　　　　　国庆日

National Health Service　　　　　国民医疗服务体系

National Trust　　　　　　　　　国民信托

National Strategy for Neighbourhood　街道振兴国家策略
　Renewal

National Society for the Prevention　国家防止虐童社团
　of Cruelty to Children

NCVO　　　　　　　　　　　　　英国全国志愿组织联合会

New Commitment for Regeneration　新地方振兴计划

New Year's Day　　　　　　　　　元旦新年

NGO　　　　　　　　　　　　　　非政府组织

NICVA　　　　　　　　　　　　　北爱尔兰志愿行动理事会

Non-Departmental Public Bodies，　非部委公共部门
　NDPBs

Non-profit-distributing　　　　　　非营利、不分配约束

NPO　　　　　　　　　　　　　　非营利组织

OECD　　　　　　　　　　　　　经济合作与发展组织

Office of the Third Sector　　　　　第三部门办公室

Official Development Assistance，　官方发展援助
　ODA

| | |
|---|---|
| One World Action | 英国同一世界行动 |
| Open University | 开放大学 |
| OXFAM（Oxford Committee for Famine Relief） | 乐施会（牛津饥荒救济委员会） |
| Pancake Day | 薄煎饼日 |
| Pemsel Judyment | 帕姆萨尔裁决 |
| Plaid Cymru | 威尔士民族党 |
| Plan International | 国际计划 |
| Poverty actor | 济贫法 |
| Professionalisation | 专业化 |
| Public Benefit | 公益性 |
| Public Limited Company | 公共有限责任公司 |
| Queen's Birthday | 女王诞辰日 |
| Queen's Official Birthday | 女王法定诞辰日 |
| RADA | 英国皇家戏剧艺术剧院 |
| Regional Development Agencies | 区域发展局 |
| Royal Society for Prevention of Cruelty to Animals | 英国防止虐待动物协会 |
| Save the Children（UK） | 英国救助儿童会 |
| Scottish National Party | 苏格兰民族党 |
| SCVO | 苏格兰志愿组织联合会 |
| Shakespeare's Day | 莎士比亚纪念日 |
| Sheffield | 谢菲尔德 |
| Sinn Fein | 新芬党 |
| Social Democratic and Labour Party | 社会民主工党 |
| Social Enterprise | 社会企业 |
| Social Housing | 社会住房 |
| St George's Day | 圣乔治日 |
| Sustainable funding project | 可持续融资项目 |

| | |
|---|---|
| TCGA | 利润税法 |
| The Baroness Scotland of Asthal QC | 苏格兰阿瑟尔女男爵 |
| The Board in Control | 可控制的理事会 |
| The Catholic Fund for Overseas Development, CAFOD | 英国天主教海外发展基金 |
| The Charitable Incorporated Organisation | 慈善公司组织 |
| The Citizen's Charter | 公民宪章 |
| The Commission for a Sustainable London 2012 | 2012 年伦敦奥运会可持续发展委员会 |
| The Compact on Relations between Government and the Voluntary and Community Sector | 政府与志愿及社区组织关系协定 |
| the Green Party | 绿党 |
| The High Performance Board | 出色的理事会 |
| The Joint Funding Scheme | 联合基金计划 |
| The Liberal Democrat Party | 自由民主党 |
| The Rochdale Equitable Pioneers Society | 罗虚代尔公平先锋社 |
| The Salvation Army | 救世军 |
| The Social Enterprise Coalition | 社会企业联盟 |
| The Third Sector Organisation | 第三部门组织 |
| Third Way | 第三条道路 |
| Together We Can | 携手共建 |
| Transparency | 透明 |
| UK Independence Party | 英国独立党 |
| Ulster Unionist Party | 北爱尔兰统一党 |
| Valentine's Day | 情人节 |
| Value for Money | 物有所值 |

| | |
|---|---|
| VAT | 增值税 |
| VATA | 增值税法 |
| Voluntary | 志愿 |
| Voluntary and Community Sector | 志愿和社区部门 |
| Voluntary Groups | 志愿团体 |
| Voluntary Organizations | 志愿组织 |
| Voluntary Sector | 志愿部门、志愿领域或志愿组织 |
| Voluntary Sector Marketing Conference | 志愿部门营销会议 |
| Voluntary Service Overseas | 英国海外志愿服务社 |
| Volunteer and Community Organizations，VCOs | 志愿和社区组织 |
| Volunteer Organization，VOs | 志愿组织 |
| Volunteering Code | 志愿准则 |
| Water AID | 水援助 |
| WCVA | 威尔士志愿行动理事会 |
| Wellcome Trust Ltd. | 维尔卡姆信托公司 |
| World Vision | 世界宣明会 |
| WSSD | 可持续发展问题世界首脑会议 |
| WWF | 世界自然基金会 |
| YMCA | 基督教青年会 |

# 本书各章执笔者

第 1 章　英国概况 ……………………………………………… 侯鹏①

第 2 章　英国非营利组织的源流与发展历史

　　　　……………………………… 王名、张严冰、陈雷②

第 3 章　英国非营利组织的现状和特点 ………………… 李凡③

第 4 章　英国行政改革与非营利组织的发展 ………………… 吴刚④

第 5 章　英国的慈善法 …………………………… 赵泳、韩开创⑤

第 6 章　英国非营利组织的登记监管体制 ………………… 李勇⑥

第 7 章　英国政府与民间的伙伴关系 ………………… 贾西津⑦

第 8 章　非营利组织与社会公共服务的提供 ………………… 刘振国⑧

第 9 章　英国地方政府支持非营利组织发展的举措 ……… 彭艳妮⑨

---

① 侯鹏，英国大使馆文化教育处社会与发展部项目官员。

② 王名，清华大学公共管理学院教授，NGO 研究所所长；张严冰，清华大学公共管理学院讲师；陈雷，清华大学公共管理学院博士研究生。

③ 李凡，环球协力社（GLI）执行主任。

④ 吴刚，北京行政学院教授。

⑤ 赵泳，国家民间组织管理局民非处处长；韩开创，民政部政策法规司干部。

⑥ 李勇，国家民间组织管理局副局长。

⑦ 贾西津，清华大学公共管理学院副教授。

⑧ 刘振国，国家民间组织管理局办公室主任。

⑨ 彭燕妮，英国大使馆文化教育处社会与发展部助理主任。

---

① 丁开杰，中央编译局比较政治与经济研究中心助理研究员。
② 于晓静，北京市社会科学院副研究员。
③ 黄浩明，中国国际民间组织合作促进会副理事长兼秘书长。
④ 贾晓九，国家民间组织管理局副局长。

**图书在版编目（CIP）数据**

英国非营利组织/王名，李勇，黄浩明编著. —北京：
社会科学文献出版社，2009.6
ISBN 978 - 7 - 5097 - 0827 - 9

（海外 NPO 丛书）

Ⅰ. 英… Ⅱ.①王… ②李… ③黄… Ⅲ. 社会
团体 - 研究 - 英国 Ⅳ. C235. 61

中国版本图书馆 CIP 数据核字（2009）第 080584 号

·海外 NPO 丛书·

**英国非营利组织**

编　　著／王　名　李　勇　黄浩明

出 版 人／谢寿光
总 编 辑／邹东涛
出 版 者／社会科学文献出版社
地　　址／北京市西城区北三环中路甲 29 号院 3 号楼华龙大厦
邮政编码／100029
网　　址／http：//www. ssap. com. cn
网站支持／（010）59367077
责任部门／社会科学图书事业部（010）59367156
电子信箱／shekebu@ ssap. cn
项目负责人／王　绯
责任编辑／刘骁军
责任校对／龚道军
责任印制／岳　阳　郭　妍

总 经 销／社会科学文献出版社发行部
　　　　　（010）59367080　59367097
经　　销／各地书店
读者服务／市场部（010）59367028
排　　版／北京中文天地文化艺术有限公司
印　　刷／北京智力达印刷有限公司

开　　本／787mm×1092mm　1/20
印　　张／15　字数／267 千字
版　　次／2009 年 6 月第 1 版　印次／2009 年 6 月第 1 次印刷
书　　号／ISBN 978 - 7 - 5097 - 0827 - 9
定　　价／38. 00 元

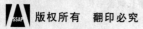